Elisabeth Nguyen Thi Thu Hong
Stefaan Lecleir

Auf den Spuren von Kardinal François-Xavier Nguyen Van Thuan

Übersetzt von Klaus-Peter Vosen und Stephanie Habeth-Allhorn

Originaltitel: Kardinaal Franciscus-Xaverius Nguyễn Văn Thuận. Getuigenis © Betssaida, ‘s-Hertogenbosch, 2021

1. Auflage 2023
© fe-medienverlags GmbH
Hauptstr. 22, 88353 Kisslegg
www.fe-medien.de
Layout: Renate Geisler

ISBN: 978-3-86357-369-0

Druck: orthdruk, Białystok, Polen
Printed in EU

Elisabeth Nguyen Thi Thu Hong
Stefaan Lecleir

Auf den Spuren von Kardinal François-Xavier Nguyen Van Thuan

Vorwort von Peter K. A. Kardinal Turkson

fe

„Ich glaube nämlich, Gott hat uns Apostel auf den letzten Platz gestellt, wie Todgeweihte; denn wir sind zum Schauspiel geworden für die Welt, für Engel und Menschen. Wir stehen als Toren da um Christi willen, ihr dagegen seid kluge Leute in Christus. Wir sind schwach, ihr seid stark; ihr seid angesehen, wir sind verachtet. Bis zur Stunde leiden wir Hunger und Durst und Blöße und werden mit Fäusten geschlagen und sind heimatlos. Wir mühen uns ab, indem wir mit eigenen Händen arbeiten; wir werden beschimpft und segnen; wir werden verfolgt und halten stand; wir werden geschmäht und reden gut zu. Wir sind sozusagen der Unrat der Welt geworden, der Abschaum von allen bis heute."

1 Kor 4,9-13

„Freude und Hoffnung, Trauer und Angst der Menschen von heute, besonders der Armen und Bedrängten aller Art, sind auch Freude und Hoffnung, Trauer und Angst der Jünger Christi. Und es gibt nichts wahrhaft Menschliches, das nicht in ihren Herzen seinen Widerhall fände."

Pastoralkonstitution GAUDIUM ET SPES über die Kirche in der Welt von heute (Nr.1), vom 7. Dezember 1965

Inhaltsverzeichnis

Vorwort

„Selig, die hungern und dürsten nach der Gerechtigkeit; denn sie werden gesättigt werden" (Mt 5,6).

Kardinal François-Xavier Nguyen Van Thuan war mein Vorgänger beim Päpstlichen Rat für Gerechtigkeit und Frieden (Justitia et Pax). Als intelligenter und kultivierter Mann, der in besonderem Maße den Bestrebungen seines Volkes nahe war, leitete er mit großem seelsorglichem Eifer von 1967 bis 1975 die Diözese Nha Trang. Während dieser Zeit wurde Vietnam, sein Heimatland, durch den Krieg verwüstet. Als echter Seelsorger war er sich des Hungers seines Volkes nach Frieden und Würde vollständig bewusst. Sein Leben war davon bestimmt.

Sein unstillbarer Hunger nach Gerechtigkeit und Frieden ist der rote Faden seiner Existenz. Es ist die Frucht seiner persönlichen und familiären Erfahrung, aber zugleich die der vielen verfolgten Vietnamesen, besonders jener, die inmitten harter Prüfungen dem Hass und der Bitterkeit widerstanden. Kardinal Thuan stammt aus einer katholischen Familie, die sich in Kirche und Gesellschaft engagierte. Unter seinen Ahnen sind mehrere Opfer der vietnamesischen Christenverfolgungen. Seine engere Familie litt sowohl unter dem Kolonialregime als auch während des Zweiten Weltkrieges unter dem Indochinakrieg und dem Vietnamkrieg. Vier seiner Onkel starben eines gewaltsamen Todes. Obwohl seine Familie materiellen Besitz und angesehene Positionen einbüßte, haben seine Eltern im Glauben die Kraft zum Verzeihen gefunden. Was Kardinal Thuan selbst betrifft, so hörte er niemals auf, die Hoffnung auch in den schlimmsten Prüfungen zu verkünden.

Er hat als bischöflichen Wahlspruch ‚Freude und Hoffnung' (Gaudium et Spes) gewählt. Diese Begriffe, die dem Zweiten Vatikanischen

Konzil so wichtig waren, haben in der Zeit von 1975 an für ihn noch eine größere Bedeutung gewonnen. Kurz nach seiner Ernennung zum Erzbischof-Koadjutor von Saigon im April jenes Jahres, wurde er für 13 lange Jahre der Freiheit beraubt. Während der ersten Monate seiner Gefangenschaft schrieb er 1001 Sätze der Hoffnung auf die kleinen Blätter eines Kalenders. Tröstet der Herr nicht jeden Tag in der Prüfung? Zunächst für die Christen seiner Diözese bestimmt, haben diese Betrachtungen weitere Verbreitung erfahren. Später, in der Einzelhaft und im Umerziehungslager, gelang es Bischof Thuan, mehrere Werke über die Hoffnung zu verfassen. Er ist so den Spuren des heiligen Paulus gefolgt, der auch seinen Schwestern und Brüdern wichtige, in seiner Gefangenschaft geschriebene Briefe hinterlassen hat.

Bei seiner Freilassung 1988 traf seine Familie ihn verändert wieder. Bischof Thuan hatte nicht nur körperlich über die Maße gelitten, auch seelisch. Weil er die geistlichen Erfahrungen der ‚Dunklen Nacht' gemacht hatte, war die Hoffnung für ihn viel mehr geworden als ein einfaches Bischofsmotto. In der Finsternis seiner Gefangenschaft wie in der extremen Armut hat er sich vielmehr dem verlassenen und gekreuzigten Christus anheimgegeben.

Im Gefängnis gelang es ihm, unter äußerster Geheimhaltung die heilige Eucharistie zu feiern. Stets die Auferstehung Christi verkündend, brachte er dieses göttliche Leben auch zu anderen Gefangenen. Jesus, der ihn mitten in den Prüfungen aufrecht hielt, hat ihn zu seinem Nächsten gedrängt, aber ebenso zu seinen Feinden, die von der Aufrichtigkeit seiner Freundschaft, von seiner Gelassenheit und seinem Glauben berührt wurden. Während Bischof Thuan als Oberhirte in Nha Trang mit Arbeit überlastet war, konnte er als Gefangener mit dem heiligen Paulus sagen: „Er aber antwortete mir: Meine Gnade genügt dir; denn die Kraft wird in der Schwachheit vollendet. Viel lieber also will ich mich meiner Schwachheit rühmen, damit die Kraft Christi auf mich herabkommt. Deswegen bejahe ich meine Ohnmacht, alle Misshandlungen und Nöte, Verfolgungen und Ängste, die ich für Christus ertrage; denn wenn ich schwach bin, dann bin ich stark“ (2 Kor 12,9-10).

Dieses Buch beruht zum großen Teil auf zahlreichen Zeugnissen seiner Freunde und ehemaliger Schüler sowie auf den Briefen, die er während seiner Gefangenschaft an seine Familie geschickt hat. Personen, die ihn aus der Nähe kannten, seine jüngste Schwester, seine Gefängniswärter, erinnern an diese außergewöhnliche Persönlichkeit. Die hier in Rom durchgeführten Forschungen ermöglichen es uns auch, seinen Lebensweg zu entdecken. In den vietnamesischen Gefängnissen, wie auch während seiner Arbeit im Vatikan für den heiligen Papst Johannes Paul II., fühlte er sich mit dem Herrn verbunden.

Als Sohn dieses außergewöhnlichen Volkes, der Vietnamesen, ruft Kardinal Thuan uns dazu auf und hilft uns zugleich dabei, Christus innerlicher kennenzulernen, wie er es durch die Betrachtung seines Wortes getan hat. Die heilige Jungfrau von La Vang hat ihn zu seinen geflohenen Brüdern und Schwestern geführt und darüber hinaus zu jedem Menschen, der die Wahrheit und die Liebe sucht. Seine Einfachheit und Demut sind ein Vorbild für die Evangelisation der heutigen Welt, ein Aufruf zu mehr Liebe, Barmherzigkeit und Einheit. Am Ende seines Lebens, schon stark gezeichnet durch die Krankheit, an der er sterben sollte, hat er die Kraft und Freude gefunden, Exerzitien für 50 Priester zu halten. Eine Gewissheit hat seine Hoffnung an der Schwelle des ewigen Lebens gestärkt: Jeder Getaufte, ohne Ausnahme, ist zur Heiligkeit berufen.

In der Person des Kardinals begegnet uns die Morgenröte des Ostens, Erscheinung eines neuen Lebens. Preisen wir den Herrn, der uns ohne Unterlass Heilige sendet, die, wie Kardinal François-Xavier Nguyen Van Thuan, uns daran erinnern, dass Gott immer größer als das Böse ist und dass er an unserer Seite schreitet als Vater der Armen und Fürst des Friedens. Danken wir Kardinal Thuan, der nie aufhörte zu verkünden, dass Freude und Hoffnung in Christus gegenwärtig bleiben, selbst in den bittersten Prüfungen.

„Der Christ ist das Licht, das in der Finsternis der Welt leuchtet, das Salz des Lebens mitten in der Verzweiflung der Welt, die Hoffnung inmitten einer verzweifelten Menschheit."[1]

Rom, 17. April 2020
Peter K. A. Kardinal Turkson
Präfekt des Dikasteriums für den Dienst zugunsten der ganzheitlichen Entwicklung des Menschen

[1] NGUYÊN VAN THUÂN, Franz Xaver, Hoffnungswege. Botschaft der Freude aus dem Gefängnis, S. 318.

Vorbemerkung

Dieses Buch ist dazu bestimmt, einer breiten Öffentlichkeit die großartige Gestalt des Ehrwürdigen[2] Kardinals Nguyen Van Thuan (François-Xavier) vorzustellen. Nachdem ich die Freude gehabt habe, Kardinal Thuan zu treffen, bat ich 2014 Nguyen Thi Thu Hong (Elisabeth), seine jüngere Schwester, mir mehrere Interviews für Radio Maria (NL) zu geben. Die Zuhörer sollten das Leben und die Spiritualität des Kardinals kennenlernen, ebenso die weiteren Familienmitglieder: Seine Großeltern, seinen Vater Am, seine Mutter Hiep, seine Geschwister, seine Onkel und Tanten. Um Elisabeths Worte zu verdeutlichen, ist ihr Zeugnis kursiv gedruckt.

Thu Hong wird oft unter ihrem Taufnamen Elisabeth erwähnt, ein Vorname, den ich mit großem Respekt verwende, eine Haltung, die auch dem vietnamesischen Volk so sehr am Herzen liegt. Der Kardinal wird oft Thuan genannt. Das ist sein Vorname, wie Elisabeth und ihre Familie ihn gebrauchten. In der vietnamesischen Kultur spricht man nicht von Kardinal Nguyen, sondern von Kardinal Thuan.

Elisabeth Nguyen Thi Thu Hong

[2] Eine Person, die den Titel ‚ehrwürdig' erhält, kann Christen als Vorbild dienen, aber sie ist nicht Gegenstand eines öffentlichen Kultes. Es handelt sich um die Vorstufe einer Seligsprechung, vgl. Kongregation für die Selig- und Heiligsprechungsprozesse, Sanctorum Mater - Instruktion bezüglich des Ablaufs der diözesanen oder eparchalen Ermittlungsverfahren im Falle von Heiligsprechungsprozessen (17. Mai 2007).

Die verschiedenen Zeugnisse werden in chronologischer Folge vorgestellt. Hinzu kommen zusätzliche Informationen, die es dem Leser erlauben, den Lebenslauf von Kardinal Thuan kennenzulernen. Sie machen den ersten Teil des Buches aus.

Dank Elisabeth lernte ich Thuans Familie kennen und entdeckte deren außergewöhnliche Charaktere. Sie stellt uns die einzelnen Familienmitglieder im zweiten Teil des Buches vor.

Eine abschließende Vertiefung ist in einem dritten Teil zusammengetragen, der verschiedene Informationen enthält, die zum besseren Verständnis der vietnamesischen Geschichte und Kultur, der Personen und Orte, von denen in den Zeugnissen die Rede ist, dienen sollen.

Die Aufteilung dieses Werkes in drei Teile entspricht auch den drei Etappen meines eigenen Weges bei der Erschließung der reichen Persönlichkeit von Kardinal Thuan. Das Buch nähert sich dem Ehrwürdigen unter einem Blickwinkel an, der für die vietnamesische Kultur wichtig ist: jenem der Familie und der Herkunft. Das Zeugnis von Elisabeth umfasst auch die geistliche Familie Thuans. Wir erkennen so, wie er ein Bruder oder Vater für unzählige Menschen geworden ist.

Die vietnamesische Schreibweise wurde für Orte und Personen vereinfacht und der im deutschsprachigen Raum üblichen angepasst. Der erste Teil des Personennamens nennt die Familie oder den Clan, danach setzt man den zweiten Vornamen. Bei Frauen hat man in der Vergangenheit die Bezeichnung ‚Thi' (Frau aus dem Clan von) hinzugefügt, was heute oft weggelassen wird. An letzter Stelle führt man den am häufigsten gebrauchten Vornamen auf. Die Christen haben die Gewohnheit, ihren Taufnamen vor den Familiennamen zu setzen.

Dieses Werk ist jenen Vietnamesen gewidmet, die für ihren Glauben gelitten haben, für ihren Wunsch nach Unabhängigkeit und für die

Bewahrung der grundlegenden Werte ihrer Kultur. Dank der Cellitinnen zur hl. Maria in der Kupfergasse, einer Kölner Ordensgemeinschaft, bin ich mit dem Kardinal in Kontakt gekommen, später mit seiner Schwester. Der Wunsch der Ordensschwestern, diese große Gestalt der Kirche bekannt zu machen, sowie ihre Ermutigung wie auch ihre materielle Hilfe haben die Veröffentlichung ermöglicht. Ich konnte auch stets auf die wertvolle Hilfe des Klosterarchivs zurückgreifen, das unterschiedlichstes Archivmaterial zu Kardinal Van Thuan aufbewahrt. An dieser Stelle möge allen von Herzen gedankt sein! Dank auch all jenen, die die Aufzeichnungen der Interviews abgeschrieben oder diesen Text erneut gelesen haben.

Es liegt mir ganz besonders am Herzen, den Vietnamesen zu danken, die ich während meines Aufenthalts in ihrem schönen Land kennengelernt habe. Sie bestätigten nicht nur meine an anderer Stelle gewonnenen Einsichten, sondern sie haben der nachhaltigen Wirkung des Kardinals auf ihre Ortskirche ein Gesicht verliehen. Ich war besonders berührt von der überspringenden Freude und der tiefen Nächstenliebe der Personen, die nach seiner Spiritualität leben.[3]

Ich möchte dieses Buch besonders Doktor Vinh Thua widmen, einem nahen Verwandten des Kardinals. Sein glühender Glaube, den er konkret darin lebte, den Ärmsten zu helfen, hat mich zutiefst beeindruckt. Elisabeth, die ihn sehr gut kannte, beschreibt ihn als einen großzügigen Mann, der seinen vietnamesischen Wurzeln tief verbunden war. Jetzt nimmt er am Freudenfest seines Herrn teil (Mt 25, 21).[4]

---

[3] Einige Menschen, die ich in Vietnam kennenlernte, wünschten sich, dass ihr Name in diesem Buch nicht erwähnt wird. Ich respektiere das. Es genügt, dass sie wissen, wie unendlich ich ihre Gastfreundschaft geschätzt habe, ihr oft bewegendes Zeugnis ihres Glaubens und ihrer Liebe, ebenso wie ihren Einsatz im Geiste des Kardinals. [Die nicht in Kursivschrift gemachten Anmerkungen stammen von Stefaan Lecleir.]

[4] Dr. Vinh Thua ist am 14. September 2020 verstorben.

Als Priester habe ich dieses Buch geschrieben aus Bewunderung für das großartige Glaubenszeugnis der vietnamesischen Christen, mit denen ich über die Persönlichkeit von Kardinal Thuan Bekanntschaft machte, und die mein Herz berührten. Möge dieses kleine Werk auch das ihre berühren!

Stefaan Lecleir, Priester

LEBEN UND BOTSCHAFT

Kindheit und Jugend

Einleitung

Thuan wurde am 17. April 1928 in Phu Cam, einem Dorf in der Nähe der kaiserlichen Hauptstadt Hue[5] geboren, in einem gebildeten Umfeld, das der vietnamesischen Tradition zutiefst verbunden war. Das Geburtshaus, in der Nähe der Kathedrale gelegen, war vom Palast nur durch den schönen 'Parfümfluß' getrennt. Thuans Großvater mütterlicherseits war Berater und Minister des Kaisers. Seine Vorfahren waren am Bau der Kathedrale beteiligt.

Solidarität ist ein wichtiger
Charakterzug der Vietnamesen.

Seit der Kindheit war Thuan stark von den Familienmitgliedern beeinflusst, die eine zentrale Rolle in der Geschichte Vietnams und der Ortskirche einnahmen. Er lernte schon früh, seine Familie, die kirchliche Gemeinschaft und Vietnam als kostbaren Reichtum zu betrachten. Elisabeths Zeugnis ist für uns von unschätzbarem Wert, wenn es darum geht, Thuans erste Lebensjahre zu betrachten.

---

[5] Hue war damals in geographischer und politischer Hinsicht das Zentrum Vietnams. Zu Beginn des 20. Jahrhunderts war Phu Cam ein Weiler mit 100 Häusern, dessen Einwohner fast alle Christen waren. Obwohl das Dorf sich nicht weit vom Kaiserpalast, dem Ausgangspunkt der Verfolgungen, befand, fühlten sich die Gläubigen dort in Sicherheit, denn sie bildeten eine lebendige und sehr solidarische Gemeinschaft. Heute ist das Dorf Bestandteil der Stadt Hue. Fast alle alten Häuser wurden abgerissen. Das väterliche Haus des Kardinals ist zur Gedenkstätte geworden. Die Umgebung des Kaiserpalastes bildet das alte historische Zentrum, aber die Kathedrale, oft als ‚Kathedrale von Phu Cam' bezeichnet, befindet sich auf der anderen Seite des Flusses, also im neueren Teil der Stadt. Die alte Kathedrale wurde durch eine zeitgenössische ersetzt.

Kindheit

Ein Jahr nach der Heirat mit meinem Vater Nguyen Van Am (Thaddäus, 1900-1993), schenkte meine Mutter, Ngo Dinh Thi Hiep (Elisabeth, 1903-2005), einem Sohn, Xuan, das Leben, dessen Name ‚Frühling' bedeutet. Als sie mit ihrem zweiten Kind schwanger war, fiel Xuan der Cholera zum Opfer, die damals tausende Vietnamesen dahinraffte. Meine Eltern waren sehr traurig. Xuans Tod war das Ende einer Epoche ihres Lebens. Wie das Ende des Frühlings.

Ein Kind zu verlieren, zeichnet das Herz
einer Mutter für den Rest ihres Lebens.

Sieben Monate nach Xuans Tod wurde mein Bruder Thuan geboren. Sein Name bedeutet „nach dem Willen (Gottes)". Thuan war also das zweite Kind meiner Eltern. Weil Xuan sehr früh gestorben war, übernahm Thuan die Rolle des ältesten Sohnes. Bei seiner Geburt vertrauten meine Eltern ihn in besonderer Weise Gottes Händen an. Sie hatten ihren ersten Sohn verloren und versprachen nun, den zweiten Sohn Gott zu weihen. Meine Mutter sagte ihm immer: „Du bist ein Geschenk Gottes. Das musst du dir immer wieder ins Gedächtnis rufen. Du musst stets in seiner Gegenwart leben". Viel später, als Thuan im Gefängnis war, haben ihm diese Worte enorm geholfen.

Mein Bruder war ein Junge wie jeder andere, der gern in den Ferien und in der Freizeit mit seinen Freunden spielte. Wenn die Kinder der Familie oder des Dorfes Spiele organisierten, die in ‚Schlachten' zwischen zwei Mannschaften bestanden, war Thuan oft der letzte, der in eine Gruppe gewählt wurde, denn zu ‚töten' war ihm zuwider. Ihm wurde dann die Rolle des Militärgeistlichen zugewiesen und es kam vor, dass er das Spiel manchmal mit einer ‚Messfeier' begann. Dazu zog er ein ‚Messgewand' aus Papiersäcken an, die Baumaterial enthalten hatten. Später, im Gefängnis, als die Messfeiern kein Spiel mehr waren, gestaltete sich zumindest das ‚Material' zur Feier der Eucharistie genauso einfach.

Thuan unterschied sich kaum von anderen Jugendlichen seines Alters, zum Beispiel, wenn sie im Fluss schwimmen gingen. Zu jener Zeit hatten die Kinder keine Badeanzüge, aber es war warm genug, damit sie mit den Kleidern schwimmen konnten, die sie trugen und die schnell trockneten. Eines Tages zog ein junges Mädchen ohne Scham ihr Kleid aus, bevor sie ins Wasser sprang. Mit einem Augenzwinkern gab Thuan ihr von da an den Spitznamen „Eva"[6], ein Zeichen dafür, dass mein Bruder, obwohl noch sehr jung, manchmal einen ziemlich originellen Humor an den Tag legte.

Das Haus der Familie war groß und hatte eine Kapelle. Priester kamen und feierten hier die heilige Messe. Oft blieben sie länger im Haus wohnen. Wenn sich ein Geistlicher bei uns aufhielt, profitierte die ganze Familie von den guten Mahlzeiten, die ihm zu Ehren serviert wurden. Nur einer meiner Brüder musste ein kleines Opfer bringen: Er musste sein Bett dem Gast überlassen!

Thuan, neben seinem Vater, mit Großmutter, Mutter, den sieben Geschwistern und einem Gast vor dem Elternhaus

---

[6] *Es handelte sich um eine unserer Cousinen, Nguyen Thi Dong, die bis an Thuans Lebensende ausgezeichnete Kontakte zu ihm unterhielt.* [Die in Kursivschrift gehaltenen Anmerkungen enthalten ergänzende Erklärungen von Elisabeth.]

Mein Vater wurde während seines ganzen Lebens als Familienoberhaupt anerkannt. Selbst als mein Bruder Priester und dann Bischof wurde, blieb er immer ein Sohn der Familie und Am leitete weiter das Familiengebet. Als ein sehr gut organisierter Mensch stand mein Vater an der Spitze einer erfolgreichen Baufirma mit vielen Arbeitern. Mein Vater führte das Geschäft und war tagsüber unterwegs. Obwohl er nur abends und an den Sonntagen zu Hause war, hat er immer voll und ganz an allen Familienereignissen Anteil genommen, an den glücklichen Momenten wie an den Zeiten großen Leids. Die besondere Verehrung, die mein Vater für den heiligen Joseph empfand, offenbart seine Persönlichkeit. Weniger durch Worte, als eher durch seine Arbeit und seine aufmerksame Gegenwart nahm er seine väterliche Verantwortung für unsere Erziehung wahr.

Thuan besuchte einige Jahre die St. Theresien-Schule, eine Dorfschule, die von der ‚Schwesternkongregation von der Liebe zum Heiligen Kreuz' unterhalten wurde. Danach kam er auf die ‚Pellerin-Schule'[7]*.*

Wegen seiner Nähe zu unserem Haushalt trug unser Onkel Diem direkt zu Thuans Erziehung bei. Er lehrte ihn unter anderem die chinesische Sprache mit den entsprechenden Schriftzeichen und erklärte ihm die Situation unseres Landes im internationalen Zusammenhang. Diem war ein tiefgläubiger Mann, der gewöhnlich mit großer Zurückhaltung über sein inneres Leben sprach. Für seinen Neffen machte er oft Ausnahmen. Die Gespräche zwischen Diem und Thuan vervollständigten die christliche Erziehung, die mein Bruder zu Hause und in der Pfarrei erhielt.

Meine Mutter sagte uns beinahe täglich: „Wenn ihr in der Schule oder auf dem Spielplatz seid, dann vergesst nicht, dass ihr in der Gegenwart

[7] Diese Schule wurde von den ‚Christlichen Schulbrüdern' (FSC) geleitet, einer Kongregation, die vom heiligen Johannes Baptist de La Salle (1651-1719) gegründet worden war. Die Schule trug ihren Namen in Erinnerung an Bischof Pellerin (1813-1862), einen französischen Missionar der ‚Gesellschaft der ausländischen Missionen zu Paris'.

Gottes lebt. Versucht euch so zu verhalten, dass der Herr daran Gefallen findet." Am Tag ihrer Erstkommunion fragte Schwester Maria, die die Vorbereitungskatechese erteilt hatte, die Kinder: „Ihr werdet Jesus heute empfangen. Was werdet ihr von Ihm erbitten?" Thuan antwortete: „Ich werde Ihn bitten, dass Er mir hilft, immer so zu leben, wie es Ihm gefällt. Ich will immer unter dem Blick Gottes leben, aber ich kenne seinen Anblick nicht. Ich möchte Ihn sehen, aber ich weiß nicht wie." Die Schwester sagte meiner Mutter, dass sie sicher sei, dass mein Bruder berufen sei, Priester zu werden. Später hat Thuan mir mit Tränen in den Augen gesagt: „Ich war verrückt genug, den Herrn sehen zu wollen, aber im Gefängnis habe ich Ihn in meinem Feind gefunden!" Er hatte sich im Gefängnis völlig verändert. Er war für mich nicht mehr ein einfacher Bruder oder ein Bischof, sondern ein Mann, den der Herr tief berührt hatte.

Jesus geht uns in der Feindesliebe voran.

Unsere Mutter hat in besonderer Weise Thuans Erziehung von seiner frühesten Jugend an überwacht. Sie war es auch, die ihm jeden Abend Geschichten aus der Bibel erzählte und die Geschichte der vietnamesischen Märtyrer in Erinnerung rief, von denen einige zu unseren eigenen Vorfahren gehören. Sie prägte auch seine Liebe zum Vaterland.

Unsere Mutter hat Thuan ihren eucharistischen Glauben weitergegeben, den er sehr früh in einer grenzenlosen Hingabe gegenüber unserer Tante Giao, einer mittellosen Witwe, bezeugte. Sie litt an Tuberkulose, einer Krankheit, die damals extrem ansteckend und in Vietnam fast unheilbar war, weil die notwendigen Medikamente fehlten. Aus Angst vor Ansteckung wollte kein Messdiener die Pfarrer begleiten, wenn diese die Kranken besuchten. Thuan stellte sich bereitwillig unserem alten Pfarrer zur Verfügung und ging mit ihm täglich entweder vor oder nach der Schule zu unserer Tante, um ihr den Leib Christi zu bringen. Er stand unserer Tante liebevoll bis zu ihrem Tod bei. „Warum eine solche Gefahr auf sich nehmen?", haben wir ihn gefragt. Seine Antwort hat das

Zeugnis seines Glaubens abgelegt: „Es ist unsere Pflicht und Ehre, das Brot des Lebens zu unseren Brüdern und Schwestern zu bringen, damit Christus ihnen Kraft und Leben schenkt."

Im Kleinen Seminar (1941-1947)

Als er erst 13 Jahre alt war, äußerte Thuan, geprägt durch einen solchen Glauben, seine Absicht, in das Kleine Seminar[8] von An Ninh einzutreten. Es lag auf dem Land, nördlich von Hue, mehr als 100 Kilometer von seinem Geburtshaus entfernt. Das war im Jahr 1941[9], zu dem Zeitpunkt, als die Japaner Vietnam unter Mithilfe der französischen Verwaltung gerade besetzt hatten. Thuan hatte vom Kleinen Seminar in An Ninh durch seinen Onkel Thuc, der schon Priester war, gehört und auch durch seinen Onkel Nhu, der es besucht hatte, aber nicht dort geblieben war. Jede Berufung ist anders. Jene von Thuan war persönlich und mutig. Der älteste Sohn des Hauses kam während des gesamten Schuljahres nicht nach Hause.

Zu jener Zeit besuchte unser Onkel Thuc oft seine Mutter sowie unsere Familie. Er hatte so Gelegenheit, meinem Bruder dabei zu helfen, seine Berufung zu stärken. Was Diem angeht, hat er Thuan erkennen lassen, dass Lebensentscheidungen nicht zuerst aufgrund menschlicher Ratschläge getroffen werden dürfen oder weil man einem Wunsch der Eltern entsprechen will, sondern dass sie eine sehr bewusste eigene Entscheidung sein müssen. Später, als mein Bruder Seminaristen begleiten

---

[8] Dieses Kleine Seminar ist eine weiterführende Schule für Jungen, von denen viele überlegen, Priester zu werden. Schüler wie Lehrer leben in einem Internat und nehmen an Gebet und Gottesdienst teil. In den westlichen Ländern wurden die Kleinen Seminare seit den 1960er Jahren in Gymnasien umgewandelt.

[9] Einige Veröffentlichungen erwähnen 1940, andere 1941. Er selbst sagte in einer Predigt in Le Puy-en-Velay (25. März 1993), dass er einen Missionar aus der Gegend von Le Puy gut gekannt und sehr geschätzt habe. Und er nannte das Jahr 1941 als dasjenige ihrer Bekanntschaft, in dem er nach seinen eigenen Worten ins Seminar eingetreten war.

musste, half er vielen Jugendlichen, die Berufung ausgehend von ihrer Gottesbeziehung zu erkennen.

In unserer Familie löste Thuans Aufbruch in das Kleine Seminar Freude und Dankbarkeit, aber auch Traurigkeit und sogar Angst aus. Es war gar nicht so leicht zu sehen, wie dieser kleine Junge nach Ausbruch des Krieges so weit von seiner Familie entfernt war. Unsere Großmutter sagte am Vorabend seiner Abreise: „Thuan, wenn du morgen mit deinem Vater mit dem Zug abfahren wirst, nimm deinen Koffer und schau dich nicht mehr um. Denn wenn du mich mit deiner Mutter siehst, könntest du traurig sein und vielleicht dein Vorhaben aufgeben, dem Ruf Gottes zu folgen." Am nächsten Tag brachen mein Vater und Thuan zuversichtlich auf. Mein Bruder war nicht der einzige, der nach Anh Ninh ging. Andere Eltern warteten mit ihren Söhnen an derselben Stelle auf das Flussschiff und alle tuschelten: „Dieser Kleine da wird in zwei Wochen zu seiner Mama zurückkehren, er wird es nicht schaffen, im Seminar zu bleiben." Thuan hörte ihre Kommentare und schämte sich. Er zeigte jedoch eine große Entschlossenheit und fügte sich einer großen Einfachheit der Lebensführung im Seminar und einer Strenge, die er so vorher nicht gekannt hatte. Ohne dass er es wusste, bereiteten ihn diese Anstrengungen auf die kommenden Prüfungen vor und sicherten ihm sein späteres Überleben im Gefängnis.

Die Menschenwürde beschränkt sich
nicht auf die intellektuelle Ausbildung.

Unsere Großmutter hat nicht nur meinen Bruder verwöhnt, sondern sie war vor allem eine Frau, die viel betete. Stets sah man sie mit ihrem Rosenkranz. Jeden Abend aßen wir in der Familie gemeinsam, dann gingen alle in unsere Hauskapelle. Es war Platz für 20 Personen. Die Diener schlossen sich stets dem Abendgebet der Familie an. Nach dem Gebet blieb unsere Großmutter in der Kapelle, während die anderen zu ihren verschiedenen Beschäftigungen zurückkehrten.

Aber Thuan hat sich ihr dort oft angeschlossen und sein ganzes Leben trug das Zeichen des Rosenkranzes. Später, als er Priester war, sagte er häufig: „Es gibt Menschen, die weder lesen noch schreiben können. Aber es ist ihr Glaube und ihre Hingabe an das Rosenkranzgebet, die unserem Land Berufungen geschenkt haben." Die heilige Jungfrau hat im ganzen Leben meines Bruders eine entscheidende Rolle gespielt. Zeiten des Leidens wie Momente der Freiheit durchlebte er stets unter dem Anblick Mariens.

Das Kleine Seminar wurde von Priestern der Gesellschaft der ausländischen Missionen zu Paris (MEP) geleitet. Im Umgang mit diesen Zeugen des Evangeliums kam Thuan mehr und mehr zu einer Nuancierung seines Urteils: Die Kolonialpolitik Frankreichs war weit davon entfernt, den kulturellen Reichtum dieser Nation widerzuspiegeln und ebenso wenig den Glauben, der die Missionare beseelte. In Kontakt mit den letzteren lernte Thuan viel über die Evangelisierung seines Landes. Sein Horizont erweiterte sich: Die Priester der Gesellschaft wirkten ebenso in weiteren asiatischen Ländern, wie Birma (Myanmar), Kambodscha, China, Korea, Malaysia und Thailand, und die Schüler profitierten von ihrer Kenntnis verschiedener Kulturen.

Thuan hatte eine sehr gute Auffassungsgabe: Er lernte verschiedene Sprachen und war besonders begabt in Latein und Chinesisch[10]. Das Lateinische half ihm in den 1950er Jahren während seiner Studien des Kirchenrechts in Rom. Thuan stammte aus einer gebildeten Familie, war wissbegierig und verbrachte viel Zeit in der Bibliothek. Er liebte es, Heiligenlegenden zu lesen, jene des Pfarrers von Ars (1786-1859), jene von Theresia von Lisieux (1873-1897) und er lernte die Schriften des seligen Columba Marmion[11] kennen. Thuan beschäftig-

[10] Bei Gelegenheit einer meiner Besuche beim Päpstlichen Rat für Gerechtigkeit und Frieden Ende der 1990er Jahre lud mich Bischof Thuan in ein chinesisches Restaurant ein, wo er sich freundlich mit dem Personal in deren Muttersprache unterhielt.

[11] Columba Marmion, ein Ire, geboren 1858, gestorben 1923, war der Abt der Benediktinerabtei von Maredsous (Belgien).

te sich auch mit dem Leben Théophane Vénards MEP (1829-1861), eines jungen französischen Priesters, der in Tonkin, dem nördlichen Teil des heutigen Vietnams, als Märtyrer starb. Für Thuan war Théophane nicht nur ein geistlicher Freund der heiligen Theresia von Lisieux. Der junge Märtyrer wurde später während der Haft zu einem seiner Vorbilder.

Thuans Mitschüler sagten, er habe einen schelmischen Humor gehabt, immer bereit zu Späßen, zum Beispiel beim Nachahmen der Stimmen anderer Schüler, Lehrer und Schwestern, die im Seminar arbeiteten. Er war fähig, das Vietnamesische, so wie es von den Missionaren gesprochen wurde, perfekt nachzuahmen.[12]

Eine der Früchte der Hoffnung ist der Humor.

Aber er konnte auch ernst sein, wenn es notwendig war. 1946 ertranken drei Seminaristen. Nur ein Körper wurde wiedergefunden. Thuan meldete sich spontan, um den Toten zu waschen und die Nacht über an seinem Leichnam zu wachen, während man die Beerdigung vorbereitete.

Ab 1942 begannen die Alliierten die Bombardierung japanischer Stützpunkte. Das Seminar organisierte eine Wallfahrt nach La Vang, nördlich von Hue. Die heilige Jungfrau war dort im Jahre 1798 einer Gruppe verfolgter Christen erschienen. Dieser Ort ist das wichtigste Marienheiligtum des Landes. Thuan hat bis zum Ende seines Lebens der Mutter Gottes von La Vang eine besondere Verehrung bewahrt.

Obwohl die Gebäude des Kleinen Seminars durch die Kampfhandlungen kaum beschädigt worden waren, so müssen die Unterkünfte dort sehr einfach gewesen sein. Die Kriegssituation hat den Bewohnern das Leben nicht leichter gemacht. Die Umgebung von Hue war verwüstet

---

[12] Das vietnamesische Alphabet enthält eine Fülle von Angaben, die es ermöglichen, Wörter richtig zu betonen. Für die Missionare war es sehr schwierig, die Vielzahl der Vokale zu beherrschen. Sie werden durch die verschiedenen Akzente angezeigt.

worden, wie Thuan es während seiner Ferien hatte sehen können. Die japanische Besatzung, verbunden mit dem französischen Vichy-Regime[13]*, war brutal. Das Leben war zu jener Zeit sehr schwierig. Im Norden gewannen die Kommunisten an Boden. Das Land blutete aus vielen Wunden. Bombardements zerstörten unsere Städte, viele ihrer Einwohner waren obdachlos. Das Seminar war bei den Nationalisten verhasst. Für sie waren die Christen und besonders die französischen Priester mit den Kolonisatoren und den Problemen des Landes sehr eng verbunden. Aber Thuan hat uns immer erzählt, dass im Kleinen Seminar alle in Frieden lebten. Das Haus war für ihn ein Ort der Gegenwart Gottes. Mein Bruder hat keineswegs übertrieben, wenn er versicherte, dass mehrere Priester des Seminars Heilige waren.*

Es gibt nichts Kostbareres als die Kraft des gelebten Wortes um sich herum zu sehen.

Das Beispiel des Priesters Nguyen Van Thich (Joseph-Marie, 1891–1978) hat Thuan tief beeindruckt. Pater Thich, ein vietnamesischer Priester, der vom Buddhismus zum katholischen Glauben gefunden hatte, und ein Freund von Diem, trug stets das Wort Gottes auf seiner Brust, um die Schüler daran zu erinnern, dass selbst in den größten Stürmen dieses Wort nicht untergeht. Thuan schrieb später, dass Pater Thich ihm sein Exemplar des Neuen Testamentes geschenkt habe. Während seines priesterlichen Dienstes trug mein Bruder es unter seinem Hemd immer bei sich. Er hatte dieses Erbe wie einen kostbaren Schatz angenommen, auch wenn dies Buch sehr alt und durch den Gebrauch fleckig war. Als man ihn fragte, warum er so sehr an diesem Buch hänge, erzählte Thuan uns von Pater Thich und seiner Lehre: „Das Wort Gottes ist das kostbarste Gut, das wir haben, und man muss es immer dabeihaben." Später hat er uns erklärt, dass es besonders das Beispiel dieses Priesters gewesen ist, das ihn während der Zeiten seiner Isolation in der Gefan-

[13] Das Vichy-Regime wurde nach dem im Juni 1940 unterzeichneten Waffenstillstand zwischen dem NS-Regime und der Regierung von Philippe Pétain eingeführt.

genschaft sehr inspiriert habe. „Ich habe in jenen Jahren durchgehalten", so sagte Thuan, denn „dein Wort ist meinem Fuß eine Leuchte, ein Licht für meine Pfade" (vgl. Ps 119,105). Leider sind alle Spuren dieses kostbaren Neuen Testaments verloren gegangen.[14]

Am Beispiel eines anderen Priesters, Pater Marie-Georges Cressonnier, schöpfte Thuan seine große Verehrung zur heiligen Eucharistie und den Mut, später sein Leben aus Liebe zum heiligsten Sakrament zu wagen. Pater Bui Quang Tich (Andreas, 1895-1978), einer seiner Französischlehrer[15] *in An Ninh, war für Thuan ein Vorbild an Einfachheit. Dieser Pädagoge zeigte eine große Verbundenheit mit den ihm anvertrauten Jugendlichen. Seine Erziehungsmethode beruhte nicht auf körperlicher Bestrafung, sondern auf der Nächstenliebe, einer Liebe, die ihn dazu brachte, die jungen Menschen zu Jesus zu führen. Die Entdeckung eines Fehlers, den ein Schüler begangen hatte, machte den Lehrer sehr traurig. Aber er schickte den Schuldigen in die Kapelle, wo Jesus das Herz des Jugendlichen mit seiner Liebe und seiner Vergebung berühren konnte.*

Ein letztes Wort noch über einen Mitschüler meines Bruders: Tran Van Hoai (Philipp, 1929-2010). Beide pflegten zeitlebens gute Kontakte. Auch er wurde Priester, Lehrer und dann Rektor des Kleinen Seminars. Seit den 1980er Jahren setzte er sich sehr wirksam innerhalb der vatikanischen Behörden zugunsten der vietnamesischen Flüchtlinge ein. Er war Vorsitzender des Komitees für die Heiligsprechung der Märtyrer

---

[14] Vietnamesen, die über seine Haftbedingungen gut informiert waren, erzählten mir, dass Bischof Thuan während seiner Haft etwa dreihundert Seiten geschrieben habe: Sie enthielten Worte Gottes, an die er sich erinnerte. Obwohl Bischof Thuan oftmals religiöse Bücher vorenthalten wurden, nährten die Texte, die er aus dem Gedächtnis verfasste, sein Gebetsleben und dienten als Unterstützung für die oft geheimen Feiern der Eucharistie.

[15] Wie die französischsprachigen Priester lehrte Pater Bui Quang Tich die französische Sprache in verschiedenen Klassen. Er war Rektor des Kleinen Seminars von 1945 bis 1953, während Thuan dort Schüler war. Am Ende seines Lebens trat er bei den Zisterziensern in Saigon ein.

unseres Landes und beteiligte sich aktiv an der Verbreitung der Schriften meines Bruders.

Das Ende des Zweiten Weltkrieges war für die vietnamesische Bevölkerung eine sehr schwierige Zeit: Hungersnot, letzte Kämpfe zwischen den japanischen und französischen Truppen, Gefangennahme der MEP-Missionare. Die Alliierten erreichten die japanische Kapitulation erst nach der Explosion der beiden Atombomben. Die Franzosen ignorierten die Unabhängigkeitsbestrebungen vieler Vietnamesen und wollten Indochina zurückgewinnen. So ging Vietnam - fast ohne Übergang - vom Zweiten Weltkrieg in den Indochinakrieg über. Während des Winters 1946/47, als Thuan wieder in An Ninh lebte, musste seine Familie die Region um Hue verlassen.

Im Priesterseminar (1947-1953)

Der Ruf zum Priestertum war bei Thuan nicht schwächer geworden. 1947 trat mein Bruder in das Priesterseminar ein, das in der Pfarrei Kim Long lag, westlich des Kaiserpalastes in Hue[16]. Während der ersten Jahre dachte Thuan zeitweise daran, Jesuit oder Benediktiner zu werden. Mit unserem Onkel Diem besuchte er manchmal ein Kloster in Thien An in der Diözese Hue. Diem ging sehr gerne dort spazieren, weil er die Ruhe und den Frieden mochte, die dieser Ort ausstrahlte.[17]

Während der Zeit im Kleinen Seminar hatte Thuan nur in den Sommerferien die Gelegenheit, seine Eltern und Geschwister zu treffen. Im Laufe der jahrelangen Vorbereitung auf das Priesteramt war der Kontakt

---

[16] Damals wurde das Priesterseminar noch von den Missionaren geleitet.

[17] Wer heute das Kloster besucht, kann dort noch immer eine lebendige Gemeinschaft treffen, die die Besucher freudig empfängt. Ein großer Teil ihres Grundbesitzes dient dem Ackerbau. Ganz in der Nähe des Klosters kann man einen der schönsten Orte der Region bewundern: Gelände und Wald machen diesen Ort zu einem Wunderwerk der Schöpfung.

zu den Familienmitgliedern einfacher, besonders zu unserer Schwester Niem[18]*, die zu dieser Zeit in einem Karmel in Kim Long lebte, nahe beim Priesterseminar und bei Phu Cam.*

Thuan mit seiner jüngsten Schwester Elizabeth, der Mitautorin dieses Buches

Ich war zu dieser Zeit noch ein kleines Mädchen. Meine großen Schwestern nahmen mich selten mit, wenn sie außerhalb des Hauses spielten. Thuan beschäftigte sich gern mit mir. Die Art meines Bruders gefiel mir. Er hatte viel Geduld und ich stellte ihm immer meine naiven Fragen, auf die er unermüdlich antwortete. Er war außerdem allen Kindern gegenüber sehr aufmerksam. Meine Schwester und ich waren in Frankreich zur Schule gegangen, wo wir Kinderlieder gelernt hatten, die wir gern aus Leibeskräften sangen. Nur mein älterer Bruder ertrug den ohrenbetäubenden Lärm unserer Stimmen, oft sang er sogar mit. Eines seiner Hobbys war es, Vögel und Fische zu versorgen. Er vertraute mir diese Aufgabe an, wenn er nicht da war. Als ich ihm von den Schlangen, ihrer Hässlichkeit und Gefährlichkeit erzählte, verwies er auf die Schönheit der Vögel und der Natur im Allgemeinen. Er wollte, dass ich verstand,

[18] Weitere Details zu den Familienmitgliedern sind im zweiten Teil aufgeführt, der sich mit der Familie des Kardinals beschäftigt.

dass man die Gegenwart Gottes in den kleinen Dingen der Schöpfung erkennen kann.

Unser Onkel Diem war Thuans ‚Pate' geworden, nachdem 1943 Nguyen Van Le gestorben war, sein eigentlicher Taufpate, der Ehemann unserer Tante Hoang[19]*. Thuan hatte nur sporadisch die Möglichkeit, sich mit Diem auszutauschen, denn mein Onkel musste sich in dieser unruhigen Zeit oft verstecken. Später, ab 1950, als das Land durch den Konflikt zwischen den Franzosen und den Kommunisten auseinandergerissen wurde, entschloss sich Diem, bekannt für seinen Antikommunismus und seinen Antikolonialismus, ins Exil zu gehen.*

Auch wenn in der Gegend um Hue viele Kämpfe stattfanden, hielt der Indochinakrieg Thuan nicht davon ab, sich vor allem um seine Priesterausbildung zu kümmern. Er las viel die Briefe des heiligen Paulus und lernte sie auswendig. Ebenso hielt er es mit den Psalmen. Der Rosenkranz und die Eucharistie nahmen einen fundamentalen Platz in seinem Leben als Seminarist ein. Pater Hoa Nguyen Van Hien (Simon, 1906-1973), einer seiner Lehrer, war sein geistlicher Begleiter. Als Bischof von Saigon (1955-1960) und dann von Da Lat (1960-1973) wählte Bischof Hien den bischöflichen Wahlspruch: „Wir verkündigen der Welt den gekreuzigten Jesus". Die von Thuan im Gefängnis verfassten Schriften spiegeln oft die Spiritualität von Bischof Hien wider. Beide sollten sie in den 1970er Jahren zusammen an der Katechisierung im Hinblick auf Gerechtigkeit und Versöhnung arbeiten.

Der heilige Thomas von Aquin lädt ein, sein Land zu lieben.

Stets wissbegierig, setzte Thuan die Lektüre der Werke von Columba Marmion fort, aber ebenso jene der ‚Nachfolge Christi' und der Hei-

[19] Nguyen Van Le war ein reicher Unternehmer. Nach seinem Tod übernahm seine Frau die Geschäftsführung und konnte so mehrere Mitglieder der Familie finanziell unterstützen.

ligenleben, unter anderem las er auch jenes von Don Bosco (1815-1888). Als Lehrer und Erzieher wandte er später die Grundsätze dieser Heiligen an. Nach Don Bosco erreicht man bessere Erziehungsergebnisse eher durch eine anregende Begleitung als durch Bestrafungen. Thuan liebte es, die ‚Summa theologica' von Thomas von Aquin zu studieren und entspannte sich bei ‚Don Camillo' von Giovanni Guareschi, wobei er besonders den Dialog zwischen Don Camillo und dem Gekreuzigten schätzte.[20]

Die Lektüre des Lebens des seligen Jesuitenpaters Miguel Agustín Pro Juárez SJ (1891-1927), Märtyrer unter der mexikanischen Diktatur, prägte ihn tief und half ihm später, die Prüfungen zu bestehen, denen er sich selber stellen musste: Pater Pro starb, nachdem er seinen Henkern verziehen hatte. Thuan teilte auch andere Charakterzüge mit Pater Pro. Während seiner Studien wie während seiner geheimen Arbeit in Mexiko war Pater Pro ein fröhlicher Mann. Er war stets bereit, für eine gute Atmosphäre unter den Studenten zu sorgen. Er ahmte nicht, wie Thuan, die Stimmen seiner Lehrer nach, sondern verzierte die Tafel im Unterrichtsraum mit Karikaturen. Als er Priester geworden war, half die ansprechende Stimmung von Pater Pro ihm oft aus gefährlichen Situationen heraus. Er mochte es, in seine tiefgründigen und ernsten Briefe eine kleine humoristische Note einzubringen[21]. In Gesprächen hatte Thuan einen ähnlichen Humor!

---

[20] NGUYEN VAN CHAU, André, François Xavier Nguyen Van Thuan. Nach 13 Jahren Haft in Vietnam als Kardinal im Vatikan. Ein Lebensbild, S. 78-89.

[21] Es gibt eine interessante Biografie zu Pater Pro, die kurz nach dessen Tod verfasst wurde. Es scheint, dass es dieses Buch war, das Thuan gelesen hat (DRAGON, Antonio, Pour le Christ-Roi. Miguel-Augustin Pro de la Compagnie de Jésus).

Glaube[22]

[22] Der Kardinal hat die Tugenden heldenhaft gelebt. Deshalb haben wir uns entschieden, jedes Kapitel des ersten Teils mit der Kalligraphie einer Tugend zu illustrieren.

Priester

Kaplan in Dong Hoi

Am 11. Juni 1953 wurde Thuan zum Priester geweiht. Der Bischof sandte ihn in den Norden, in die wichtige Pfarrei Tam Toa in der Stadt Dong Hoi (Provinz Quang Binh), mehr als 100 Kilometer nördlich von Hue, zu Pater Nguyen Van Tam (Simon), einem Pfarrer, der 67 Jahre alt war. Obwohl in einer anderen Provinz gelegen, gehörte die Pfarrei zur Diözese Hue.

Nach der Priesterweihe

Der Pfarrer hatte schon drei andere Kapläne, von denen zwei einige Jahre vor Thuan geweiht worden waren. Ein französischer Militärgeistlicher – der Indochinakrieg neigte sich dem Ende zu – wohnte ebenso in dem geräumigen Pfarrhaus. Thuan kam im August dort an. In dieser Region traf er – mehr noch als im Priesterseminar – auf die Realität des Krieges. Er verstand, wie sehr die Kommunisten überall in das Land eingedrungen waren, auch wenn die Franzosen viele von ihnen verhaftet und inhaftiert hatten.

Damals hatte Thuan eine anfällige Gesundheit. „Mein Gott", sagte der Pfarrer von Tam Toa zu ihm, „ich hatte beim Bischof einen starken Kaplan erbeten, aber du gleichst eher einem kleinen Bambus; du kommst mir sehr gebrechlich vor. Ich fürchte, dass du hier nicht lange bleibst." Der Priester vertraute Thuan leichte Aufgaben an. Er sollte keine Predigten vorbereiten. Sein Dienst bestand hauptsächlich darin, Gefangene, Leprakranke und andere Krankenhauspatienten zu besuchen.

Der Mensch ist größer als seine Taten
und seine Gedanken.

Unsere Mutter wollte wissen, wie er sein Amt erfüllte. Damals waren viele Kommunisten inhaftiert und meine Mutter befürchtete, sie könnten ihm gegenüber gewalttätig werden. Aber Thuan beruhigte sie: „Mama, ich bin zu ihnen gegangen, um ihnen in ihrem Leid zuzuhören, um ihnen in ihrer Verzweiflung Liebe zu schenken und um jeden daran zu erinnern, dass Gott ihn liebt und an seiner Seite steht, auch wenn viele Leute diese unglücklichen Menschen verachten. Ich versuche, ihre Sorgen und ihre Freuden zu teilen, ich weine und singe mit ihnen. Ich bemühe mich, ihnen ein Zeuge der Liebe Gottes zu sein, denn der Herr will unter ihnen gegenwärtig sein. Ich verkünde diesen Kommunisten sogar das Wort Gottes. Vor allem erinnere ich sie daran, dass Gott immer vergibt und dass er sie nicht mit denselben Augen betrachtet wie diejenigen, die sie verurteilen."

Krankheit und Wunder

Wie der Pfarrer geahnt hatte, erkrankte Thuan sehr bald. Kurz nach seiner Ankunft in Tam Toa wurde die Stadt heftig überschwemmt. Thuan schloss sich den Pfadfindern an, um den Betroffenen zu helfen. Die Kälte, die Feuchtigkeit und die Erschöpfung haben sicherlich seiner Gesundheit geschadet. Im April 1954 wurde Tuberkulose festgestellt und er musste in Saigon behandelt werden.

Ein französischer Priester hatte dafür gesorgt, dass Thuans im Grall-Krankenhaus[23], im Süden des Landes, aufgenommen wurde. Den Medizinern zufolge war der linke Lungenflügel von der Krankheit befallen und sie entschieden sich zur operativen Entfernung. Thuan musste sich aber zuerst von seiner Erschöpfung erholen und wieder zu Kräften kommen. Man gab ihm gutes Essen und Vitamine. Vor dem Eingriff beschlossen die Ärzte, noch eine neue Röntgenaufnahme zu machen, um so den Zustand des anderen Lungenflügels zu kontrollieren. Thuan musste sich viele Stunden gedulden, bevor er ihre Beurteilung erfuhr. Tatsächlich waren die Mediziner völlig erstaunt. Jede Spur von Tuberkulose war verschwunden! Niemand konnte diese Heilung erklären. Thuan schrieb an seine Mutter: „Ein Wunder ist geschehen, meine Lunge ist frei. Ich komme nach Hause."

Christliches Mitgefühl ist Nächstenliebe.
Sie ist ewig.

Als Kind hatte Thuan unserer Tante Giao, die an Tuberkulose litt, großes Mitgefühl entgegengebracht. Er selbst war nun auf wundersame Weise von derselben Krankheit geheilt worden. War das nicht ein ‚Augenzwinkern' Gottes, das bestätigte, dass Thuan während der Krankheit unserer Tante gut gehandelt hatte?

Pfarrer in Hue

Das Genfer Abkommen von 1954 führte zur Teilung Vietnams in zwei Teile. Mein Onkel Diem wurde ins Land zurückgerufen, um die Regierung im Süden zu bilden. Der Abzug der französischen Truppen und die

[23] Einige Militärbaracken, in denen französische Soldaten zu Beginn der Kolonisierung behandelt worden waren, wurden hier zu einem richtigen Krankenhaus umgebaut, das ab 1925 den Namen des Militärarztes Charles Grall führte. 1950 hatte das Krankenhaus 500 Betten und galt als die beste medizinische Einrichtung Ostasiens.

Machtübernahme der Kommunisten im Norden lösten den Exodus einer Million Vietnamesen aus, die Zuflucht in der jungen Republik des Südens fanden.

In dieser schwierigen Zeit wurde Thuan zum Pfarrer an St. Franz Xaver in Hue ernannt, wo viele Franzosen wohnten. Die Kirche war zwischen 1914 und 1918 von einem unserer väterlichen Vorfahren erbaut worden. Thuan half und ersetzte – nach dessen Abschied – den französischen Priester Pierre Richard (= Pater Co Phan)[24]*, denjenigen, der ihm die Aufnahme in das französische Krankenhaus in Saigon erleichtert hatte.*

Mit dem Zustrom der Flüchtlinge konfrontiert, organisierte Thuan deren Aufnahme in seiner Pfarrei. Eine heikle Aufgabe! Mein Bruder setzte sich sehr dafür ein, dass Franzosen, die gerade dabei waren, das Land zu verlassen, und Neuankömmlinge in gutem Einvernehmen zusammenlebten. Obwohl unsere Familie friedlich für die Unabhängigkeit Vietnams gekämpft hatte, haben wir immer die französische Kultur geliebt und ausgezeichnete Kontakte mit den Missionaren gepflegt[25]*. Jeder spürte, dass die Aufgabe des Wiederaufbaus unseres Landes ungeheuer groß sein würde!*

---

[24] Pierre Richard (1910-1993), geboren am 26. Mai 1910 in Comimont (Vogesen), wurde am 11. Juli 1934 in Saint-Dié zum Priester geweiht und 1937 zum Seminar der Gesellschaft der ausländischen Missionen zu Paris zugelassen. Am 15. September 1938 ging er in die Mission von Hue. Nachdem er die Sprache in Phu Cam gelernt hatte, wurde er zum Lehrer am Kleinen Seminar von An Ninh ernannt, dann 1945, mit der Seelsorge der Pfarrei der Franzosen in Hue beauftragt. 1955 verließ Pater Richard die Pfarrei St. Franz Xaver und wurde durch den Priester Simon Nguyen Van Lap (1911-2001) ersetzt, nachdem Thuan nach Rom gegangen war. 1956 wurde Pater Richard Militärseelsorger in Saigon (MOUSSAY, Gérard, APPAVOU, Brigitte, Répertoire des membres de la Société des Missions Étrangères (1659-2004), N° 3599). Im Wohnzimmer des heutigen Pfarrhauses, wo der Priester mich herzlich empfing, kann man viele Fotos der alten Kirche sehen, von den Zerstörungen, die die Kämpfe während der Kriege verursacht hatten, und von ihrer Restaurierung. Porträts von allen Priestern, die die Pfarrei betreut haben, schmücken das Zimmer.

[25] Die Kolonisierung war zuerst ein politisches Unternehmen, aber Thuans Familie hatte genügend intellektuelles Vermögen, um die positiven Beiträge der französischen Zivilisation wahrzunehmen.

Zusätzlich zu seiner Aufgabe als Pfarrer wurde Thuan auch zum Schulseelsorger der Pellerin-Schule ernannt, ebenso zum Seelsorger des Hauptkrankenhauses der Stadt und von Thua Thien, dem Gefangenenlager der Provinz.

Wiederaufnahme des Studiums

Von 1956 bis 1959 wurde Thuan nach Rom geschickt, um an der Päpstlichen Universität Urbaniana zu studieren, wo er seinen Doktortitel in Kirchenrecht erwarb. Seine Abschlussarbeit trug den Titel: ‚Vergleichende Studie der Organisation der Militärseelsorger in der Welt'[26]*. In dieser Arbeit beschäftigte er sich mit der Struktur der Militärseelsorgeämter, der seelsorgerischen Unterstützung für junge Soldaten und deren Ehefrauen sowie mit den Diensten für die Kinder dieser Militärangehörigen. Er ließ die in Hue gesammelten Erfahrungen in seine Arbeit einfließen: Er war dort als Seelsorger der Streitkräfte, der Krankenhäuser, der Gefängnisse und der Leprakranken tätig gewesen. Thuan verteidigte seine Doktorthese glänzend und erhielt die Doktorwürde ‚summa cum laude'.*

Thuan während seiner Studienzeit in Europa vor der Maria-Hilf-Basilika in Turin

[26] Der lateinische Titel lautet: Studium comparativum de organisatione capellanorum militum in mundo.

Während seines Aufenthalts in Europa besuchte Thuan unter anderem Fatima und Irland. Während einer Lourdes-Wallfahrt erfasste ihn eine Vorahnung, dass er zum Leiden für sein Land berufen sei. Hatte die heilige Jungfrau nicht während der Erscheinungen zur heiligen Bernadette gesagt: „Ich verspreche dir nicht, dich in dieser Welt glücklich zu machen, sondern in der andern!" Die an Bernadette gerichteten Worte der Jungfrau über das Leiden waren auch für ihn persönlich bestimmt. Es war so, als ob Maria direkt in seinem Herzen spreche. Er bewahrte Stillschweigen über diese geistliche Erfahrung und sprach nur mit meiner Mutter darüber, die seitdem Angst hatte. „Was wird ihm zustoßen?", fragte sie sich. Er wollte sich nicht mit Bernadette vergleichen. War das Ganze nicht Frucht seiner Fantasie? Aber als er sich meiner Mutter gegenüber äußerte, war er trotz allem davon überzeugt, dass die heilige Jungfrau ihm eine wichtige Botschaft hatte überbringen wollen. Später, als er so heftig zu leiden hatte, erkannten meine Mutter und er selbst besser den Sinn dieser mystischen Eingebung.

Während seines Aufenthalts in Europa beschloss Thuan auch, in den Sommerferien Deutsch zu lernen. So verbrachte er mehrere Ferienzeiten in einem Kloster der Cellitinnen zur hl. Maria. Die Schwestern hatten mehrere Niederlassungen in der Erzdiözese Köln. Er konnte dort mühelos seine priesterlichen Dienste anbieten, denn damals wurde die heilige Messe in lateinischer Sprache zelebriert. Bis zu seinem Lebensende blieb der Kontakt zu den Schwestern ausgezeichnet. Sie haben eine Ausstellung geschaffen, die unter anderem an seinen Aufenthalt in Köln erinnert.[27] *Dank seiner Briefe an die Schwestern haben wir den Beleg, dass er die deutsche Sprache sehr gut gelernt hatte.*

[27] Siehe dazu Anhang 2.

Lehrer und Rektor

Zurück aus Rom, wurde Thuan als Lehrer an das Kleine Seminar entsandt, das nun nach Hue verlegt worden war, denn Schüler und Lehrer hatten wegen des Indochinakrieges An Ninh verlassen müssen.[28] *Die Rolle der französischen Missionare wurde mit der Zeit geringer und ihr Abschied beschleunigte sich nach dem Genfer Abkommen.*[29] *1960 wurde unser Onkel Thuc Erzbischof von Hue. In seiner neuen Funktion war er direkter Vorgesetzter von Thuan, der 1961 zum Rektor des Kleinen Seminars ernannt wurde. Als Erzieher bewies Thuan im Vergleich mit seinen Kollegen eine gewisse Originalität. Er wandte im Kleinen Seminar die Pädagogik Don Boscos an, den er sehr bewunderte.*

Lu Giang, der nach Kalifornien zog und Le Thien Si, der in Ho-Chi-Minh-Stadt blieb, zwei ehemalige Seminaristen des Kleinen Seminars, haben wertvolle Zeugnisse anderer ehemaliger Schüler von Thuan über

---

[28] Während der französischen Kolonisation wurde in Hue ein Priesterseminar gebaut, und zwar in der Pfarrei Kim Long, in der Nähe des Stadtviertels Phu Xuan. Das ist der Grund, warum man manchmal vom Priesterseminar von ‚Phu Xuan' oder von ‚Kim Long' spricht. Als das Kleine Seminar An Ninh verlassen musste, zog es in die Gebäude des Priesterseminars in Kim Long und das Priesterseminar seinerseits zog zeitnah nach Saigon um. Unter der Leitung von Am und der Aufsicht von Thuan wurde das Kleine Seminar Hoan Thien südlich des Flusses gebaut (Dong Da Straße 11, einige Kilometer östlich von Phu Cam) und das Gebäude von Kim Long stand erneut zur Aufnahme des Priesterseminars zur Verfügung. Während der Baumaßnahme standen Vater und Sohn in engem Kontakt. Das Kleine Seminar erhielt den Namen Hoan Thien. Hoan bedeutet ‚man freut sich, man feiert' und Thien stellte den Bezug zu Tran Van Thien (Thomas) her. Geboren 1820, starb er 1938 den Märtyrertod. Thien war ein tugendhafter und mutiger Seminarist gewesen, er wurde 1900 selig- und 1988 heiliggesprochen. Die Tatsache, dass dem Kleinen Seminar sein Name gegeben wurde, erinnerte die Schüler daran, dass man schon in jungen Jahren ein Heiliger werden kann. Verschiedene Priester in der Region haben mir mitgeteilt, dass Thuan auch Vorlesungen in Kirchenrecht am Priesterseminar gehalten hat.

[29] Die Unterzeichnung des Genfer Abkommens im Juli 1954 beendete die Präsenz der Franzosen in Nordvietnam. Als die Kommunisten 1975 die Macht im gesamten Land übernahmen, bedeutete das ein Ende der Tätigkeit ausländischer Missionare in ganz Vietnam.

sein Apostolat in dieser Institution gesammelt. Thuan war ein ausgezeichneter Anleiter, um die Berufung der Studenten zu erkennen: Waren sie wirklich dazu berufen, in das Priesterseminar einzutreten und sich dem priesterlichen Leben zuzuwenden? Oder war es ihre Mission, Gott in der Welt zu dienen? Als großer Verfechter der Gewissensfreiheit hat Thuan diese immer verteidigt und jungen Menschen geholfen, sich stets für den Gehorsam gegenüber dem eigenen Gewissen einzusetzen, um Gottes Willen zu erkennen. „Priester zu werden ist eine schöne Berufung", sagte Thuan, „aber man kann auch für die Welt berufen sein. Was man sich immer bewusstmachen muss, ist, das Böse zu meiden. Zu sündigen ist schlecht, aber viel schlimmer ist es, den Blick für das zu verlieren, was die Sünde ausmacht."

Der Herr braucht einen jeden.

Einer seiner Schüler hatte erkannt, dass er nicht zum Priester berufen war. Er hatte aber Angst, das seinem Vater einzugestehen, dessen sehnlichster Wunsch es war, einen Sohn zu haben, der Priester wurde. Mein Bruder bat ihn in sein Büro und sagte ihm: „Sie wissen, dass viele Züge in die Stadt fahren, Expresszüge und solche, die hier und da halten, aber alle Züge erreichen ihr Ziel. Ebenso gibt es Jugendliche, die ins Seminar eintreten und Priester werden. Das ist ein sehr gerader Weg. Es gibt andere, die fünf oder sechs Jahre bei uns bleiben und dann den Gedanken an das Priestertum aufgeben. Aber die hier verbrachten Jahre sind mit dem Herrn in einem großen Haus verbrachte Zeit. Die Seminaristen haben dann, wie der Zug, einen Halt auf dem Weg gemacht und sie erkennen ihre wahre Berufung. Auf jeden Fall sind alle berufen, das Wort Gottes dorthin zu bringen, wo sie leben."

Als der Seminarist meinen Bruder fragte, wie er seinen Wunsch, das Kleine Seminar zu verlassen, erahnt habe, antwortete Thuan einfach. „Der Herr braucht auch Ingenieure, Lehrer und Familienväter. Die Kinder kommen ja schließlich aus einer Familie hervor." Er schlug ihm vor, noch einige Tage im Seminar zu bleiben, um noch einmal intensiver zu

Als Lehrer am Kleinen Seminar in Hue

beten. Das Treffen mit meinem Bruder und das Gebet haben den jungen Mann aus seinem Gefühl der Hoffnungslosigkeit gerettet. Er dachte, dass er nicht gut genug für den Herrn sei, nicht würdig genug, und dass er von Gott abgelehnt würde, wenn er das Seminar verlasse. Aber Thuan konnte dem jungen Mann – nach dessen eigenem Zeugnis – eine neue Chance geben: „Er hat mir ein anderes Leben, ein zweites Leben gegeben." Thuan hielt guten Kontakt zu mehreren dieser Studenten, die einer anderen Berufung gefolgt waren.

Herr Nguyen Ca[30] *besuchte von 1961 bis 1967 das Kleine Seminar. Er hat in einem von 2003 datierten Zeugnis berichtet, dass der neue Rektor die Aufnahmeprüfung abschaffte: „Das geschah, um die vom Lande stammenden Kandidaten zu begünstigen, die keine besonders guten Schulen hatten besuchen können. Er achtete auch auf die Qualität des Unterrichts, die über die der öffentlichen Schulen hinausging. Thuan war allen gegenüber aufmerksam, ob reich oder arm. Einmal hat er mich ganz allein auf dem Flur des Seminars gesehen und mich sehr freundlich*

[30] Er lebt heute in Denver (Colorado).

gefragt, wie es mir gehe. Ich war glücklich, dass er meinen Vornamen kannte. Mein ganzes Leben lang behielt ich ihn in guter Erinnerung, und das half mir auch, die schwere Zeit in den Umerziehungslagern zu überstehen. Seine Liebenswürdigkeit und seine Großherzigkeit blieben mir in meinem ganzen Leben ein Vorbild. Als Rektor unterrichtete er uns jeden Abend in den praktischen Dingen des Lebens. Manchmal sprach er über Höflichkeit in Gesprächen oder über gute Tischmanieren, aber auch darüber, wie man christlich liebt, wenn man die Entscheidung getroffen hat zu heiraten. Letzteres hat mir sehr geholfen, als ich eine Familie gründete. Damals hatten wir noch kein vietnamesisches Messbuch, aber während Thuan ein lateinisches Messbuch verwendete, verkündete er das Evangelium in unserer Muttersprache. Er kannte es auswendig. Das hat in mir eine große Liebe zum Wort Gottes entstehen lassen.“

Das Pfadfindertum fördert die
Verantwortung seiner Mitglieder.

1964 führte Thuan das Pfadfindertum im Seminar ein. Er brachte den Jugendlichen praktische Dinge bei: zelten, Erste Hilfe leisten, Kanus bauen, die sie auf dem ‘Parfümfluss’ ausprobierten, und bergsteigen. Er sprach natürlich auch mit ihnen über das Motto der Pfadfinder - jeden Tag eine gute Tat zu tun.

Herr Nguyen Ca bestätigt dies: „Das Pfadfindertum hat uns dabei geholfen, einen Geist des Dienens, der Einheit und der Brüderlichkeit zu erlangen. Thuan lehrte uns, gesund zu leben, stets über die anderen positiv zu denken und zu sprechen. Er organisierte Pilgerfahrten nach La Vang, um dort zur Jungfrau Maria zu beten. Er sprach oft über *die schwierige Situation unseres Heimatlandes und ermutigte uns, uns für den Aufbau des Landes und der Kirche einzusetzen. Während der Ablegung der Pfadfinderversprechen rief er uns dazu auf, Gott zu lieben, ein treuer Diener unseres Landes zu sein und unseren Nächsten zu lieben“*[31].

[31] Es war für mich eine große Freude, während meines Besuchs in Vietnam viele

Einige Lehrer des kleinen Seminars meinten, Thuan verwöhne die Jugendlichen zu sehr. Wenn er Nougat geschenkt bekam, verteilte er es an die Seminaristen. Einer seiner Schüler, der später statt der geistlichen die militärische Laufbahn einschlug, ahmte diese Großzügigkeit nach; er steigerte manchmal die Moral seiner Soldaten, indem er ihnen eine Zigarette anbot.

Im Seminar war die Anziehungskraft von Süßigkeiten bei den Jugendlichen so groß, dass die Leckereien oft aus Thuans Büro verschwanden. Einmal sagte er vor der Messe, weil er wusste, dass es kleine Diebe gegeben hatte: „Ich weiß, dass es viele Mäuse gibt, die mein Büro besuchen. Wenn ihr zufällig eine davon trefft, müsst ihr ihr die gestohlenen Süßigkeiten wegnehmen und sie mir zurückgeben". Die Jugendlichen erinnerten sich gerne an diese Worte und sagten sich: „O mein Gott, er weiß, dass wir gestohlen haben, aber er spricht es nicht deutlich aus, um uns nicht zu demütigen."

Thuan förderte auch Sport und Musik. Die Seminaristen konnten interessante Filme, wie ‚Spartakus', ‚Ben Hur' oder ‚Der längste Tag' ansehen. Später, als er das Seminar bereits verlassen hatte, um andere Aufgaben zu übernehmen, kam Thuan dorthin zurück, um Einkehrtage zu halten. Einer der Teilnehmer erinnerte sich daran, was er ihnen über die Erfahrung sagte: „Ständig Fehler zu machen – denn jeder Fehler ist anders –, darin besteht die Erfahrung."

---

ehemaligen Absolventen des Kleinen Seminars, Priester und Laien zu treffen. Ihre Großherzigkeit, ihre Willkommenskultur ebenso wie die guten Erinnerungen an ihren ehemaligen Rektor bestätigten Elisabeths Zeugnis. Sie erzählten vom Geist des Gebets und der Freude, der Thuan beseelte. Man sah ihn oft in der Kapelle, mit Christus vereint, oder den Rosenkranz betend auf seinen Spaziergängen. Ein ehemaliger Schüler erzählte mir, dass er am späten Abend des Aschermittwochs mit einem Dutzend anderer eingeladen worden sei. Das Fasten war den ganzen Tag über streng beachtet worden, aber um Mitternacht organisierte Thuan ein Überraschungsessen! Besonders berührt hat mich auch das Treffen mit Pfadfindern in der Diözese Hue. Sie haben mich als einen der Ihren angenommen, einfach, weil ich mich für ihren ‚Gründer' interessierte.

Generalvikar

Im Jahr 1964 wurde Bischof Nguyen Kim Dien (1921-1988) zum Erzbischof von Hue ernannt. Bischof Dien lebte in Armut, im Dienst der Bedürftigen, ganz der Spiritualität des seligen Charles de Foucauld[32] entsprechend. Er war ein wahrer Vater seiner Diözesanen und unterstützte sie unermüdlich in diesen schwierigen Zeiten. Er hatte den Mut, Thuan, den Neffen des ermordeten Präsidenten, als Generalvikar zu bestellen, und ihn zugleich in seiner Aufgabe als Rektor des Kleinen Seminars von Hoan Thien zu belassen. Erzbischof und Generalvikar gehörten fast einer Generation an.

Oft nennt man das Leiden Christi seine ‚Passion'.
Ostern und Passion sind miteinander verbunden.

Thuan hatte Glück, durch diesen neuen Erzbischof unterstützt zu werden, der ihn in eine verantwortungsvolle Position eingesetzt hatte. Unsere Familie hatte zutiefst gelitten, denn zwei unserer Onkel mütterlicherseits, Diem und Nhu, waren 1963 durch die Militärjunta beseitigt worden. Mein Onkel Can wurde ein Jahr später verhaftet und hingerichtet. Thuan war von Trauer überwältigt und von Wut übermannt. Angesichts all dieser Leiden war er zunächst sehr verbittert. Aber nach außen hin blieb er ruhig und hörte den Menschen zu, die zu ihm ins Bischofshaus kamen, um mit ihm zu sprechen. Es ist sehr wahrscheinlich, dass die intensive Arbeit, die er leisten musste, ihm half, die große

[32] Bischof Dien war zuvor Rektor des Priesterseminars von Saigon. Er wurde später eine Symbolfigur des friedlichen Widerstandes gegen das kommunistische Regime, um die Rechte der vietnamesischen Kirche und Gesellschaft zu erweitern. In seinen apostolischen Briefen sprach er vom Recht auf freie Seminarerziehung (1979), vom Recht auf Versammlungsfreiheit (1981) und vom Recht der Gedanken- und Informationsfreiheit (1986). Die Polizei erschwerte ihm seine Dienstausübung aufs äußerste. Eine große Anzahl Gläubiger nahm an seiner Beerdigung teil. Viele Exil-Vietnamesen betrachten ihn als einen Helden, sowohl wegen seiner Tugenden als auch wegen seines seelsorglichen Mutes. Es gibt heute immer noch eine ‚Nguyen Kim Dien-Vereinigung'.

Zerrissenheit seines Herzens zu überwinden. Aber besonders das Gebet hielt ihn aufrecht. Ohne Gottes Hilfe wäre er nicht in der Lage gewesen zu verzeihen[33].

Die moralische Stärke unserer Mutter war ihm in diesen Zeiten eine große Unterstützung. Vietnam war in einen neuen Krieg eingetreten. Mama empfahl uns immer, die Situation der Soldatenfamilien zu berücksichtigen. Es waren oft arme Leute, die, wenn einer ihrer Söhne im Kampf gefallen war, noch nicht einmal darüber informiert wurden, wo er beerdigt war. Es war wahrscheinlich während dieser Zeit, dass Thuan sich radikal mit den Leiden Christi vereinte. Diese Jahre waren in gewisser Weise der Auftakt zu dem Leiden, das Thuan ab 1975 bevorstand. Ein Leiden, das auch das eines ganzen Volkes war. Als Bischofsvikar und später als Bischof war er in diesen unruhigen Zeiten in der Lage, ‚Feinden' die Hand zu reichen, Frieden zu stiften und sich für Flüchtlinge einzusetzen.

Das Zweite Vatikanische Konzil

Von Vietnam aus verfolgte Thuan aufmerksam die Veränderungen, die das Konzil anstieß. Man hat den Eindruck, dass Thuan dessen große Einsichten bereits verinnerlicht hatte. War dies auf sein Studium in Rom Ende der 1950er Jahre zurückzuführen oder auf seine große Sympathie für Papst Johannes XXIII.[34], der, wie Thuan, Don Bosco bewunderte und die ‚Nachfolge Christi' als Lektüre auf dem Nachttisch liegen hatte? Wenn er nicht das Beispiel verschiedener seiner Lehrer gehabt hätte, hätte er sich nicht für ein seelsorgliches Leben entschieden, das frei von allen Formen des Klerikalismus sein wollte?

---

[33] NGUYEN VAN CHAU, François Xavier Nguyen Van Thuan, S. 137-142.

[34] Papst von 1958 bis 1963, am 27. April 2014 heiliggesprochen.

Hoffnung

Bischof

Bischofsweihe

1967, als die Kämpfe zwischen Kommunisten und Amerikanern wüteten, wurde Thuan zum Bischof von Nha Trang ernannt, einer Küstenstadt, die zwischen Hue und Saigon liegt. Die Diözese bestand erst seit zehn Jahren und umfasste die Provinz Khanh Hoa, mit Nha Trang als Hauptstadt, aber auch die Provinzen Binh Thuan, Binh Tuy und Ninh Thuan[35]. Thuan wurde im Kleinen Seminar Hoan Thien[36] in Hue zum Bischof geweiht und ersetzte den ersten Bischof von Nha Trang, den Franzosen Raymond Marcel Piquet (Co Loi 1888 - 1966)[37]. Als dieser 1912 nach Vietnam kam, hatte er dort verschiedene Ämter ausgeübt, bevor er die Leitung der neuen Diözese Nha Trang übernahm und vor Ort ein Seminar eröffnete. Als frommer, tugendhafter, intelligenter und eifriger Mann wurde er von allen Gläubigen geschätzt.

> Auch wenn das Thema der Liebe in den Schriften des Kardinals vorkommt, ist er vor allem als Apostel der Hoffnung in der Finsternis bekannt.

Als Bischofsmotto wählte Thuan die ersten Worte der Pastoralkonstitution des Zweiten Vatikanischen Konzils ‚Gaudium et Spes' (Freude und Hoffnung): ein wahrhaftiges Programm in einer Kriegsregion!

---

[35] Die geografische Aufteilung dieser beiden letztgenannten Provinzen wurde in der zweiten Hälfte des letzten Jahrhunderts mehrmals verändert.

[36] Aus praktischen Gründen wurde Bischof Thuan nicht in Nha Trang geweiht, sondern im Kleinen Seminar, dort wo er Rektor gewesen war.

[37] MOUSSAY, Gérard, APPAVOU, Brigitte, Répertoire des membres de la Société des Missions Étrangères (1659-2004), N° 3141.

Sein Wappen setzte sich zusammen aus einem weißen Stern, der die Jungfrau Maria darstellt, in der Mitte erinnern Land und Meer an Vietnam, ebenso drei Berge als Sinnbilder der drei Regionen des Landes: den Norden, die Mitte und den Süden. Zehn Bambuszweige symbolisieren die Zehn Gebote.

Lassen wir Gott unsere Leere füllen.

Der Bambus ist in unserem Land ein sehr wichtiges Symbol; er wächst überall, die Zweige können leicht gebogen werden, brechen aber nicht. Thuan war überzeugt, dass der Mensch durch Ausdauer, Mut und Gebet die Eigenschaften des Bambus erhalte: der äußere Sturm kann uns dann verbiegen, aber wir werden nicht gebrochen. Der Stamm des Bambus ist hohl. So stellt diese Pflanze sowohl asiatische wie katholische Werte dar: Wenn man von sich selbst erfüllt ist, kann man weder den Herrn noch den Nächsten aufnehmen. Das Gebet hilft uns, uns von unserer Selbstliebe und von unserem Stolz lösen. In dieser Leere, in dieser Selbstlosigkeit, gibt es Raum für den anderen und für Gott. Die Spiritualität unsers Onkels Diem war ebenso von diesem Symbol geprägt worden.

Flüchtlingshilfe

Ende Januar 1968 begannen die Vietnamesische Volksarmee (APVN) und die Nationale Front für die Befreiung Südvietnams (NFB)[38] die ‚Tet-Offensive' (Tet Mau Than), einen Feldzug der Kommunisten gegen die amerikanischen Stützpunkte. 80.000 Soldaten griffen ungefähr einhundert Städte im Süden an. Diese Zusammenstöße waren insbesondere für die lokale Bevölkerung eine Katastrophe.[39]

---

[38] Die Vietnamesische Volksarmee (APVN) und die Nationale Front für die Befreiung Südvietnams (NFB oder Vietcong) waren die wichtigsten kommunistischen Militärkräfte. Die NFB operierte innerhalb Südvietnams.

[39] In Hue war der Angriff besonders blutig. Tausende Zivilisten wurden getötet, besonders junge Menschen – die Zukunft des Landes – und Intellektuelle. Der Um-

Seit 1970 wurde Kambodscha, in dem sich NFB-Stützpunkte befanden, von den Amerikanern massiv angegriffen: Sie warfen zwei Millionen Tonnen Bomben über diesem Land ab. 400.000 Vietnamesen, die dort lebten, wurden Opfer des Unmutes der Kambodschaner und waren gezwungen, aus dem Land zu fliehen und in Vietnam Zuflucht zu suchen.

Bischof Thuan besucht Militärgeistliche beim Einsatz

Die Probleme waren immens und mein Bruder stellte sich tapfer dieser humanitären Katastrophe. In Zusammenarbeit mit der Regierung leistete Thuan den Tausenden notleidenden Menschen moralische und geistliche Unterstützung. Bei seiner Flüchtlingshilfe war sein Ideal nicht so sehr, Hilfe zu leisten, sondern vielmehr dafür zu sorgen, dass die von der Katastrophe Betroffenen möglichst schnell unabhängig und für ihre eigene Zukunft verantwortlich sein würden. Zu diesem Zweck wurde die COREV (Vereinigung für den Wiederaufbau Südvietnams) gegründet. Der Sitz war in Saigon und Thuan war der Verantwortliche. Die Hunderttausenden Flüchtlinge konnten nicht in den Lagern dahinvege-

stand, dass sie in der Kathedrale Zuflucht gesucht hatten, hielt die Kommunisten nicht von ihren Grausamkeiten ab.

tieren: Sie brauchten menschenwürdige Unterkünfte und Hilfe bei der Arbeitssuche. Dank seiner vielfältigen Sprachkenntnisse und seines Bischofsamtes konnte Thuan mit internationalen Organisationen Kontakt aufnehmen, um umfangreiche finanzielle Unterstützung zu erhalten. In Zusammenarbeit mit Caritas International[40]*, reiste er zweimal nach Europa, um sich für die Belange der Flüchtlinge einzusetzen. Seine Erfahrungen hinsichtlich der Migrationsprobleme waren ihm später sehr nützlich, als er 1992 Mitglied der Internationalen Katholischen Migrationskommission (ICMC) wurde.*[41]

Weitere Aufgaben

Bischof Thuan übte verschiedene Ämter im Rahmen der vietnamesischen Bischofskonferenz aus: Präsident des Rates Justitia et Pax, Präsident des Amtes für Kommunikation, wo er an der Gründung von ‚Radio Veritas' mitarbeitete, und Präsident des Rates für die Migranten- und Flüchtlingspastoral.

Mehrere Jahre lang war Bischof Thuan auch Konsultor verschiedener päpstlicher Dikasterien: des Päpstlichen Laienrates, der Kongregation für die Evangelisierung der Völker und der Kongregation für Liturgie und Sakramente. Am längsten war er Mitglied des Päpstlichen Laienrates: von 1971 bis 1975. In dieser Zeit hatte er die Gelegenheit, den Erzbischof von Krakau, den späteren heiligen Papst Johannes Paul II., zu treffen.[42]

---

[40] Caritas International ist eine Organisation der katholischen Kirche, die Armut bekämpft und sich fur mehr Gerechtigkeit einsetzt, indem sie den schwächsten Gliedern der menschlichen Gesellschaft ihre Menschenwürde zurückgibt. Vgl. u.a. www.caritas.org bzw. www.caritas-international.de

[41] Es handelt sich um eine 1951 gegrundete, nicht regierungsamtliche Organisation, die sich in den Dienst von Flüchtlingen und anderen Menschen stellt, welche aufgrund von Krieg und Naturkatastrophen gezwungen sind, entweder auszuwandern oder innerhalb ihres Landes umzuziehen. Papst Paul VI. hat das ICMC stark gefördert.

[42] NGUYEN VAN CHAU, François Xavier Nguyen Van Thuan, S. 155.

Im November 1970 nahm er im Namen des vietnamesischen Episkopates an der Versammlung der Föderation Asiatischer Bischofskonferenzen (F.A.B.C) in Manila teil.

Barmherzigkeit

Pastorales Engagement

Einleitung

Trotz der abscheulichen Feindseligkeiten, die den täglichen Hintergrund seines Dienstes in Nha Trang bildeten, kümmerte sich Thuan vorrangig um das seelsorgliche Leben. Die Laien wurden eingeladen, über ihre Rolle in der Kirche nachzudenken. Mein Bruder war der Ansicht, dass wir uns nicht damit zufriedengeben sollten, bequeme Wege zu gehen; das Wort Gottes sollte die gesamte Gesellschaft durchdringen. Er wollte das Familienleben wieder stärken und eine größere Offenheit gegenüber anderen Menschen fördern, unabhängig von deren Religion, sozialem Status oder politischer Orientierung. Er setzte sich in gleicher Weise für den interreligiösen Dialog und die Einheit aller Vietnamesen ein.

Während seiner Bischofszeit besuchte Thuan Neuseeland, wo er an Messen in englischer Sprache teilnahm, in deren Verlauf auch Maori, die Sprache der dortigen Ureinwohner, eine wichtige Rolle spielte.[43] *Zurück in seiner Diözese ließ er sich von seinen Erfahrungen in Neuseeland inspirieren: Er sagte, dass man die Menschen nur dann evangelisieren könne, wenn man sie respektiere. In der Region Nha Trang leben heute noch viele Raglai, eine ethnische Minderheit, deren Kultur und Sprache sich von denen der anderen Vietnamesen unterscheidet. Thuan gründete 1968 ein Kulturzentrum und veröffentlichte eine Bibel sowie ein Wörterbuch in der Raglai-Sprache. Mein Bruder hat immer einen unabhängigen Geist gezeigt: Diese Aufmerksamkeit gegenüber dieser ethnischen Minderheit stand im Gegensatz zur allgemein üblichen Haltung.*[44]

[43] Die Maori, die Urbevölkerung Neuseelands, machen etwa 15 Prozent der Landesbevölkerung aus. Sie haben ihre eigene Sprache.

[44] Während meines Besuchs im Süden von Nha Trang, in Suoi Dau, wurde ich Zeuge eines der schönsten Beispiele für gelebte Nächstenliebe in diesem Land. In aller

1969 gründet Bischof Thuan gemeinsam mit Bischof Simon Hoa Hien eine erste Gruppe, die Laien für die Evangelisation in den Pfarrgemeinden schult.

Obwohl Thuan ein Anhänger einer wirklich vietnamesischen Kirche war, wollte er die französischen Missionare vollständig in das Leben der Diözese integrieren, diese Männer, die geistliche Entdecker waren und sich unter schwierigen Lebensumständen oft heldenhaft bewährt hatten. Er förderte die Ordens- und Priesterberufungen, organisierte auch eine

Einfachheit leben Ordensschwestern inmitten der Minderheiten und führen dieses Werk der Gleichberechtigung mit Herz und Verstand fort.

ständige Weiterbildung für die Priester und ermutigte die Christen, sich stärker im pfarrgemeindlichen und sozialen Leben einzusetzen. Schüler- und Priesterseminar verzeichneten einen beträchtlichen Zuwachs an Lernenden.

Gegen Ende der 1960er Jahre hatte Thuan, der über das schwierige Leben der Christen im Norden gut informiert war, schon damit begonnen, die Gläubigen auf eine kommunistische Invasion im Süden vorzubereiten, die ihm immer wahrscheinlich erschien. Die Zukunft deutete sich als offenbar äußerst schmerzhaft an. Während dieser Zeit veranlassten seine Liebe zu Christus und seine Treue zur Kirche Thuan dazu, mehr katholische Schulen und religiöse Institutionen aufzubauen. Sein Ziel war es, Laienbewegungen zu organisieren, um sie für einen neuen Evangelisierungsprozess auszubilden, wenn Bischöfe, Priester und Ordensleute daran gehindert wären, frei zu arbeiten. Thuan wurde nicht müde, jeden an die Verpflichtung aller Christen zu erinnern, nämlich das tägliche Leben zu heiligen und die Botschaft Christi dort zu leben, wo man wohnt, wo man arbeitet, selbst dort, wo man leidet. So legte mein Bruder den Grundstein für die ‚Bewegung der Hoffnung' (= Cong doan Hy-Vong), die er mit dem Segen von Papst Paul VI. gründete. Die Mission dieser Bewegung, die alle Regionen Vietnams erreichen sollte, selbst die unzugänglichsten, war die Evangelisation im täglichen Leben. Dazu gehören verheiratete Personen, geweihte Laien und Priester. Sie leben inmitten der Gesellschaft, üben verschiedene Berufe aus und haben die ignatianische Spiritualität sowie die Verehrung des Herzen Jesu in ihr Leben integriert. Wie Ordensleute legen sie Versprechen ab, beten das Stundengebet und räumen der heiligen Messe und der Betrachtung einen wichtigen Platz in ihrem Leben ein.[45]

---

[45] Während seines Hausarrests in Cay Vong wollte Bischof Thuan ‚Cong doan Hy-Vong' dem Säkularinstitut der Herz-Jesu-Priester anzuschließen. Er schrieb am 16. Januar 1976 einen Brief an den Leiter, Pater Jean Canivez. Der Brief wird im Archiv von Giang Xa aufbewahrt. ‚Cong doan Hy-Vong' ist nun Teil der Cor Unum-Familie und Bischof Thuan wird als ihr Mitbegründer angesehen (http://www.famillecorunum.com).

Um so viele Gläubige wie möglich zu erreichen, schrieb Thuan Hirtenbriefe und hielt Predigten, in denen er den Gläubigen seinen eigenen Glauben und seine Überzeugungen nahebrachte. Viele Menschen auf der ganzen Welt ziehen noch heute geistlichen Gewinn aus den Schriften meines Bruders. Einige der von ihm verfassten Texte wurden veröffentlicht, aber es gibt noch viele unveröffentlichte Vorträge und Predigten, die eine weitere Verbreitung verdienen.[46]

Die Botschaft des Kreuzes

Einige Jahre später konnten wir die im Gefängnis verfassten Predigtnotizen in den Westen bringen. Die Lektüre ermöglicht es, den Inhalt der Lehre zu entdecken, die Thuan seinen Anhängern bereits vermittelt hatte. Ich möchte mich speziell auf jene Notizen beziehen, die vom Leiden Christi, seinem Tod am Kreuz sprechen.[47] *In diesen Texten hatte Thuan keine Angst, die schwierige Situation in unserem Land offenzulegen. Eine seiner Homilien beginnt er damit, seine Abscheu vor der Gewalt auszudrücken: „Niemals war das menschliche Leben so wertlos, und das empört mich. Es raubt mir den Atem, Lüge auf Lüge zu hören. Man hält seine Versprechen nicht und ich finde keinen Geschmack am Leben mehr."*

Der Tonfall seiner Homilie ändert sich: „Aber (…) Gott hat mich geschaffen. Er wollte, dass ich hier und jetzt lebe. Das hier ist meine Stunde

[46] Die historische Kommission, die die Seligsprechung in Rom vorbereitet, hat alle Schriften von Bischof Thuan gesammelt. Dank Elisabeth konnte ich eine Kopie der wichtigsten Texte erhalten.

[47] *Im Jahr 2009 wurden verschiedene Homilien heimlich aus Vietnam in den Westen versandt. Ich habe eine Kopie dieser Notizen mit einer provisorischen Übersetzung dem Kölner Archiv übermittelt. Es gibt dort mehr als 40 Texte. Ich zitiere nur einige Passagen dieser wertvollen Texte (Homilie 1 bis 7). Die Homilien sind nicht datiert.* Personen, die ich in Vietnam traf, haben mir oft gesagt, dass die Predigtweise von Bischof Thuan ‚speziell' gewesen sei, anders als gewohnt! Die Gläubigen waren bei ihm besonders aufmerksam und viele wurden durch seine klaren und tiefgründigen Worte dauerhaft geprägt.

und ich schaue auf das Kreuz. Ich bin hilflos und habe nichts mehr zu geben - wie der aller Dinge beraubte Christus am Kreuz. Es bleibt nichts als seine Liebe. Jesus lädt uns auch ein, einander zu lieben. Es wäre so einfach, die Ohren zu verschließen, um das Leiden unserer Brüder nicht mehr zu hören. Es ist sogar möglich, sich unter die Unterdrücker zu mischen. Aber lasst uns dem gekreuzigten Christus Ehre erweisen, dessen Botschaft der Welt als Torheit erscheint (vgl. 1 Kor 1,23).“[48]

In einer anderen Homilie erinnert Thuan an das Geheimnis des Kreuzes und erklärt, dass diejenigen, die sich dafür entscheiden, bei Jesus zu bleiben, ihr Ansehen verlieren können. Sie riskieren, als ‚verrückt‘ angesehen zu werden, wie es dem Herrn selbst geschah: „Ich wage es nicht, ihm wie Petrus zu sagen: „Herr, ich bin bereit, mit Dir zu sterben.“ Ich für meinen Teil fühle mich schwach. Aber in diesen Momenten hilft mir die heilige Jungfrau. Ich gebe keine großen Erklärungen ab, aber wie sie betrachte ich Sein Gesicht, das vor Liebe strahlt und ich werde versuchen, an seiner Seite zu bleiben. Maria hat es gewagt, als Mutter eines Gesetzesbrechers zu gelten. Das ist Marias Identität, und ich bin der Bruder dieses Gesetzesbrechers. Er gehört zu meiner Familie und ich akzeptiere es, mich mit seinem Schicksal zu verbinden. Maria, gib mir einen Platz an deiner Seite. Ich bemühe mich, dort zu bleiben und mutig zu sein, diesem geliebten Gesetzesbrecher ganz nahe zu sein, denn in diesem Augenblick ist dein Kreuz, Jesus, auch das meine.“[49]

Ich bin überzeugt, dass die Predigten über das Kreuz meinem Bruder und seinen Zuhörern geholfen haben, die Qualen zu ertragen, die Vietnam während so langer Jahre durchlitt.

An anderer Stelle spricht Thuan vom Himmel, der mit schwarzen Wolken bedeckt ist, welche die Welt in Finsternis tauchen: „Inmitten einer

[48] Auszug aus Homilie 1.

[49] Auszug aus Homilie 2.

ungewissen Zukunft stehe ich vor Golgatha und das Bild des Kreuzes erleuchtet mich. Jesus gibt mir die Kraft, mich auf die Probleme dieses Tages zu konzentrieren. Aber selbst wenn ich über diesen Moment hinausschaue, weiß ich, dass Jesus im Leiden bei mir sein wird. Das erlaubt mir, gelassen zu bleiben, sogar glücklich. Vertrauen und Hoffnung sind in mir. Wenn ich der Versuchung der Angst nachgebe, werde ich morgen fallen und fühle mich heute schon gelähmt."[50]

Für meinen Bruder gibt der ‚Wahnsinn des Kreuzes' dem Leben der leidenden Christen einen Sinn: „Das Kreuz, von dem ich dachte, es nicht tragen zu können, trage ich dank der Gegenwart Jesu an meiner Seite. Ich verstehe die Logik seines Leidens besser. Jesus segnet mich durch sein Kreuz. Er rettet so die Welt und Er gibt unserem Leben einen Sinn. Sprechen wir niemals von Jesus, ohne uns auf sein Kreuz zu beziehen."[51] *Das barmherzige Herz Jesu manifestiert sich besonders während seines Todeskampfes,*

Ohne die Gegenwart Jesu
verliert das Kreuz seinen Sinn.

In einer seiner Homilien erinnert Thuan besonders daran, dass Jesus die Pforten des Paradieses dem guten Schächer geöffnet hat, der mit ihm gekreuzigt wurde: „Ewig ist seine Liebe", fügt er hinzu. „Ich setze mein Vertrauen voll und ganz auf sein Herz und ich fühle mich berufen, barmherzig zu werden wie Jesus. Er war es für die Ehebrecherin und ist es für mich. Ich muss meinen Nächsten mit solchen Augen ansehen, wie Jesus Petrus oder die Samariter angeschaut hat. Mein Herz muss im Ausmaß dieser unendlichen Liebe wachsen. Jesus hat ein offenes Herz und liebt unermesslich."[52]

---

[50] Auszug aus Homilie 3.

[51] Auszug aus Homilie 4.

[52] Auszug aus Homilie 6.

Weit entfernt von jeglicher Tendenz zu Schmerz oder Sentimentalität wagte mein Bruder, vom Kreuz als dem Instrument schlechthin zu sprechen, das die Welt erlöst: „Gekreuzigt zu werden, heißt leiden. Aber selbst, wenn das als eine harte Wahrheit erscheint, ist das Leiden Teil des Werkes unserer Erlösung. Das Kreuz erhebt jeden von uns, so wie es die ganze Menschheit erhebt. Die Welt vereinigt sich mit Gott. Alles Vergängliche verschwindet. Erhoben zu werden, ist schmerzhaft: Ich muss mich von allen Fesseln befreien, die mich nach unten ziehen. Die beiden Arme Jesu sind nicht aus Stahl wie die Ketten, die mich daran hindern, mich zu lösen. Der Herr umarmt mich in meinem Kampf und ich habe keine Angst mehr davor, von ihm gehalten zu werden. Herr, erhebe mich zu dir."[53]

Diese wenigen Auszüge vermitteln uns nur einen unvollständigen Eindruck vom Reichtum seiner Predigten. Sie sind Zeugnis dessen, was mein Bruder erfahren hat. Meine Familie hat viele Erinnerungsstücke an Thuan geerbt, von denen ein großer Teil in dem kleinen Museum ausgestellt ist, das ihm in Köln gewidmet wurde. Das Kreuz, das er während seiner Gefangenschaft anfertigte und das er während seines restlichen Lebens als Brustkreuz getragen hat, ist eines dieser kostbaren Objekte. Ich bewahre noch ehrfürchtig das Kreuz auf, das an der Wand des Krankenhauses, seinem Bett gegenüber hing, und das er fast ständig während der letzten Wochen seines Lebens angeschaut hat.

Das Kreuz war für meinen Bruder ein Zeichen der Hoffnung. Der Bildhauer Vu Dinh Lam[54] *hat eine Skulptur geschaffen, die Thuans Botschaft zusammenfasst: Zwei Hände erheben ein Kreuz, das Zeichen der Hoffnung. Ein wenig wie die ‚eherne' Schlange, die in der Wüste für die Israeliten eine Quelle des Lebens war.*[55]

---

[53] Auszug aus Homilie 7.

[54] *Er hat unser Land im Alter von 15 Jahren als Flüchtling verlassen und schätzt die Schriften meines Bruders sehr.*

[55] *In der Skulptur sind viele andere Symbole dargestellt: Der Bambus beispielsweise und das Wappen meines Bruders. Aber das Kreuz als Zeichen der Hoffnung ist das zentrale Element dieses großartigen Werkes.*

Das Gebet

Als er Bischof von Nha Trang war, veröffentlichte Thuan sechs Hirtenbriefe.[56] *Da sie bisher nur ins Italienische übersetzt wurden, scheint es mir wichtig, ihre Hauptthemen bekannt zu machen.*

Der erste Brief aus dem Jahr 1968 behandelt das Thema Wachsamkeit und insbesondere das Thema Gebet. Mein Bruder zeigt hier die Verbindung des Leidens Christi mit dem des vietnamesischen Volkes. „Wie die Apostel", so schreibt er, „laufen auch wir Gefahr, angesichts des Leids einzuschlafen. Es sind vor allem die Eltern, die mit gutem Beispiel vorangehen müssen: wachen und beten. Das Gebet wird ihnen helfen, ihren Kindern zuzuhören und ihre Schwierigkeiten zu teilen. Die Eltern müssen wirklich aufpassen und nicht jeden Film oder jedes Bild in die Reichweite ihrer Kinder lassen. Eltern, die ihren Söhnen und Töchtern nahe stehen, können sie leichter zum Herrn führen."

Mein Bruder spielt dann auf den Krieg an, der damals seit über 20 Jahren wütete. Inmitten dieser Schwierigkeiten nur an das himmlische Reich zu erinnern, ist nicht genug: „Wir sind auch Bürger dieser Welt und müssen auf die politische Situation achten." Wachen und Beten heißt auch: „Sich verantwortlich fühlen" und mein Bruder fügt hinzu, „die Kirche ist nicht mit irgendeinem politischen System zu verwechseln, sie wünscht jedoch, dass Gerechtigkeit und Liebe regieren."

Die Nächstenliebe war für ihn nicht nur ein abstraktes Konzept. Er wollte den Gläubigen die Augen für die verheerenden Auswirkungen bewaffneter Konflikte öffnen: Hungersnot, körperliches Leid, das Ende der Feldarbeit und die Landflucht. Moralische Bezugspunkte gehen verloren: „Man gewöhnt sich zu schnell an die Ausbeutung des Nächsten, die Lügen und den Terror. Der manchmal heimliche Import von Luxusgütern fördert die

[56] NGUYEN VAN THUAN, François-Xavier, Lettere Pastorali sulle orme del Concilio Vaticano II.

moralische Verderbtheit, lockt Menschen zum Glücksspiel, verführt sie zu Kriminalität, Unzucht, Diebstahl und Ausbeutung des Nächsten."

Mein Bruder erinnert an den Mut der Vorfahren, die ihren Besitz und ihr Ansehen verloren haben, um ihrem katholischen Glauben treu zu bleiben. Und er empfiehlt: „Hört auf die Stimme eures Gewissens. Lebt gemäß eurem Glauben. Habt Vertrauen in die göttliche Vorsehung." Aber er fügt direkt hinzu: „Um seinen Glauben zu stärken, muss man ihn auch kennen. Die Unwissenheit, unter anderem was die Lehre des Katechismus betrifft, schwächt uns als Christen, die wir doch eigentlich zum geistlichen Kampf berufen sind. Heute befindet sich die Kirche in der schwersten Krise, mit der sie in ihrer gesamten Geschichte konfrontiert war. Die Doktrin des atheistischen Kommunismus verbreitet sich in der ganzen Welt und verwirrt die Gesellschaft, schürt Kämpfe, Verurteilungen und Massaker, und das von Russland bis China, von Mexiko bis Polen, von Nordkorea bis Nordvietnam."

Die Mitglieder der Kirche, die berufen sind, das Licht der Welt zu sein, müssen durch das Gebet wiedergeboren werden. „Die Kirche ist aus dem Gebet geboren. Die Kirche hat durch das Gebet gesiegt. Die Kirche lebt durch das Gebet. Vor jedem wichtigen Schritt zur Gründung der Kirche hat Jesus gebetet. Die Welt setzt auf Atomwaffen, Kompromisse und Verträge. In Fatima bat die heilige Jungfrau, jeden Tag den Rosenkranz zu beten und sich ihrem Herzen anzuvertrauen. Regelmäßig soll man Buße tun. Das ist das Heilmittel gegen Gleichmut, Materialismus, religiösen Analphabetismus und moralischen Verfall."

Mein Bruder betont nachdrücklich den Zusammenhang zwischen Leben und Gebet: „Beten bedeutet, solidarisch zu sein mit der Umgebung, in der wir leben, mit der Welt und ihren tausend Problemen. Beten bedeutet, sich mit Gott zu vereinen und Gott zu den Menschen zu bringen, damit wir seinen Willen in dieser Welt verwirklichen. Wenn wir nicht beten, werfen wir Gott aus der Realität unseres Lebens hinaus." Thuan war bewegt vom Engagement vieler Gläubiger, Ordensfrauen und Brüder in der schwierigen Kriegssituation. So beendete er diesen langen Hirtenbrief, indem er sein Mitgefühl für diejenigen ausdrückt, die aufgrund der Kämpfe in Elend, Angst und Unsicherheit leben. Schließlich - denn durch die Erwähnung so vieler ernster Dinge vergisst man fast, dass er diesen Brief zu Ostern schrieb - schließt er diesen Text in der Hinwendung an den Herrn selbst. „Ich bete zum Herrn, dass er unseren Herzen die Gnade der Auferstehung schenkt und unserem Land den Frieden."[57]

Familie und Kommunismus

In einem zweiten Hirtenbrief schließt sich mein Bruder Papst Paul VI. an, der 1968 ein Jahr des Glaubens verkündet hatte. Bei dieser Gelegenheit sprach er ausführlich über die wunderbare Berufung des Menschen und seine Würde:[58] *„Geschaffen nach dem Bild Gottes, ist der Mensch fähig, Gott, seinen Schöpfer, zu erkennen und zu lieben. Der Mensch besitzt eine unsterbliche Seele." Wiederholt fordert Thuan klar und deutlich für jeden Menschen das Recht auf Leben, Privateigentum, Versammlungs- und Gewissensfreiheit sowie das Recht, gläubig zu leben. Für die Familie findet er besonders bewegende Worte. Er prangert die marxistische Ideologie nachdrücklich an und zeigt die negativen Auswirkungen des Kommunismus auf:*

- *„Die Ablehnung jedes geheiligten und geistlichen Charakters des menschlichen Lebens führt zum Verschwinden der Familie.*

---

[57] Den vollständigen Hirtenbrief kann man lesen in: Ebd., S. 16-34.

[58] Das Denken von Bischof Thuan auf seinen Kampf gegen den Marxismus zu reduzieren, bedeutet, seine ganze Arbeit in der römischen Kurie zugunsten von mehr Gerechtigkeit und Frieden in der Welt zu ignorieren. Als großer Verteidiger der sozialen Dimension der Kirche hat er gerade die Würde eines jeden Menschen verteidigt. Er hat jedermann seine Freundschaft angeboten, unabhängig von dessen politischer oder religiöser Zugehörigkeit. Seine Freiheitsliebe führt ihn dazu, die Gefahren des Totalitarismus anzuprangern. Ob er vielleicht aus diesem Grund im Gefängnis eine Biografie über Pater Kolbe schrieb, das Opfer der Nazi-Barbarei? (siehe unten).

- *Für die Marxisten sind Familie und Ehe nur zivile, durch und durch künstliche Institutionen. Es gibt keine eheliche Bindung mit rechtlichem oder moralischem Charakter. Nur das Wohl des Einzelnen und das der Gemeinschaft zählt.*
- *Diese Ideologie spricht den Eltern das Recht ab, ihre Kinder zu erziehen. Sie können sich nur im Namen der Gemeinschaft und im Auftrag der Partei um sie kümmern."*

Weil es ernsthafte Bedrohungen für die Familienwerte gab, war mein Bruder davon überzeugt, dass es notwendig sei, den Marxismus anzuprangern: „Nach der marxistischen Lehre ist die Gesellschaft eine Gemeinschaft, die auf ein einziges Ziel hin organisiert ist, die Produktion materieller Güter. Letzteres kann nur durch gemeinschaftliche Arbeit erreicht werden. Die Marxisten predigen eine neue Zivilisation, eine neue Ära und eine neue Gesellschaft. Aber all das geschieht ohne Gott. Die Menschheit ist nur die Frucht einer blinden Evolution, Gott ist nicht mehr Schöpfer."

In diesem Hirtenbrief bedauert mein Bruder auch, dass zur Überwindung des Kommunismus gewisse Leute ihr Vertrauen mehr auf Waffen als auf die Veränderung der Menschen durch die Gnade setzen. Andere, die sich weigern, die Gefahr des Kommunismus zu sehen, schweigen und werden zu Komplizen bei diesen Angriffen auf den Glauben.[59]

[59] NGUYEN VAN THUAN, Lettere Pastorali, S. 37-62. Angesichts der großen Anzahl an Seiten dieser Briefe, wird der Leser erkennen, dass hier nur ein Teil des Textes vorgestellt wird. Der Rest des Briefes ist einer Klarstellung der antikommunistischen Position Bischof Thuans gewidmet. Ich weiß nicht, ob die Kommunisten, die ihn 1975 inhaftiert haben, von diesen Schriften Kenntnis hatten.

Gerechtigkeit für die Armen

1970 wurde Bischof Thuan nach Manila eingeladen, um einen Vortrag vor den asiatischen Bischöfen zu halten, die sich anlässlich des Besuchs von Papst Paul VI. auf den Philippinen versammelt hatten.[60] In seiner Rede beschrieb er die Situation dieses riesigen Kontinents, der damals weitgehend unter kommunistischer Herrschaft stand. Obwohl die Christen dort als Minderheit weniger als drei Prozent Bevölkerung ausmachten, seien sie eine große Hoffnung für so viele Männer und Frauen, die unter unmenschlichen Bedingungen lebten. Die Soziallehre der Kirche fordere die Christen auf, Leiden zu lindern und jegliche Form der Unterdrückung abzulehnen. Bischof Thuan ermutigte die Bischöfe, seine Mitbrüder, aber auch alle Katholiken, „einen edlen Kampf für die Befreiung aller Benachteiligten" zu führen. Er zitierte das Konzilsdokument „Gaudium et Spes", das daran erinnert, dass Gott die Erde für jeden Menschen geschaffen habe. Internationale Hilfe für arme Länder sei nicht in erster Linie eine Frage der Nächstenliebe, sondern der Gerechtigkeit, die der asiatische Kontinent „in aller Ehrlichkeit" erhalten müsse.[61]

Durch ihre Sorge um die Ärmsten und durch die Bildung der jungen Generation könne die Kirche „heute, jetzt, das Schicksal Asiens verbessern", ihm Hoffnung bringen. Später, als der Bischof von Nha Trang für den Päpstlichen Rat für Gerechtigkeit und Frieden arbeitete, griff er die vielen Thesen wieder auf, die er bereits 1970 aufgestellt hatte.[62]

---

[60] NGUYỄN VĂN THUẬN, François-Xavier, Political Problems of Asia and their solutions. Document manuscript.

[61] Vgl. No. 85, Pastoralkonstitution über die Kirche in der Welt heute (7. Dezember 1965).

[62] NGUYỄN VĂN THUẬN, François-Xavier, Jesus Christ the saviour and the mission of love and service of the church in Asia. A reflection in view of the synod of Bishops for Asia. Document manuscript und NGUYỄN VĂN THUẬN, François-Xavier, The Church and social justice into the next millenium: new directions and the pope's call. Document manuscript (Embassy of the Philippines to the Holy See, 21. April 1999).

Missionarische Leidenschaft und Dynamik

Schon zu Beginn der Evangelisation Vietnams waren die Missionare gezwungen, sich zu verstecken, um dem Tod zu entgehen. Die Verbreitung des Glaubens wurde lange Zeit von engagierten Laien übernommen, die darauf bedacht waren, das Evangelium zu verkünden, auch unter Lebensgefahr.[63] Sobald die Verfolgungen nachlassen, besteht die große Gefahr, dass auch der religiöse Eifer nachlässt. Aus diesem Grund wollte der Bischof von Nha Trang, dass jeder Christ sich im Namen der Frohen Botschaft engagiere. Der Glaube der verfolgten Christen, der für den Beginn der Kirche Asiens und insbesondere in Vietnam prägend gewesen war, galt es wiederzufinden. Es war, als sähe er eine Parallele zwischen der langen Zeit der Verfolgung, die die vietnamesische Kirche erlebt hatte, und der kommenden kommunistischen Besetzung, die viele ausländische Priester, aber auch vietnamesische aus ihren Pfarreien vertreiben würde. Wie in den frühen Tagen der Evangelisation sollten die Laien eine führende Rolle im Leben der Kirche spielen. Diese Sorgen bildeten den roten Faden in zwei weiteren Hirtenbriefen.

Mein Bruder schätzte zu Recht die Arbeit der Ordensschwestern und Priester, aber er wollte, dass der Geist Christi auch das tägliche Leben aller Christen prägt: „Die Kirche muss Fleisch werden", schrieb er. „Besonders ihr, gläubige Laien, könnt den Geist Christi in eurer täglichen Arbeit leben. So bringt ihr die Kirche in die heutige Welt."

---

[63] Jahrhundertelang wurden die Christen in Vietnam verfolgt. Die seelsorglichen Aktivitäten spielten sich lange Zeit in aller Heimlichkeit ab. Während des 18. und 19. Jahrhunderts waren die Christen Europas – besonders in Frankreich – mit Veröffentlichungen vertraut, die an das Leben der vietnamesischen und französischen Opfer dieser langen Verfolgungszeit erinnerten. Obwohl die Heiligsprechung der ‚Märtyrer von Vietnam' vor nicht allzu langer Zeit erfolgte (1988), kennen viele unserer Zeitgenossen diese Episoden aus dem Leben der vietnamesischen Kirche nicht mehr. Aus diesem Grund bietet dieses Buch den Lesern einige Einzelheiten über diese Leidenszeit, die in der Erinnerung von Bischof Thuan und seinen Angehörigen sehr präsent ist.

Auch wenn in den Schulen der Unterricht vieler Lehrer von der Botschaft des Evangeliums geprägt war, begannen viele Jugendliche, vom Fernsehen fasziniert zu sein. Thuan stellte fest, dass Scheidung zu einer häufigen Praxis wurde, und dass immer mehr Kinder aus unehelichen Beziehungen stammten. Die Kriminalität stieg an. Eigennutz und nicht Freundschaft wurde zum Band, das die Menschen vereinte. Wenn materieller Wohlstand nicht in den Dienst des Gemeinwohls gestellt wurde, drohte er langfristig zu moralischer und geistlicher Verarmung zu führen.

Angesichts dieser Situation rief mein Bruder jeden Christen auf, sich zu engagieren: „Du musst unter den Menschen leben, ihre Leiden und Demütigungen teilen, um ihnen zu helfen, ihre Würde und ihre Fähigkeit zum Aufbau einer menschlichen Welt wiederzuerlangen. Wenn wir so handeln, befreien wir uns aus einer Situation geistlicher und sozialer Unterentwicklung. Gerechtigkeit besteht in gegenseitigem Respekt. Sie erfordert, dass man sich in die Lage des anderen versetzt. Vollkommene Gerechtigkeit kann nur durch gegenseitiges Verständnis und durch Freundschaft erreicht werden.[64]

In einem Hirtenbrief[65] *aus dem Jahr 1971 erinnert Thuan an den Einsatz der Missionare, die im 17. Jahrhundert, obwohl verfolgt, Vietnam mit Mut und Geduld evangelisiert hatten.*[66] *Anlässlich des 300. Jahrestages der Evangelisation des Landes rief er ein missionarisches Jahr aus, um diesen Geist zu pflegen, der die ersten Boten der Frohen Botschaft beseelt hatte.*

[64] Der vollständige Hirtenbrief in: NGUYEN VAN THUAN, Lettere Pastorali, S. 84-98.

[65] Ebd., S. 99-113.

[66] Der Brief enthält eine zusammenfassende Darstellung dieser Evangelisation.

Die Versöhnung

Bis zum Ende seines Dienstes in Nha Trang war mein Bruder von diesem apostolischen Eifer erfüllt. 1973, als der Krieg in Vietnam langsam zu Ende ging und eine Invasion der Kommunisten aus dem Norden unmittelbar bevorstand, richtete Thuan seinen Blick auf die Weltkirche, insbesondere auf die Ankündigung des Papstes, dass für 1975 ein ‚Heiliges Jahr' vorgesehen sei. Papst Paul VI. hatte dafür das Thema ‚Erneuerung und Versöhnung' festgelegt. Mein Bruder war davon überzeugt, dass eine tiefe Beziehung zu Gott in uns das Bedürfnis weckt, uns in Liebe und Gerechtigkeit mit allen Menschen zu versöhnen; nicht nur mit den Mitgliedern der Kirche, sondern auch innerhalb der Gesellschaft und zwischen den verschiedenen politischen Parteien. All das musste in einem Geist der Ökumene und des Friedens stattfinden. Meinem Bruder zufolge bedeutete Versöhnung, „den Menschen zu Gott und Gott zu den Menschen zurückzubringen".

In seiner Diözese schlug er konkrete Schritte vor: den Sinn der Liturgie und der Bußriten zu verstehen, sich selbst durch die Teilnahme an Exerzitien weiterzuentwickeln, eine Pilgerfahrt zu machen, um in einer Atmosphäre des Gebets neue Kraft zu schöpfen, sein Gewissen zu prüfen und offen für eine Erneuerung zu sein. Er wollte, dass seine Diozesanen ihren Glauben vertieften. Aber er ergriff auch andere Initiativen: die Veröffentlichung einer Wochenzeitung (Dan Than - Engagement) und die Verbreitung von Richtlinien für Laien. Er plante auch die Veröffentlichung eines Katechismus, um die Lehre des Konzils bekannter zu machen.[67]

[67] Der vollständige Text des Briefes, in welchem die Themen entwickelt werden, findet sich in: NGUYEN VAN THUAN, Lettere Pastorali, S. 117-127.

Dienen, nicht bedient werden

Seine pastoralen Aufgaben bestanden nicht allein in einer Ansammlung von Initiativen. Dienen, das war die treibende Kraft seines Handelns. Thuan empfand sich als ein demütiger Diener, selbst in den kleinen Dingen. Ein Beispiel von vielen: Nach dem Essen räumte er, der Bischof, selbst den Tisch ab, brachte das Geschirr in die Küche, dankte den Schwestern, die dort arbeiteten, interessierte sich für die Aufgaben, die sie dort erledigten und sorgte dafür, dass sie nicht überlastet waren.

Diesen Geist des Dienens behielt er immer bei. Als er am Ende seines Lebens ein paar Tage in den Vereinigten Staaten bei einem Kardinal verbrachte, vertrauten die Ordensschwestern, die im Haus arbeiteten, meinem Bruder an, dass ihr Leben stark dem von Hausangestellten ähnelte. Nun aber wollte dieser amerikanische Kardinal ein Treffen mit mehreren Bischöfen organisieren. Die Begegnung begann mit einem festlichen Essen. Zu verschiedenen Zeiten klingelte der Kardinal mit einer Glocke und mein Bruder bemerkte, dass, sobald die Schwestern das hörten, schnell zum Tischdienst erschienen.

Daraufhin erzählte mein Bruder den Bischöfen folgende Geschichte: „Eines Tages starben einige Schwestern. Als sie an der Paradiespforte ankamen, trafen sie den heiligen Petrus, der ihnen mitteilte, seinen Mittagsschlaf halten zu wollen. Er nahm sich immerhin die Zeit, ihnen den Weg zur Küche zu zeigen, damit sie dort etwas zu essen fänden. Kurz darauf klopften Pilger an die Paradiespforte. Der heilige Petrus, der noch immer mit seinem Mittagsschlaf beschäftigt war, sagte zu ihnen: „Bittet die Schwestern, die in der Küche sein müssten, dass sie euch etwas zu essen geben.“ Dann kam ein Priester. Für ihn unterbrach Petrus sein Nickerchen und trug den Schwestern auf, diesen Priester gut zu verpflegen. Einige Stunden später wollten zwei Bischöfe ins Paradies eintreten und der Apostel rief den Schwestern zu: „Schnell, schnell, bereitet eine schöne Tafel vor, macht ein feines Essen und vergesst nicht, eine hübsche Tischdecke aufzulegen!“ Dann starb ein Kardinal. Der heilige Petrus befahl, eine Kuh zu schlachten, denn, so sagte er, „es kommt nicht so oft vor, dass ein Kardinal die Pforten des Paradieses erreicht." Ich weiß nicht, ob die Bischöfe und der Kardinal den Humor meines Bruders wirklich geschätzt haben. Jedenfalls zog sich die Begegnung in die Länge. In dem Moment, als der Kardinal die Glocke erneut ergriff, damit der Tisch abgeräumt wurde, sagte Thuan: „Vielleicht ist es diesmal unnötig, die Glocke zu läuten. Wir könnten die Teller selbst abräumen!"

Obwohl sich diese Episode ereignete, bevor Bischof Thuan Kardinal wurde, ist sie symptomatisch für den Geist, in dem er sich schon als Bischof dafür entschieden hatte, sein Amt zu gestalten. Er schätzte das Engagement der Christen und betrachtete seine Berufung in erster Linie als Geschenk an seine Diözese. Nach dem Vorbild Christi war er da, um zu dienen und nicht, um bedient zu werden.

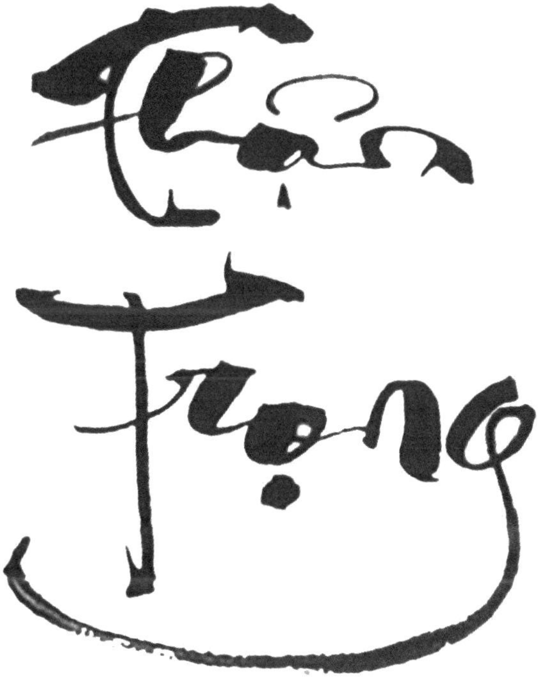

Klugheit

Erzbischof und Gefangener

Verhaftung

1973 verließen die amerikanischen Truppen Vietnam. Viele Einwohner ahnten, dass Südvietnam sehr schnell seine Freiheit verlieren und Opfer einer kommunistischen Invasion werden würde. 1975 besetzten die Truppen des Nordens das ganze Land. Die Flüchtlingssituation wurde katastrophal. Thuans Eltern und andere Familienmitglieder konnten nach Australien fliehen, wo bereits eine seiner Schwestern lebte. Thuan, im Land geblieben, wurde mundtot gemacht. Kurz vor der Ankunft der Kommunisten in Nha Trang hatte der Bischof eine große Zahl von Seminaristen zum Priester geweiht, dank einer Dispens von Bischof Henri Lemaître (1921-2003), Apostolischer Delegat in Vietnam von 1969 bis 1975.[68] Bischof Thuan war nun Amtsträger unter einem kommunistischen Regime, ein Prälat, der für seine Verurteilung des Marxismus, seine freundschaftlichen Kontakte zu amerikanischen Militärgeistlichen und seine Verbindung zur internationalen Gemeinschaft - dank seiner Flüchtlingsarbeit – bekannt war. Besonders ‚verdächtig' erschien er als Neffe von Präsident Diem.[69]

Der Erzbischof von Saigon, Msgr. Nguyen Van Binh (Paul, 1910-1995)[70] hatte wiederholt den Wunsch geäußert, sich zurückzuziehen.

[68] Tatsächlich waren es die letzten öffentlichen Weihen. Diese Information wurde mir bei meinem Besuch in Vietnam bestätigt. Ich habe einige Details gesammelt: Der Bischof von Nha Trang hat nur Seminaristen geweiht, die am Ende der Ausbildung standen. Andere wurden ein wenig später im Geheimen geweiht. Ich war besonders beeindruckt von der großen Zahl der Priester, die lange auf ihre Weihe warten mussten, manchmal mehr als zehn Jahre, während derer sie kurze Zeiten der Haft oder der Zwangsarbeit erlebten.

[69] NGUYEN VAN CHAU, François Xavier Nguyen Van Thuan, S. 168-172.

[70] Bischof Binh wurde 1937 zum Priester geweiht und studierte in Rom. 1955 wur-

Am 23. April 1975 ernannte Papst Paul VI. auf Vorschlag von Erzbischof Lemaître Thuan zum Erzbischof-Koadjutor. Am 30. April nahmen die Kommunisten die Stadt ein.

Paradoxerweise wurde die Ernennung Thuans nicht nur vom Regime schlecht aufgenommen. Sogar in den eigenen Reihen der Erzdiözese Saigon kam es zu einer heftigen Reaktion.

Dort gab es verschiedene Kundgebungen patriotischer Priester[71]*, die ge-*

---

de er zum Bischof ernannt, 1960 zum Erzbischof von Saigon. Er äußerte regelmäßig den Wunsch, sich aus dem Amt zurückzuziehen. Aber er blieb Erzbischof bis zu seinem Tod 1995, weil das kommunistische Regime sich weigerte, die Ernennung des vom Vatikan vorgeschlagenen Kandidaten (= Bischof Thuan) zu akzeptieren. Binh verfolgte eine pragmatische Politik gegenüber dem neuen Regime (siehe F. Corley in: http://www.independent.co.uk/news/people/obituary-archbishop-paul-nguen-van-binh-1593410.html).
In Saigon habe ich verschiedene Personen nach diesem ‚Wunsch' von Bischof Binh gefragt, sich zurückzuziehen. Sie haben mir erklärt, dass Bischof Binh zwar gerne in seinem Amt geblieben wäre, er aber Realist war. Er erkannte, dass ein anderes Bischofsprofil notwendig war, um sich der Situation zu stellen, in der sich das Land befand. Schließlich behielt er, bei guter Gesundheit und erst 65 Jahre alt, sein Amt als Erzbischof für lange Zeit. Die Gerüchte, Bischof Thuan sei ihm aufgedrängt worden, scheinen falsch zu sein. Tatsächlich geschah die Ernennung eines Koadjutors in Absprache mit dem Apostolischen Nuntius.

71 Einige Priester freuten sich über den Abschied aller ausländischen Priester aus Vietnam. Sie scheinen das Problem der Veränderungen nicht verstanden zu haben: Ihrer Meinung nach würde die Übernahme durch die Kommunisten dem Land Unabhängigkeit bringen. Es stimmt, dass der Kampf gegen den Kommunismus einer der Hauptgründe gewesen war, die französische, dann die amerikanische Präsenz in Vietnam aufrecht zu halten. Doch die Gegner der Ernennung von Bischof Thuan hatten nicht begriffen, dass er aus einer Familie stammte, die sowohl die marxistische Ideologie wie den Kolonialismus ablehnte. Elisabeth erwähnt zwei patriotische Priester, die später ihr Verhalten in der fraglichen Zeit bedauert haben. *Es waren Huynh Cong Minh und Thanh Lang. Letzterer schrieb am 28. November 1988, kurz vor seinem Tod, einen Brief, in dem er um Verzeihung bat, zunächst bei Gott und der Kirche, dann bei Vietnam und speziell bei meinem Bruder. Pater Minh seinerseits wünschte, an der Abschlusszeremonie des Seligsprechungsprozesses für Thuan teilzunehmen. Mein Bruder selbst hatte für seinen Teil schon lange mit der Vergangenheit abgeschlossen und verziehen. Er sah alles mit den Augen Gottes.*
Pater Minh hat mir Elisabeths Worte mündlich bestätigt. Mit großer Demut hat er mir erklärt, dass er sogar Mitglied eines lokalen politischen Komitees gewesen

gen Thuans Ernennung in Saigon eingestellt waren. Diese Feindseligkeit war in seinen Augen nicht nur darauf zurückzuführen, dass er Diems Neffe war, sondern Thuan war auch der Bischof, der innerhalb des vietnamesischen Episkopats die meisten Kontakte zu westlichen Ländern hatte. Die COREV, deren Präsident er war, erhielt bedeutende Finanzhilfen aus diesen Ländern. Bischof Binh verteidigte aber mutig die Entscheidung des Papstes. In einem Hirtenbrief forderte er die Christen auf, das Dekret des Heiligen Stuhls zu respektieren. Er berief sich auch auf die Religionsfreiheit angesichts des politischen Lebens.

Mein Bruder war damals ein junger, dynamischer Bischof und alle kannten seine große Intelligenz. Trotz der Anstrengungen von Bischof Binh sahen Priester und Laien diesen neuen ‚antikommunistischen' Erzbischof als Gefahr für die Ortskirche und das vietnamesische Volk, als Hindernis für die Entstehung guter Beziehungen zwischen Katholiken und kommunistischen Besatzern. Sie sahen in seiner Ernennung eine vom Westen ausgelegte Falle. Der Widerstand war so groß, dass Thuan nicht bei Bischof Binh im Erzbischofshaus wohnen konnte. Er fand während mehrerer Monate Zuflucht im Priesterseminar von Saigon. Die Protestierenden entfernten sogar die Fahne des Vatikans aus dem Büro von Erzbischof Lemaître.

Im Juli 1975 schickte die kommunistische Regierung dem neuen Koadjutor ein Schreiben mit der Anweisung, nach Nha Trang zurückzukehren, doch Thuan blieb in Saigon. So kam es, dass die kommunistische Regierung am 15. August im Opernhaus der Stadt eine Konferenz für Priester veranstaltete.[72] *Während diese stattfand, wurde Thuan zur Vernehmung*

war. Sehr schnell hatte er begriffen, dass die Macht des sogenannten ‚Parlaments' nicht existierte. Pater Minh hat den Mut gehabt, sich öffentlich für seine Schritte zu entschuldigen, die er 1975 gegen Bischof Thuan unternommen hatte. Er hat mich mit viel Freundlichkeit empfangen und macht kein Geheimnis aus seiner großen Bewunderung für den Kardinal.

72 Ich habe in Saigon mein Erstaunen über dieses Vorgehen zum Ausdruck gebracht. Warum haben sich die ‚Sieger' so viel Mühe gegeben, obwohl sie im Voraus wussten, dass sie den Koadjutor ausschalten würden? Die Antwort der Kenner des

zum ‚Unabhängigkeitspalast' gebracht und noch am selben Tag verhaftet. Der Lauf der Geschichte hatte sich verändert! Aber was Thuan besonders erstaunte, war die Tatsache, dass der Tag seiner Verhaftung mit einem Marienfest zusammenfiel. Es wurde niemals eine formelle Klage gegen meinen Bruder erhoben. Die römische Doktorarbeit über die Militärseelsorge war einer der weit hergeholten Vorwände, um ihn zu verdächtigen: Er habe mit dem kapitalistischen Feind kollaboriert.

Bei seiner Verhaftung wurden von den Kommunisten unter anderem folgende Gründe angeführt:

1. *seine Position als Direktor von Caritas Vietnam, einer Organisation, die sie der Absprache mit der amerikanischen CIA beschuldigten,*
2. *seine Zugehörigkeit zur Organisation COREV, die sie als den kapitalistischen Großmächten unterwürfig einschätzten,*
3. *seine Gründung der Laienbewegung ‚Hoffnung' (Cong doan Hy-Vong), die sie als illegal einstuften,*
4. *seine Ernennung für das Erzbistum Saigon, die ihn ipso facto geradewegs in die Reihe der ‚Reaktionäre' einstufte.*

So begann seine Reise zur Heiligkeit, eine Reise, die sowohl seinen Glauben wie seine Hoffnung auf eine harte Probe stellen sollte.

Die Kommunisten waren sehr verärgert darüber, dass der Vatikan in dieser wichtigen Stadt einen Mann ernannt hatte, der für seine moralische Stärke bekannt war. Nachdem sie in der Vergangenheit seinen Onkel Diem bekämpft hatten, standen sie nun einem Bischof gegenüber, der den Mut hatte, einen starken Geist der Unabhängigkeit an den Tag zu legen und der während der Verhöre von Diem als einem Patrioten sprach, der ermordet worden war, weil er sich weigerte, irgendjemandem zu dienen.

Regimes war einfach: „Derjenige, der nicht aufrecht in seinen Stiefeln steht, hat immer Angst."

Hausarrest in Cay Vong

Begleitet von zwei Polizisten wurde Thuan in die Stadt Nha Trang gebracht und musste im Pfarrhaus von Cay Vong, einem Vorort der Stadt, unter Hausarrest bleiben.[73] *Pfarrer Phung Van Nhu, ein älterer Priester, betreute dort 1.200 Pfarrangehörige. Er war tief berührt vom Schicksal seines ehemaligen Bischofs. Offiziell durfte der Priester kein einziges Wort an ihn richten, aber er hat meinem Bruder auf materieller Ebene sehr unterstützt und ihm gutes Essen verschafft. Er hat Thuan auch dabei geholfen, heimlich Briefe abzuschicken und zu empfangen. Er selbst hat an Bekannte geschrieben, damit sie meinem Bruder das Notwendige für seine persönliche Hygiene zukommen ließen.*

Am Anfang war Thuan ganz zufrieden. Er hatte viel Zeit zum Beten. Aber schnell wurde er von einem Geist der Auflehnung versucht und sagte sich bitter, dass es in hohem Maße ungerecht sei, seiner Freiheit beraubt zu sein. Dieser innere Kampf war der erste in seiner langen Gefangenschaft. Er ging geläutert daraus hervor. Nach dem Beispiel des heiligen Paulus, dessen Briefe er im Priesterseminar auswendig gelernt hatte, verstand er, dass seine Gefangenschaft den Beginn seiner Mission ‚außerhalb der Mauern' markierte.[74]

In seinem Buch ‚Fünf Brote und Zwei Fische'[75] *berichtet Thuan über seine Gefangenschaft. Tag und Nacht dachte er an sein Volk, das er so sehr liebte; seine Schafe waren ohne Hirten. Christliche Bücher waren nicht mehr zu erhalten und das Regime hatte die katholischen Schulen geschlossen. Die Ordensschwestern, die dort unterrichtet hatten, mussten*

[73] Der Vorort ist heutzutage ein wenig dichter besiedelt, hat aber seinen ländlichen Charakter bewahrt. Das Pfarrhaus ist heute eine der Gedenkstätten für den Kardinal. Leider vermitteln die Architektur der Kirche und die Anordnung des Pfarrhauses kaum eine Vorstellung über das Leben von Bischof Thuan in damaliger Zeit. Einige Pfarrangehörige erinnern sich noch an den Aufenthalt des ehemaligen Bischofs.

[74] NGUYEN VAN CHAU, François Xavier Nguyen Van Thuan, S. 173-175.

[75] NGUYÊN VAN THUÂN, Franz Xaver, Hoffnungswege, S. 23-70.

auf den Reisfeldern arbeiten. Irgendwann verstand Thuan dass er nicht untätig bleiben durfte, sondern in der Gegenwart leben musste. In jeder Situation war es ihm möglich, Barmherzigkeit zu üben. Aber wie?

Auf Kalenderblättern schreibt Bischof Thuan Botschaften an die Gläubigen. Später veröffentlicht als ‚Hoffnungswege' – Botschaften aus dem Gefängnis

In einer Nacht sah er deutlich, dass er den heiligen Paulus nachahmen und wie dieser Briefe aus der Gefangenschaft schreiben konnte! Er wandte sich an Quang, einen siebenjährigen Jungen, der jeden Tag am Pfarrhaus vorbeiging und der regelmäßig heimlich Thuans Notizen seiner Familie mitbringen konnte.[76] *Eine Zusammenarbeit von Hirte und Lamm im Dienst der Evangelisierung! Gott musste in ihrer Mitte blei-*

[76] Elisabeth präzisiert: *Mein Bruder wählte Quang als seinen ‚Briefträger' aus und nicht den Priester der Gemeinde, in der er wohnte.* Tatsächlich wollte Thuan den Priester, der ebenfalls genau beobachtet wurde, nicht in Schwierigkeiten bringen. Trotz der Tatsache, dass es Fotos von Bischof und Pfarrer gibt, umgeben von Ordensschwestern vor dem Eingang des Pfarrhauses von Cay Vong, und obwohl er heimlich Besuche empfing, hat Thuan dieses Kind erwählt, um auch seine Besucher nicht in Schwierigkeiten zu bringen.

ben, nun da alles für die Christen zusammenbrach. Diese Gedanken, notiert auf einfache Kalenderblätter[77]*, wurden dann in verschiedenen Familien und Gemeinschaften abgeschrieben. Diese Worte der Hoffnung drangen in die Gefängnisse ein, wo die Häftlinge darin Trost in der Not fanden. Thuans Notizen wurden durch die ‚Boat People' über die Grenzen von Vietnam hinausgebracht. Sie sollten die Grundlage des Buches ‚Hoffnungswege' sein. Im Inhalt dieser Botschaften entschied sich mein Bruder für kurze Gedanken, ein wenig wie in dem Buch ‚Die Nachfolge Christi' von Thomas von Kempen. Thuan hat oft den Herrn gelobt, er sah den Heiligen Geist am Werk: Aus seinem Gefängnis heraus verbreitete sich die Frohe Botschaft und erreichte andere Verfolgte. Eine unserer Schwestern, Anne Ham Tieu, übersetzte seine Notizen, mit Hilfe eines australischen Freundes, Peter Bookallil, ins Englische. Das erste Exemplar wurde Papst Johannes Paul II. geschenkt.*

Gefangener in Einzelhaft in Phu Khanh

Am 19. März 1976, um acht Uhr morgens kam die Polizei ins Pfarrhaus von Cay Vong. Die Kommunisten hatten von Thuans Hoffnungsbotschaften erfahren, die sich bereits weit verbreitet hatten. Da in jeder Provinz Gefängnisse gebaut worden waren, um jeglichen Widerstand gegen die Besetzung des Landes auszuschalten, wurde Thuan in dasjenige von Phu Khanh gebracht, unweit der Kathedrale von Nha Trang gelegen.[78] Die Pfarrangehörigen und der Pfarrer von Cay Vong waren tief betrübt über seine Abfahrt. Obwohl Thuan offiziell nicht den geringsten Kontakt mit der Gemeinde haben durfte, war seine Anwe-

[77] Ich konnte diese Kalenderblätter im Archiv des Diözesanzentrums von Hanoi sehen. Sie waren kleiner, als ich gedacht hatte.

[78] Das Gefängnis - nach wie vor ein Polizeigebäude, aber stark modernisiert - befindet sich in der Nähe des Bischofspalais. Der Bischof konnte die Glocken der Kathedrale hören, genau wie er vorher die schönen Klänge der Glocken von zehn bei Cay Vong gelegenen Kirchen hatte hören können (eine Information, die ich von meiner Reisebegleitung erhielt).

senheit ein außerordentliches Zeugnis für die Pfarrei in einer Zeit, in der die Christen erkannten, dass das Regime die Stimme der Kirche mundtot machen würde.[79]

Die Regierung warf dem Erzbischof vor, sich 'rebellischer Taten' schuldig gemacht zu haben, ohne aber zu definieren, worin diese bestanden hätten. Erzbischof Thuan blieb mehr als acht Monate in der Isolationshaft in Phu Khanh. Es war eine der schlimmsten Perioden seines Lebens.

Seine Haft war eine Form permanenter Folter. Die materiellen Bedingungen in dieser Einzelzelle waren äußerst hart. Er sagte später, dass seine Zelle und seine Matratze sehr feucht waren. Auf dieser Strohmatratze wuchsen Pilze. Wenn es regnete, stieg der Wasserstand an und in seiner Zelle wimmelte es von kleinen Insekten, Fröschen, Regenwürmern und Tausendfüßlern. Er hatte keine Kraft mehr, sie zu vernichten.[80] Die Luft, die durch die Lücken der Tür eindrang, ließ ihn den Gestank der Latrinen einatmen, die seiner Zelle gegenüberlagen. Er verbrachte lange Tage ausgestreckt auf dem Boden liegend, denn einmal hatte er unten an der Mauer ein Loch bemerkt, das als Wasserabfluss diente. Dorthinein steckte er seine Nase, um zu atmen. Er versuchte um jeden Preis, in guter körperlicher Verfassung zu bleiben und bemühte sich, von der einen zur anderen Wand seines Kerkers zu ‚spazieren'. Im Sommer wurde die Zelle zu einem wirklichen Backofen. Wegen der großen Hitze und der hohen Luftfeuchtigkeit war seine Kleidung dann sehr schnell durchgeschwitzt.[81] Es kam soweit, dass er jedes Gefühl für Tag und Nacht verlor.

Er wurde regelmäßig dazu aufgefordert, ein Dokument zu unterzeichnen, in dem er gestand, mit der CIA zusammengearbeitet und sich mit

---

[79] Nachdem ich ehemalige Pfarreiangehörige aus Cay Vong getroffen hatte, verstand ich besser, wie wichtig der Aufenthalt von Bischof Thuan unter ihnen war. Eine stille Gegenwart ist manchmal beredter als viele Begegnungen.

[80] NGUYÊN VAN THUÂN, Franz Xaver, Hoffnungswege, S. 32f.

[81] NGUYEN VAN CHAU, François Xavier Nguyen Van Thuan, S. 178-183.

der Hilfe des Vatikans gegen die Kommunisten verschworen zu haben. Er wurde gleichfalls gezwungen, seine Lebensgeschichte aufzuschreiben. Dieses Dokument sollte als Beweis dafür dienen, dass er schuldig war, eine Verschwörung gegen die Kommunisten geplant zu haben. Thuan verfasste einen sehr kurzen Text, der keinerlei Hinweise auf seine Schuld enthielt. Man zwang ihn oft, seinen Lebenslauf neu zu schreiben. Er achtete dann darauf, nicht von seinem Ursprungstext abzuweichen. Er musste diese ‚Übung' viele Jahre lang machen, bis zu dem Tag, an dem seine Gefängniswärter sich sagten: Es ist sinnlos, ihn zu zwingen, seinen Lebenslauf zu schreiben. Er erzählt immer dieselben Dinge. Er ist eigensinnig, das liegt in der Familie.[82]

Und dann gab es die Verhöre; so brutal sie auch waren, sie brachten ihn zumindest in Kontakt mit anderen Menschen. Im Angesicht seiner Peiniger stellte er fest, dass er immer noch fähig war, vernünftig zu argumentieren. Thuan blieb sehr klarsichtig trotz der Isolationsfolter.[83] *Er erkannte, dass er wachsam sein musste. Seine Entschlossenheit während der Verhöre überraschte jene, die versuchten, seine körperliche und seelische Widerstandskraft zu brechen.*[84]

Thuan hat niemals gesagt, dass er gefoltert wurde. Aber es wäre erstaunlich, dass er eine Ausnahme unter den Gefangenen der Kommunisten gewesen wäre, vor allem unter denen, von denen man unterschriebene Geständnisse erzwingen wollte. Später kommentierte er vor ehemali-

---

[82] NGUYEN VAN CHAU, André, A Lifetime in the eye of the Storm, S. 635-636.

[83] NGUYEN VAN CHAU, François Xavier Nguyen Van Thuan, S. 178-183. Chau gibt über diese Periode einen Bericht voller Mitgefühl.

[84] Einige Leute haben mir von Bischof Thuans Momenten der Schwäche während seiner Inhaftierung erzählt. Er habe ‚Geheimes' über die Kirche von Nha Trang verraten. Aber gut unterrichtete Zeugen haben mir die Klarsichtigkeit von Bischof Thuan bestätigt. Man hielt ihn manchmal 48 Stunden lang wach. Trotz dieser Folter ‚gestand' der Erzbischof seinen Henkern nur Dinge, die niemandem schaden konnten, wie zum Beispiel den Code des leeren Tresors des Bistums von Nha Trang. Obwohl die Heiligsprechungskongregation keinen Zugang zu den Verhörberichten hatte, bestätigte sie Thuans heroischen Tugendgrad.

gen Häftlingen, die Folter erlebt hatten, den Text aus Gal 6,14-18: „Ich aber will mich allein des Kreuzes Jesu Christi, unseres Herrn, rühmen. ... Denn ich trage die Leidenszeichen Jesus an meinem Leib." Thuan schließt mit diesen wenigen Worten: „Ich weiß, wovon ich spreche."

Beten wurde schwierig, sein Gedächtnis begann nachzulassen. Selbst das Beten des ‚Vater unser' und des ‚Gegrüßet seist du Maria' wurde ihm unmöglich. Er befürchtete, verrückt zu werden. Er war ständig hungrig und durstig und hatte wegen der Feuchtigkeit überall Schmerzen. Er versuchte, nicht viel zu essen oder zu trinken, weil er selten zur Toilette gehen durfte, was die körperlichen Schmerzen verstärkte. Das Einzige, woran er sich erinnern konnte, waren sehr kurze Gebete. Er wiederholte einfach:

> *Vater, vergib ihnen.*
> *In deine Hände.*
> *Maria, ich bin hier.*
> *Ich grüße dich.*
> *Sie sollen eins sein.*
> *Hab Erbarmen mit mir Sünder.*
> *Denk an mich, wenn du in dein Königreich kommst.*
> *Magnifikat.*[85]

Seine Zelle war von Hass umgeben. Während dieser langen Monate hatte er nur Kontakt zu groben Wächtern, die vor allem versuchten, ihn moralisch zu brechen. Man ließ ihn manchmal mehrere Tage in völliger Dunkelheit und völliger Stille und diejenigen, die ihm das Essen brachten, schwiegen. Die kommunistische Regierung und der Geist des Bösen versuchten, ihn zu erniedrigen. Wenn man keine Menschenwürde mehr besitzt, hat man alles verloren. Diese Würde beruht auf der Tatsache, dass jedes menschliche Wesen ein Kind Gottes ist. In der Isolation hat Thuan die Versuchung der Verzweiflung kennengelernt. Jeder Mensch, der in solche Umstände gerät, beginnt, sich würdelos zu fühlen und es

---

[85] NGUYEN VAN THUAN, François Xavier, Hoffnung, die uns trägt. Die Exerzitien des Papstes, S. 139.

besteht die große Gefahr zu vergessen, dass es wirklich Gott ist, der uns geschaffen hat. In diesen Momenten dachte mein Bruder an Adam, der vor dem Blick Gottes fliehen wollte und er erinnerte sich daran, dass er als Kind den Wunsch hatte, Gott zu sehen. Aber wer war er denn, dass er es wagte, einen solchen Wunsch zu äußern? Er fühlte sich damals von Gott verlassen.

„Wir werden beschimpft und segnen."
1 Kor 4,12

Der Geist des Bösen, der Menschen beherrscht, die uns unsere Würde nehmen wollen, zeigte sich sehr konkret in der demütigenden Behandlung, die Thuan erleiden musste. Man gab ihm stark gesalzenes Essen. Er verspürte dadurch starken Durst und ein ständiges Bedürfnis zu trinken. Dann wurde viele Tage lang die Tür zu seiner Zelle nicht mehr geöffnet, so dass sie auch zu seiner Toilette wurde. Man schickte ihm dann eine Reinigungskraft, eine Frau, die ihn von oben herab behandelte: „Man nennt Sie Bischof, aber Sie benehmen sich wie ein Tier. Schauen Sie nur, in welchem Dreck Sie leben!" Sie beleidigte ihn und spritzte ihn mit Wasser ab, genauso wie den Fußboden. Er stand in jenen Momenten unter den Blicken dieser groben Frau. Wie kann er in dieser erniedrigenden Situation die Empfehlung seiner Mutter anwenden: „Man muss immer unter dem Blick Gottes leben"?

Der Hass drohte, von ihm Besitz zu ergreifen. In unserer Kultur hängt die Würde eines Menschen stark davon ab, wie er sich anderen gegenüber präsentiert. Wochenlang schämte er sich vor sich selbst, er, ein Bischof, befand sich in einer solch erniedrigenden Situation gegenüber einer arbeitenden Frau! Es gelang ihm nicht mehr, das Bild Gottes im Nächsten zu sehen. Langsam wurde ihm bewusst, dass er im Begriff war, diese Frau zu hassen, die es genoss, ihn zu erniedrigen.

Er hat unserer Familie – niemals der Öffentlichkeit – anvertraut, dass er sich eines Tages, wegen des Schmutzes in dem er lebte, so beschämt fühl-

te, dass er niederkniete und Gott um Kraft bat, den Blick dieser Frau zu ertragen. In dieser Position fand ihn die Arbeiterin. Plötzlich hatte er den Mut, dieser Frau in die Augen zu sehen und sagte: „Fräulein, zwischen Ihnen und mir gibt es keinen Groll. Sie tun ihre Pflicht und ich habe es mir nicht ausgesucht, hier zu sein, in diesem ekelhaften Schmutz. Ich bin ein Gefangener und Sie wiederum sind gezwungen, diese Arbeit zu tun. Ich persönlich hasse Sie nicht, und ich bin sicher, dass Sie nichts gegen mich haben." Sobald er diese Worte aussprechen konnte, umgab ihn ein starkes Licht. Das gleiche Licht umgab auch die Frau und er sagte sich: „Das ist er, der Blick Gottes." Von diesem Moment an sah ihn die Frau mit anderen Augen. Er bekam keine versalzenen Mahlzeiten mehr, wurde mit Respekt behandelt und war nicht länger gezwungen, seine Zelle zu beschmutzen. Mein Bruder war nicht nur erstaunt, dass dieses große Licht in seine schmutzige und dunkle Zelle eingedrungen war, sondern vor allem, dass es ebenso die Frau umhüllt hatte. Er verstand, dass der Herr auch in seinem Feind gegenwärtig war.

Als er uns diese Geschichte erzählte – es war viele Jahre nach seiner Freilassung – befanden wir uns gerade in einer Zeit, in der meine Schwester und ich uns über die traurige Situation unseres Landes beklagten. Wir fragten uns: „Wie kann man verstehen, dass der Herr die Liebe ist, wenn er das zulässt?" In diesem Moment erzählte uns Thuan von dieser Erfahrung. Ich fragte ihn: „Wie war dieses Licht?" und er antwortete: „Es war ein wirklich durchdringendes Licht, ein Licht, das mir Wärme gegeben und das mich mit so viel Freude erfüllt hat, dass es all mein Verlangen erfüllte. Mein Wunsch war es, Gott zu sehen, aber ich konnte ihn nicht sehen. Erst auf dem Weg über meinen Feind, der zum Freund wurde, konnte ich ihn sehen."

Plötzlich sah Thuan die Dinge anders.

Diesem geistlichen Sieg folgte ein weiterer. Gefangen und isoliert, wurde Thuan von einer großen Angst erfasst. Er litt enorm darunter, von seiner Herde entfernt leben zu müssen. Aber während er von Sorgen überwältigt war, niedergedrückt von einem Gefühl seelsorglicher Ohnmacht, hörte er eine tröstende Stimme in der Tiefe seines Herzens: „Warum quälst du dich so? Alles, was du bis heute erreicht hast, ist gut, aber es entspricht nur meinem Willen. Wenn es mein Wunsch ist, wirst du die Aufgabe vollenden, die ich dir anvertraut habe. Ansonsten werde ich entscheiden, wer die Arbeit an deiner Stelle tut. Du musst zwischen Gottes Werk und Gott selbst unterscheiden." Diese Offenbarung bedeutete für ihn eine Erneuerung seiner geistigen Stärke, eine Gnade in schwierigen Zeiten. Dieser Friede sollte ihn niemals mehr verlassen. Von da an gab er sich ganz und gar Gott hin und lernte, die Einsamkeit nicht mehr zu fürchten.

Diese Erfahrung und diese geistliche Erkenntnis waren entscheidend für sein Leben und halfen ihm enorm in den dreizehn Jahren seiner willkürlichen Inhaftierung. Während der Exerzitien, die er im Vatikan leitete, hat er diese Offenbarung erwähnt und gesagt, sie habe sich im Laufe einer Nacht während seiner Inhaftierung im Gefängnis von Phu Khanh ereignet.[86] *Es scheint, dass er später an diese erste Erfahrung wieder hat anknüpfen können, denn in einem anderen Buch schreibt er: „Als die Kommunisten mich in den ‚Bauch' eines Schiffes bringen ... mit 1.500 anderen Gefangenen ... teile ich ihr Leiden, aber sofort ruft mich dieselbe Stimme: Gott wählen und nicht die Werke Gottes und ich sage mir: Herr, o Herr, dies ist wirklich meine Kathedrale, hier ist das Volk Gottes."*[87]

Es ist nicht immer leicht, den Ort zu bestimmen, wo diese oder jene geistliche Erfahrung stattgefunden hat. Mein Bruder war 13 Jahre seiner Freiheit beraubt.[88] *Er war in verschiedenen Gefängnissen eingesperrt und in Umerziehungslager geschickt. Als er in Einzelhaft kam, sagte er zum*

[86] NGUYEN VAN THUAN, François Xavier, Hoffnung, die uns trägt, S. 60f.

[87] NGUYÊN VAN THUÂN, Franz Xaver, Hoffnungswege, S. 32f.

[88] Wenn der Kardinal Zeugnis von seinem Leben gab, hat er nicht immer den exakten Ort und Kontext der berichteten wichtigen Ereignisse angegeben. Was stärker zählte, ist der geistliche Aspekt seiner Leiden.

Herrn: „Du bist bei mir. Du willst, dass ich hier mit dir lebe. Ich habe in meinem Leben viel gesprochen. Hier in meiner Zelle schweige ich. Nun ist es an dir, Jesus, mit mir zu sprechen." Es war auch eine große Hilfe für ihn, sich an das Leben verschiedener Heiliger zu erinnern und an gewisse Aspekte ihrer Existenz: Theresia von Lisieux (in ihrer Klosterzelle), Théophane Vénard (in seinem Gefängnis in Vietnam), Franz Xaver (in seiner Einsamkeit als Missionar) – und zu ihnen zu beten.[89]

In den Norden des Landes verlegt

Am 29. November 1976 verließ mein Bruder das Gefängnis von Phu Khanh, um zusammen mit einer großen Zahl weiterer Häftlinge in das Durchgangslager von Thu Duc, in der Nähe von Saigon, gebracht zu werden.[90] *Auch wenn die Haftbedingungen immer noch sehr hart waren, so war Thuan froh, nach der langen Zeit der Einsamkeit, mit anderen Gefangenen in Kontakt zu kommen. Man wollte alle diese Häftlinge per Schiff in den Norden des Landes transportieren.*

Nguyen Thanh Giau, führendes Mitglied des Hoa Hao-Buddhismus[91]*, gehörte zum Konvoi. Er ließ mir wertvolle Informationen über diese Überführung zukommen. Er hatte unter den Gefangenen einen Hauptmann und einen Dorfvorsteher wiedererkannt, aber plötzlich wurde seine Aufmerksamkeit auf meinen Bruder gelenkt. Thuan war wie die anderen Gefangenen gekleidet, aber Giau erkannte sofort, dass er vor jemandem stand, der ungewöhnlich war. „Ich erfuhr", sagt er,*

---

[89] NGUYEN VAN CHAU, François Xavier Nguyen Van Thuan, S. 183.

[90] Dieser Ort liegt ungefähr 40 km östlich des Zentrums von Ho Chi Minh-Stadt (= Saigon).

[91] Es handelt sich um einen Buddhismus ohne Pagoden und Riten, einen Zweig des vietnamesischen Buddhismus. Der Hauptinitiator, Huynh Phu So, aus dem Dorf Hoa Hao im Süden des Landes stammend, zog viele Bauern an. Er träumte von einer ‚Religion des Herzens', in der die Laien lehren konnten. Nationalistisch in politischer Hinsicht, wurde dieser Zweig des Buddhismus durch Franzosen und Kommunisten verfolgt. Huynh Phu So wurde übrigens 1947 durch den Vietminh getötet.

„dass dieser Mann mit dem intelligenten Blick der Bischof von Nha Trang war. Viele christliche Gefangene versammelten sich um ihn, um mit ihm zu sprechen. Während der wenigen Tage in Thu Duc war ich Zeuge seines freundlichen Verhaltens, seiner Rechtschaffenheit und Großzügigkeit. Ich schätzte ihn von Tag zu Tag mehr. Beim Verlassen des Lagers herrschte unter den Inhaftierten große Verwirrung. Alle fragten sich, wohin sie gebracht würden - zur Insel Phu Quoc[92] *oder nach Con Son*[93]*? Es gab nur eine Person, die unseren Bestimmungsort zu kennen schien: Thuan. Wie er herausgefunden hatte, dass wir per Schiff abfahren sollten, weiß ich nicht. Um die anderen Gefangenen zu beruhigen, fing er an, von seiner Schiffsreise von Saigon nach Marseille zu erzählen und gab Ratschläge, wie man die Seekrankheit vermeiden könne."*

Am 1. Dezember 1976 nahmen die Gefangenen tatsächlich das Schiff Richtung Norden. Da mein Bruder keine Tasche zum Transport seiner Sachen hatte, machte er Knoten in die beiden Enden seiner Hose und steckte alles in diese improvisierte ‚Tasche', die er um seinen Hals trug. Ein Familienmitglied väterlicherseits, Buu Te (Johann Baptist), ebenfalls ein Gefangener, hat später erzählt, dass das Schiff erst nach Sonnenuntergang ablegte: Man wartete auf die Einschiffung eines sehr gefährlichen Kriminellen! Als mein Bruder ankam, konnte er sehen, dass der fragliche Kriminelle kein anderer als Thuan war!

[92] Diese Insel liegt im Golf von Thailand, im Süden von Kambodscha. Heute ist sie ein kleines Touristenparadies. Man kann das von den Franzosen in den 1950er Jahren erbaute Gefängnis noch besichtigen. Das kleine Gefängnis ist auch während des Vietnamkriegs, später dann von den Kommunisten genutzt worden.

[93] Eine der größten Inseln im Süden Vietnams. Die Franzosen bauten hier 1861 ein Gefängnis, das auch im Vietnamkrieg genutzt wurde. Die Insel ist heute ein Touristenort.

Hoffnung in der Dunkelheit

Mein Bruder hat in einem seiner Bücher[94] geschrieben, dass alle Gefangenen jeweils zu zweit aneinander gekettet waren: „Das Ziel war der Militärhafen Tan Cang[95] (Newport), der einige Jahre zuvor von den Amerikanern gebaut worden war. Man hatte das Schiff gut getarnt, damit die örtliche Bevölkerung nicht sehen konnte, was vor sich ging. Einmal an Bord, mussten wir eine Reise von 1.700 Kilometern bewältigen." Er hat erzählt, dass er mit anderen Häftlingen im Laderaum des Schiffes untergebracht war, dort, wo sonst die Kohle gelagert wurde. Giau, der in demselben Teil des Schiffes eingeschlossen war, hat bezeugt, dass alle Gefangene durch den Staub der Kohle, die das Schiff gewöhnlich transportierte, sehr schmutzig wurden. „Der Erzbischof erklärte, dass man nicht krank werden dürfe, und er tat alles, was er konnte, um uns davon abzuhalten, die Hoffnung zu verlieren."

Das einzig Licht kam von einer Öllampe, ansonsten waren sie in völliger Dunkelheit. Mein Bruder war sehr besorgt. Bis dahin war er zwar inhaftiert gewesen, aber wenigstens in seiner Diözese! Nun fuhr er ins Ungewisse. Er dachte über die Worte des heiligen Paulus nach: „Und siehe, nun ziehe ich, gebunden durch den Geist, nach Jerusalem und ich weiß nicht, was dort mit mir geschehen wird. Jedoch bezeugt mir der Heilige Geist von Stadt zu Stadt, dass Fesseln und Drangsale auf mich warten" (Apg 20,22-23). Er verbrachte die erste Nacht in schrecklicher Angst. Am nächsten Morgen drang ein wenig Sonnenlicht ins Schiffsinnere und er betrachtete die verzweifelten Gesichter der Gefangenen um ihn herum. Einige von ihnen riefen ihn, weil ein Mann versucht hatte, sich mit Hilfe eines Eisenkabels zu erhängen. Thuan sprach mit ihm und am Ende öffnete sich der unglückliche Gefangene seinem Rat. Später, während eines

---

[94] NGUYEN VAN THUAN, François Xavier, Hoffnung, die uns trägt, S. 95.

[95] Heute ist es der Haupthafen für Container, die für Ho Chi Minh-Stadt bestimmt sind. Er dient nach wie vor auch als Militärhafen. Gelegen an einem der Hauptflüsse (Dong Nai) des Landes, verbindet der Hafen, auch bekannt unter dem Namen Cat Lai, die Stadt mit dem Meer.

interreligiösen Treffens in Kalifornien, traf mein Bruder erneut diesen Mann.[96] *Voller Freude ging dieser auf Thuan zu, dankte ihm herzlich und erzählte den Anwesenden von dem Vorfall, wobei er allen die Spur zeigte, die das Kabel an seinem Hals hinterlassen hatte.*[97]

Sobald sie wussten, dass Bischof Nguyen Van Thuan unter ihnen war, kamen viele Gefangene auf ihn zu, um ihrer Not Ausdruck zu verleihen. Er verbrachte seine Zeit damit, diesen Unglücklichen zuzuhören und sie, so gut er konnte, zu trösten. „In der zweiten Nacht", so schrieb er, „in der Dezemberkälte des Pazifischen Ozeans, begann ich zu verstehen, dass dies für mich eine neue Etappe meiner Berufung war. Ich verbrachte ... die Reise damit, meine Mitgefangenen zu unterstützen und über die Passion Jesu zu meditieren ... . Nun geht es für mich darum, mit ihm extra muros zu sterben, außerhalb des heiligen Bezirks."[98]

Die Fahrt nach Hai Phong dauerte zehn Tage und am 3. Dezember, dem Gedenktag des heiligen Franz Xaver, feierte Thuan in der Stille seines Herzens seinen heiligen Namenspatron.

Im Lager von Vinh Quang in Vinh Phu

Bei der Ankunft im Hafen von Hai Phong wurden die Gefangenen in drei Gruppen aufgeteilt und in die Lager Hoang Lien Son, Vinh Quang oder Thanh Cam gebracht. Thuan wurde in das Lager Vinh Quang am Fuße des Berges Tam Dao in der Provinz Vinh Phu geschickt. Mehr als 2.000 Gefangene waren dort interniert, mit denen Thuan Hunger, zermürbende Arbeit, Demütigungen und Ungerechtigkeit zu teilen hatte.

Giau berichtet über das Leben im Lager: „Man teilte uns in drei Grup-

[96] Dieser Kalifornier ist Mitglied des Hoa Hao-Buddhismus, der in diesem Bundesstaat der USA sehr verbreitet ist.

[97] NGUYEN VAN THUAN, François Xavier, Hoffnung, die uns trägt, S. 95.

[98] Ebd., S. 96f.

pen auf. Innerhalb derer erhielten Untergruppen verschiedene Aufgaben. Weil die Vorgesetzten uns untersagten, religiöse oder Ehrentitel zu verwenden, nannten wir Erzbischof Thuan ‚alter Mann'. Wir wollten nicht, dass er harte Arbeit leistete, und weil wir ein wenig Freiheit hatten, die Aufgaben in unserer Gruppe zu verteilen, wiesen wir ihm die Rolle des Hausvorstehers zu. Er musste sich um die Instandhaltung der Baracke kümmern und die Mahlzeiten zubereiten, aber er versuchte, diese leichteren Aufgaben abzulehnen, indem er sagte: „Es ist mir eine Ehre, bei euch zu sein, aber bitte lasst mich meinen Anteil der Arbeit tun wie ihr."

Einer der Aufgaben Thuans war es, draußen Kohle zu holen, die in schweren Säcken war. Eines Tages, als es sehr kalt war, stolperte der Erzbischof mehrmals beim Schleppen seiner Last, aber jedes Mal stand er auf, setzte sich, um wieder Luft zu holen und schaffte es schließlich, diese harte Arbeit alleine zu bewältigen.

„Bis zur Stunde leiden wir Hunger und Durst und Blöße und werden mit Fäusten geschlagen und sind heimatlos. Wir mühen uns ab, indem wir mit eigenen Händen arbeiten …"
1 Kor 4,11-12

Manchmal wurden die Häftlinge in einem großen leeren Raum versammelt, um ihre ‚Geständnisse' niederzuschreiben. Stundenlang mussten sie ihre eigene Anklageschrift verfassen. Aber es gab auch Pausen, in denen sich viele Gefangene um den Erzbischof versammelten, um ihm zuzuhören. Nicht alle waren Christen. Einige waren Anhänger des Cao Dai-[99] oder des Hoa Hao-Buddhismus. Ich selbst gehörte damals zu dieser letztgenannten Gruppe und ich betrachtete den Erzbischof nicht so sehr als katholischen Würdenträger, sondern vielmehr als heiligen Mann, als ehrwürdigen Priester."

[99] Neuere Form des Buddhismus. Sie ist gekennzeichnet durch die Integration des westlichen Gedankenguts. Die Bewegung war antikolonialistisch und antikommunistisch.

Es muss wohl während dieser Zeit gewesen sein, dass der Erzbischof ein Holzkreuz anfertigte, das er für den Rest seines Lebens als Brustkreuz trug und das bis heute als eine kostbare Reliquie aufbewahrt wird. Weil es verboten war, religiöse Gegenstände zu besitzen, versteckte Bischof Thuan es oft in einem Seifenstück. Auf diese Weise konnte er das Kreuz retten und bei seiner Befreiung bei sich tragen.

Die Tatsache, dass er von den anderen Gefangenen sehr geschätzt wurde, sprach in den Augen seiner Bewacher nicht zu seinen Gunsten. Am 5. Februar 1977, zwei Monate nach seiner Ankunft, wurde Thuan nach Hanoi gebracht, um in das Gefangenenlager Thanh Liet überstellt zu werden.[100]

Gefangener in Thanh Liet in der Nähe von Hanoi

Das Lager Thanh Liet befand sich im Bezirk Thanh Tri, südlich von Hanoi. Dieser gehört heute als Vorort zur Stadt. Von außen konnten die Passanten nicht ahnen, dass hinter dem großen Eingangstor und hinter den soliden und fünf Meter hohen Mauern Gefangene eingesperrt waren. In jedem Abschnitt (A, B, C, D, usw.) gab es acht Zellen von acht Metern Länge und zweieinhalb Metern Breite. Auf den Wänden waren noch die Namen der amerikanischen Gefangenen eingraviert, die dort vor 1973 inhaftiert waren.

Mein Bruder teilte sich die Zelle 7 D mit einem ehemaligen Oberst der Vietcong, einem gewissen Thuyen, der der Korruption angeklagt war, aber mit Thuan in dieselbe Zelle gesteckt worden war, um ihn auszuspionieren.[101] Dieser Mitgefangene kam aus der Gegend von Hue und

[100] NGUYEN VAN CHAU, François Xavier Nguyen Van Thuan, S. 188f.

[101] Unter den politischen Gefangenen erwähnt Bischof Thuan Pater Tran Huu Thanh, einen Redemptoristenpater, der für seine Gegnerschaft gegenüber den Kommunisten bekannt war. Er saß in der Zelle 5 D ein, während der Nationalist und Antikommunist Nguyen Tu Thai sich in Zelle 3 D befand. Pater Tran Huu Thanh

schon bald sprachen die beiden Häftlinge aus Zelle 7 D offen miteinander. Vor seiner Freilassung aus dem Gefängnis versprach Thuyen, für den Erzbischof in La Vang zu beten. Das bedeutete, die Ruine der Kapelle zu besuchen, die im Krieg zerstört worden war. Selbst kein Katholik, versprach Thuyen, der Jungfrau von La Vang zu sagen, dass Thuan sie brauche.

Sechs Jahre später, während er in Einzelhaft war, konnte Thuan einen Brief erhalten, in dem Thuyen schrieb: „Lieber Freund, ich hatte Dir versprochen, bei ‚Unserer Lieben Frau von La Vang' für Dich zu beten. Ich mache das jeden Sonntag, wenn es nicht regnet. Ich nehme mein Fahrrad, sobald ich die Glocken läuten höre. Die Basilika ist durch die Bombenangriffe ganz zerstört, aber ich gehe an den Erscheinungsort. Ich bete so für Dich: Heilige Jungfrau, ich bin kein Christ, ich kenne keine Gebete, aber ich bitte dich, Herrn Thuan das zu geben, was er sich wünscht."

Thuan war von dieser freundschaftlichen Geste sehr gerührt. Außerdem erinnerte ihn dieser Kommunist an die Kraft des Gebets! Er besann sich darauf, dass seine Berufung vor allem darin bestand, auf Gottes Wort zu hören, was viel wichtiger war als jedes Werk der Barmherzigkeit.[102] *Ich habe ein Gedicht aufbewahrt, das mein Bruder in dieser Zeit geschrieben hat:*

> *Das Gefängnis ist eine Kathedrale*
> *Das Geräusch der Türschlüssel*
> *Ersetzt die Kirchenglocken.*
> *Aber er kündigt trotzdem an*
> *Die geheiligte Zeit der Eucharistie,*
> *Gefeiert in Gemeinschaft mit der Weltkirche.*

---

starb im Oktober 2007 in Hanoi im Bach Mai-Krankenhaus. Es ist schwierig, noch weitere genaue Angaben über diese Gefangenen zu erhalten.

[102] NGUYÊN VAN THUÂN, Franz Xaver, Hoffnungswege, S. 42.

Der Rest des Gedichtes spricht vom Elend der ‚Lehrer': der Gefängniswärter, die die Unterwerfung der Häftlinge verlangen, aber der ‚Direktor' bleibt der Heilige Geist und die göttliche Gnade ist in jedem Moment spürbar.[103]

„Obwohl man gehasst und verachtet wird,
habe ich eine Heimat gefunden:
Gott ist in meinem Innern."

Das Holzkreuz mit der Kupferkette, das nach dem Ende der Gefangenschaft in Silber gefasst wurde.

Im Lager Thanh Liet waren die Mahlzeiten karg. Mein Bruder wurde ständig überwacht und er war gezwungen, in seiner Zelle ununterbrochen elektrische Beleuchtung zu ertragen. Während der 15 Monate, die er in Thanh Liet verbrachte, wurde er oft von Offizieren des Innenministeriums verhört. Diese wollten alles über die Kirche in Vietnam, ihre Priester und deren Engagement in der Gesellschaft wissen. Die Offiziere standen auch unter dem Druck der internationalen Öffentlichkeit, die wegen der willkürlichen Haft Thuans alarmiert war. Die Verantwortlichen entschieden daher, ihn in ein Pfarrhaus zu schicken. Die Kommunisten konn-

[103] Es ist schwierig, Gedichte zu übersetzen, ohne Verrat an der Ursprungssprache zu begehen! Elisabeth besitzt viele Gedichte ihres Bruders, die dieser an den verschiedenen Haftorten geschrieben hat. Einige wurden zum Neujahrsfest verfasst, in anderen vergleicht er seine Messfeiern im Gefängnis mit denen in seiner Kathedrale. Bei dieser Gelegenheit schrieb er, dass er es als Bischof vorziehe, im Gefängnis statt im Bischofspalais zu sterben. In anderen Gedichten drückt er seinen Glauben an Gott und an seine Vorsehung aus. Neben den schon publizierten Texten des Kardinals existiert ein großer Schatz: Schriften, die glücklicherweise gut erhalten sind und es verdienen, veröffentlicht zu werden.

ten so gegenüber solchen Organisationen wie Amnesty International behaupten, dass Thuan nicht mehr ‚inhaftiert' sei, aber gleichzeitig würden sie ihn weiterhin überwachen können! Auch unter diesen schwierigen Bedingungen behielt Thuan sein Vertrauen. Wie in Vinh Quang halfen sich die Gefangenen untereinander und beschützten sich gegenseitig. In Thanh Liet erhielt Thuan die Hilfe eines Wärters bei der Herstellung seiner Kette - eine unerlaubte Tätigkeit, die es ihm jedoch ermöglichte, sein Brustkreuz zu tragen.

Gefangener in der Pfarrei Giang Xa

Am Samstag, dem 13. Mai 1978 kündigte der Chef der Geheimpolizei Thuan die ‚Freilassung' an. In Wirklichkeit wurde mein Bruder 13 Tage später, am 26. Mai, nach Giang Xa gebracht, in den Bezirk Hoai Duc, etwa 20 Kilometer nordwestlich von Hanoi. Er musste dort unter Hausarrest in einem aufgegebenen Pfarrhaus wohnen, inmitten einer kleinen Gemeinde von 350 Pfarrangehörigen, die ihre Pfarrei mithilfe eines Ortsrates verwalteten. Ein kleiner Trost für meinen Bruder war es, dass die Kirche nach dem Vorbild des Heiligtums von La Vang gebaut war.[104] *Meinem Bruder war es nicht erlaubt, dort seelsorgliche Aktivitäten durchzuführen. Die Anweisungen waren klar: keine öffentlichen Zelebrationen, keine Predigten. Die örtliche Bevölkerung war angehalten, Distanz zu Thuan zu halten, den man als gefährlichen Kriminellen darstellte, der ständig überwacht werden musste. Aber seine Freundlichkeit gegenüber seinem Bewacher*[105]*, der ihm sehr schnell mehr Freiheit zugestand, ebenso wie gegenüber dem Ortsrat und den Pfarrangehörigen, ließ diese schnell begreifen, dass er keineswegs ein ‚gefährlicher' Mann war.*

[104] Kirche und Pfarrhaus stehen allen offen, die mehr über das Leben von Bischof Thuan erfahren möchten. Man kann dort leicht Personen treffen, die ihn aus nächster Nähe gekannt haben.

[105] Während des Hausarrestes des Erzbischofs hat einer seiner Nachbarn, Nguyen Ngoc Dien, heimlich Zusammenkünfte von Priestern und Ordensleuten mit Bischof Thuan organisiert.

Gefangener im Pfarrhaus von Giang Xa

Er gewann langsam alle Herzen: Jeden Tag stand er sehr früh auf und wischte zuerst die Kirchentür ab, dann putzte er den Fußboden. Die Passanten, neugierig wegen seines Verhaltens, begannen, ihm Fragen zu stellen. Mein Bruder nutzte das, um zunächst um mehr Besen und Scheuertücher zu bitten. Nach und nach schlossen sich ihm immer mehr Freiwillige an und diejenigen, die ihn misstrauisch betrachtet hatten, begannen, ihm zu helfen und wurden schließlich seine Freunde.

Der Wachmann, der das Zimmer im Pfarrhaus mit ihm teilte, ermutigte Priester, Ordensschwestern und andere, ihn zu besuchen. Sie kamen manchmal von weit her – bis zu 300 Kilometer – und sprachen mit meinem Bruder während der Nacht. Da sie im Norden aufgewachsen waren, wussten sie wenig über das, was in der Weltkirche vor sich ging, einschließlich des Zweiten Vatikanischen Konzils. Thuan hat sogar heimlich Seminaristen zu Priestern geweiht. Es waren Weihen, die, nach seinen eigenen Worten, ‚sehr lange' dauerten, denn sie begannen gegen

23:30 Uhr und endeten am anderen Tag um ein Uhr morgens. Ebenso in der Nacht ging er zu den Kranken und spendete ihnen die Sakramente. Jeden Tag besuchten ungefähr 100 Personen die Messe, die er in der Morgendämmerung feierte. Er war erstaunt, dass der Heilige Geist sich seiner so bediente.

In Giang Xa erlebte Thuan, trotz der Tatsache, dass er offiziell ein Gefangener war, jeden Tag, dass die Liebe alles besiegen kann! Die Kommunisten hatten in jedem Dorf Spitzel. Thuan ist es gelungen, ihre Freundschaft zu gewinnen. Diese Spione haben sich mit der Kirche versöhnt und sogar mit seinem Wachmann zusammengearbeitet, um den Bischof während der Messfeier für die Dorfbewohner, oder wenn er Besuche empfing, zu beschützen. Dieser Bewacher musste jeden Monat einen Bericht über den Gefangenen schreiben, aber nach einer gewissen Zeit wusste dieser Mann nicht mehr, was er schreiben sollte! Mein Bruder hat dann an seiner Stelle den Text verfasst, denn er fürchtete, dass, wenn der Wachmann seine Pflichten nicht erfülle, er durch einen anderen ersetzt würde, der ihm gegenüber weniger wohlgesonnen wäre. Die Geheimpolizei lobte den Wachmann sogar für ‚seine ausgezeichneten Berichte'.[106]

Während seiner Gefangenschaft wurde Thuan auch von ausländischen Beobachtern besucht. ‚Übersetzer' waren immer anwesend, obwohl Thuan sie nicht benötigte. In Gegenwart dieser Spione antwortete er manchmal in scherzhafter Weise auf die Fragen, die ihm über sein Schicksal gestellt wurden. Ohne die Kommunisten offen vor den Kopf zu stoßen, konnte er auf subtile Art zu verstehen geben, dass man die Grundrechte der Gefangenen nicht beachtete. Auf die Frage, ob er gut behandelt werde, antwortete er: „Die Regierung sorgt immer sehr gut für mich. Vor kurzem war ich sehr krank und nach drei Wochen kam ein Arzt zu mir." Ein anderes Mal sagte er, ohne mit der Wimper zu zucken:

---

[106] Nähere Angaben dazu siehe: NGUYEN VAN THUAN, François Xavier, Hoffnung, die uns trägt, S. 203f.

„Die Regierung zeigt ein großes Interesse an mir: Sie folgt mir immer mit hundert Blicken."

Er durfte lange Spaziergänge machen und hatte viel Freizeit. So konnte er 1979 und 1980 zwei Bücher schreiben: Les pèlerins du chemin de l'espérance und Le Chemin de l'espérance à la lumière de la Parole de Dieu et du Concile. Die Manuskripte wurden heimlich in den Süden gebracht, um sie nach und nach zu verbreiten.[107] *In seinem Werk, das sich speziell an junge Menschen richtete, schrieb er, man müsse stets die gegenwärtige Zeit nutzen, um Gutes zu tun. Man solle nicht auf morgen warten, sondern das Heute mit Liebe erfüllen. Wie Mutter Teresa von Kalkutta sagte er: „Das Wichtige ist nicht die Zahl der Taten, die wir vollbringen, sondern wie viel Liebe wir in jede einzelne Geste legen."*

Das Leben der Hoffnung besteht aus
kurzen Minuten der Hoffnung.

Er verfasste ein Gebet, aus dem hier einige Auszüge zitiert werden:

Jesus,
ich werde nicht warten.
Ich lebe den gegenwärtigen Moment und fülle ihn mit Liebe.
Mein Leben besteht aus Millionen Sekunden und Minuten.
Ich lebe jede Minute ganz bewusst
und mein Leben wird heilig sein.
Jesus,
ich liebe Dich, mein Leben ist immer ein ‚neuer und ewiger Bund'
mit Dir.
In jeder Minute.[108]

---

[107] NGUYEN VAN CHAU, François Xavier Nguyen Van Thuan, S. 194.

[108] Anmerkung des Übersetzers: Diese Zeilen wurden der französischen Ausgabe von ‚Fünf Brote und zwei Fische', publiziert unter: NGUYEN VAN THUAN, François-Xavier, J'ai suivi Jésus, S. 15-18, entnommen. In der deutschen Ausgabe ist das Gebet stark verkürzt; diese Zeilen fehlen. Vgl. NGUYÊN VAN THUÂN, Franz Xaver, Hoffnungswege, S. 43f.

Einige Texte, die er zu jener Zeit schrieb, sind noch nicht veröffentlicht. Mein Bruder hat zum Beispiel ein kleines Buch verfasst mit dem Titel: Die Botschaft von Pater Maximilian Kolbe. Nicht nur, weil dieser heiliggesprochen wurde, verbeugte sich Thuan vor diesem Opfer der Nazi-Barbarei. Die Nächstenliebe dieses Franziskaners, der in Auschwitz starb, hat ihn tief berührt – das Geschenk des eigenen Lebens, um das eines Familienvaters zu retten, ist die Vollendung eines langen Weges zur Heiligkeit gewesen, eines Weges, der sehr marianisch war und die Spiritualität von Papst Johannes Paul II. beeinflusst hat. Thuans Leben kann mit dem dieses Glaubensmärtyrers verglichen werden: hier wie da dieselbe Liebe zu Gott und dem Nächsten, dieselbe Ausstrahlung während der Gefangenschaft.[109]

Wir haben auch ein paar Dutzend Postkarten aufbewahrt, die mein Bruder meinen Eltern und meiner Schwester Anne nach Sydney schickte. Die meisten wurden zwischen 1979 und 1982 geschrieben, am Ende seiner Gefangenschaft in Giang Xa. Oft reagierte er auf Neuigkeiten aus unserer Familie und dankte für die Lebenszeichen, die er von außen bekam. Während dieser Zeit konnte er einfacher Geschenke und Medikamente erhalten. Am meisten freute er sich über die Zusendung von Familienfotos. Er bekam sogar von der Geheimpolizei ein ‚Neujahrsgeschenk'! Er zeigte sich immer optimistisch. „Mir geht es gut", schrieb er oft. Seine Postkarten waren keine vertrauliche Korrespondenz. Sie wurden wahrscheinlich von der Sicherheitspolizei gelesen. Welche Demütigung, dass seine Kontakte, die diskret hätten bleiben sollten, den Kommunisten unter die Augen kamen! Aber die kurzen positiven Worte auf diesen Karten scheinen nicht nur geschrieben worden zu sein, um die Familie zu beruhigen oder es diesen Zeilen zu ermöglichen, durch die Zensur zu gelangen. Es ist ein wenig so, als habe er zu sich selbst gesprochen: „Macht Euch nicht zu viele Sorgen" oder „Meine Gesundheit hat sich verbessert".

---

[109] Die niemals publizierte Schrift datiert vom Oktober 1982. Die englische Übersetzung, die Elisabeth mir zur Verfügung stellte, umfasst 89 Seiten. Es sei angemerkt, dass Bischof Thuan am Ende des Werkes sieben französische Bücher über Pater Kolbe angibt, deren Lektüre er empfiehlt.

Im Garten des Pfarrhauses von Giang Xa beim Gemüseanbau

Er sprach oft über die Natur, die Ernten, die saftigen Litschis und die Pflanzen, die er in seinem Garten pflegte. Er erzählte, dass die Menschen im Dorf Kartoffeln pflanzten und anderes Gemüse wie Tomaten und Bohnen anbauten. Er bewunderte ihren Mut bei Überschwemmungen ober bei Insektenplagen. In einer Nachricht, die am Ende seines Aufenthalts verschickt wurde, kündigte er an, dass er Aprikosensirup herstellen und ein Dutzend Kokosnusspalmen pflanzen werde. Sein Wunsch, später die Früchte seiner Ernte zu probieren, erfüllte sich nicht mehr.

Zwei große Themen dominieren auf den Postkarten: die Familie und die Freunde, besonders aber das Gebet. Er erwähnte seinen Bruder Thanh (Michael), ebenfalls Gefangener.[110] *Er vergaß nie seine Geburtstagswün-*

[110] Diese Nachricht muss geschrieben worden sein, als er in Cay Vong war, denn sie ist datiert vom 14. Januar 1976. Darin heißt es: Thanh lebt noch, aber er ist noch nicht aus dem Umerziehungslager zurückgekehrt. Bischof Thuan schickte die Adresse seines Bruders, damit die Familie ihm Lebensmittel senden konnte.

sche an uns und bat Anne oft, gut für unsere Eltern zu sorgen. Er ermutigte uns, inbrünstig zu sein und zur Jungfrau Maria zu beten, ganz besonders im Mai. Diese letzte Empfehlung kehrte immer wieder. Er rief den heiligen Joseph und die heilige Anna, die Namenspatronin meiner Schwester, an. Er versprach, für jeden von uns zu beten und erbat seinerseits Gebete für kranke Menschen wie auch für sich selbst.

Überraschenderweise hatte er keine Angst, die Personen zu nennen, die er getroffen hatte. 1980 wurde er beispielsweise von acht vietnamesischen Bischöfen besucht.[111] *Mein Bruder zeigte sich diplomatisch: Er schrieb, dass er der Regierung für diese Gunst danke! Die Nachrichten auf den Karten sagten uns, dass er zum Neujahrsfest 1982 etwa 30 Familien in Giang Xa besucht habe. Im Frühjahr 1982 kamen Bischof Cuong und Erzbischof Binh*[112]*, um ihn zu begrüßen. Er hat auch erwähnt, dass er den neuen Erzbischof von Hanoi, Kardinal Trinh Van Can (Joseph-Marie – 1921-1990), hat besuchen können.*[113]

Und er fügt hinzu: Die Zahl der Personen, auch alter Leute, die in die Lager geschickt werden, ist sehr hoch. Später, um 1980 (?), berichtet er erneut von seinem Bruder, der in einem sehr isoliert gelegenen Lager in der Provinz Than Hoa inhaftiert war. Das Lager befand sich zwischen Nord- und Zentralvietnam. Diese Region, die im Osten an das Meer grenzt und sich auch nach Westen hin ausdehnt, ist weit entfernt von jeglicher Besiedlung und in der Nähe der Berge. Bischof Thuan berichtet, dass es in diesem Gefängnis, wo die Malaria herrscht, 41 Priester gibt. Man erfährt auch, dass die Familie große Mengen Reis schickt, die Thanh mit seinen Mithäftlingen teilt. Dem Erzbischof zufolge wäre die Regierung bereit, diese Gefangenen freizulassen, denn jede Gefahr einer Rebellion sei gebannt. Deshalb bat er darum, an den UNHCR (Hoher Flüchtlingskommissar der Vereinten Nationen) zu appellieren, eine Organisation der Vereinten Nationen, die sich dafür einsetzt, das Leben der Flüchtlinge zu retten und ihre Rechte zu schützen.

[111] Es gab zu dieser Zeit ein Treffen von 30 Bischöfen in Hanoi, die anscheinend eine Delegation schickten, um sich mit Bischof Thuan zu treffen.

[112] Bischof Thuan war immer noch Binhs Koadjutor. Es scheint, dass die zwei erwähnten Prälaten Russland besucht und an einer Kundgebung gegen Nuklearwaffen teilgenommen hatten. Ihre ‚Bewegungsfreiheit' war also mit der Unterstützung des kommunistischen Blocks verbunden.

[113] Er war Erzbischof von 1978 bis 1990 und hat also Bischof Thuan nach seiner Freilassung aufnehmen können. Es scheint, dass die Polizei manchmal Briefmarken

Er sprach über seine Sorgen hinsichtlich der Gesundheit der Menschen, die der Familie nahestanden: den Tod von Onkel Ba im Herbst 1981[114]*, den Krankenhausaufenthalt eines Bischofs, den schlechten Gesundheitszustand eines gewissen Pater Bang, der Krebserkrankung Onkel Danhs und der Krankheit von Pater Huynh, einem Freund von Am*[115]*.*

Die Informationen auf den Postkarten vermitteln den Eindruck, dass mein Bruder in dieser Zeit eine größere Freiheit hat genießen können. Im April 1981 konnte er sogar an den Wahlen teilnehmen! Aber im Laufe des Jahres 1982 änderte sich die Lage und mein Bruder wurde erneut in Einzelhaft gesperrt. Der Handlungsspielraum, über den er in Giang Xa verfügte, war aber in Wirklichkeit nur relativ. Seine Korrespondenz unterlag der Zensur. Aber jedes Lebenszeichen war für uns wertvoll, und wir waren erbaut vom Glauben und der Nächstenliebe, von denen die Karten zeugten, die er uns senden konnte.

---

auf das Datum oder einige Worte des Textes setzte, was die Datierung der Sendungen erschwert. Dank einer anderen Karte weiß man, dass Bischof Thuan den Kardinal Ende August 1982 in Hanoi besuchen konnte.

114 Laut einer Karte vom 7. Mai 1980 erfährt man, dass dieser Onkel sein Diamantenes 60jähriges Priesterjubiläum feierte.

115 Im September schrieb Bischof Thuan, dass Huynh das Sakrament der Krankensalbung empfangen habe. Am 15. Januar 1982 sagte er, dass der Priester gestorben sei und versprochen habe, wenn er einmal im Paradies sei, für sie zu beten. Die erwähnten Personen waren seinen Eltern gut bekannt und vielleicht auch seiner Schwester Anne. Es ist viel Zeit vergangen und es ist heute schwierig, nähere Angaben über diese Personen zu erhalten, die eine Rolle in Thuans Leben spielten und die er in seinem Herzen trug.

Can Trường

Mut

Kraft des Glaubens

Isolationshaft in verschiedenen Kasernen der Sicherheitspolizei in Hanoi

Während Thuan sich in Giang Xa aufhielt, wurde die kommunistische Regierung zunehmend unruhig. Die Beziehungen zu China wurden problematisch, denn sowohl Vietnam wie China wollten Kambodscha beherrschen. Gleichzeitig hatte die UdSSR, der treueste Verbündete Vietnams, Probleme in Polen. Die Wahl von Papst Johannes Paul II. am 16. Oktober 1978 sollte die kommunistische Welt erschüttern. „Habt keine Angst", so hatte er gleich zu Beginn seines Pontifikates ausgerufen. Die vietnamesischen Kommunisten fürchteten nun die Dynamik der Katholiken, die in Polen den Mut hatten, sich dem Regime zu widersetzen. Sie fragten sich, ob Thuan nicht zu einem vietnamesischen Lech Walesa[116] werden könnte. Am 5. November 1982 wurde der Erzbischof von Giang Xa nach Hanoi gebracht, damit man ihn besser bewachen konnte. Bischof Thuan sollte wieder eine lange Zeit der Isolation erleben.[117]

Der Erzbischof wurde in einem gepanzerten Fahrzeug transportiert und er wusste nicht, wohin die Polizei ihn bringen würde. Tatsächlich fand diese zweite – die längste – Einzelhaftperiode in verschiedenen Kasernen der Sicherheitspolizei statt. Die Kommunisten hatten nicht mehr die Absicht, ihn zu verhören. Jetzt war es ihnen wichtig, ihn zu

---

[116] Als Gewerkschafter ist es Lech Walesa gelungen, die Polen gegen das kommunistische Regime zu vereinen. Auf längere Sicht hat diese ‚polnische Revolution' andere Länder beeinflusst, besonders die DDR. Am Ende fiel 1989 die Berliner Mauer. Lech Walesa wurde der erste nichtkommunistische Präsident seines Landes (1990-1995).

[117] NGUYEN VAN CHAU, François Xavier Nguyen Van Thuan, S. 197-200.

verstecken. So wurde er von einem Ort zum anderen verlegt, jedes Mal in einer Zelle isoliert, ohne großen Kontakt zur Außenwelt.[118]

Diese neun Jahre in Einzelhaft waren oft eine lange Zeit der Einsamkeit und tiefen Langeweile. Er hatte nichts zu tun. Er fühlte sich leer. In einem seiner Zeugnisse schrieb er: „Im Gefängnis vergeht die Zeit sehr langsam, vor allem während der Einzelhaft. Stellt euch vor, ihr müsstet eine Woche, einen Monat oder zwei Monate im Schweigen verbringen. Die Zeit kommt einem schrecklich lange vor. Wenn aber Jahre so vergehen, dann kommen sie einem wie eine Ewigkeit vor. Ein vietnamesisches Sprichwort sagt: ‚Ein Tag im Gefängnis ist wie tausend Herbste draußen'. Es gab Tage, an denen ich, von Müdigkeit und Krankheit zermürbt, nicht einmal ein Gebet verrichten konnte."[119]

Um seine Arthrose zu bekämpfen, ging er endlose Stunden in seiner Zelle entlang seines Bettes auf und ab oder machte körperliche Übungen, während er zum Beispiel das Miserere, das Te Deum oder das Veni Creator betete oder sang. Gott sprach erneut in seinem Herzen. Er musste alles

---

[118] Die Haftbedingungen variierten je nach dem Ort, an dem Bischof Thuan inhaftiert war. Während er am Anfang stark überwacht worden war, hat man ihm danach mehr Freiheit gewährt, so dass er wieder die Möglichkeit hatte, seiner Familie und seinen Freunden zu schreiben. Die Verantwortlichen stimmten zu, dass er seinen Wächtern Sprachkurse gab. Auch wenn die Kommunisten ihn von der Welt ausschließen wollten, machten sie ihm das Leben weniger schwer als 1976. Bischof Thuan hat während seiner Haft in Hanoi besonders viel geschrieben. Viele seiner Texte sind dort im Archiv des Diözesanzentrums aufbewahrt: Notizen zur Jugendpastoral, über die Art, wie man Einkehrtage hält, über die ‚Theologie der Befreiung', ebenso wie Wörterbücher, die er zusammenstellte. Die Freundschaften, die er nach und nach mit seinen Gefängniswärtern geschlossen hat, erklären die Tatsache, dass seine Schriften heimlich aus dem Gefängnis gebracht werden konnten. Es ist erstaunlich, wie viele Personen innerhalb und außerhalb Vietnams seine Wörterbücher haben. Ihre sorgfältige Ausfertigung zeigt, wie sehr Thuan mit verschiedenen Sprachen vertraut war, aber besonders, wie sehr er es liebte, sein Wissen mit anderen zu teilen. Das Verfassen dieser Wörterbücher war außerdem nützlich, um gegen die Langeweile anzukämpfen. Obwohl die Haftbedingungen am Ende seiner Inhaftierung weniger hart waren, wurde der Bischof lange Zeit in Isolation gehalten, oft ohne etwas zu tun, und bei seiner Freilassung war er krank.

[119] NGUYÊN VAN THUÂN, Franz Xaver, Hoffnungswege, S. 38.

in die Hände des Herrn legen, auf Ihn vertrauen und Gott suchen, nicht durch Werke, sondern um seiner selbst willen. Diese Gewissheit wurde in dieser Zeit der Isolation zum Zentrum seines Denkens. Er hielt das schriftlich in Gebeten fest, die erstmals 1995 veröffentlicht wurden: „Die Zeit des Gebets ist die Zeit des Gesprächs mit Gott, deinem Vater ... ."[120] *„Nicht aus Faulheit blieb Maria zu Füßen des Herrn sitzen. ... Maria hat den besten Anteil gewählt: Sie hört unserem Herrn zu, lässt Gottes Wort tief in sich eindringen, sich von ihm wachrütteln, dass es in ihr und mit ihr wirke. Welche Aktion könnte diese gänzliche Umwandlung bewirken?"*[121] *Zu beten bedeutete für ihn, den Herrn zu betrachten, anzubeten, auf seine Liebe zu vertrauen, ihm alles anzubieten, was wir besitzen: unser Leben, unsere Wünsche, die Menschen, die uns lieb sind, unsere Leiden.*

„Das Gebet ist die Stunde,
in der unser Herz spricht."

Anfangs sprachen die Wachleute kaum mit ihm und antworteten nur mit ‚ja' oder ‚nein'. Sein Wunsch, höflich zu ihnen zu sein, lief ins Leere. Kein Gespräch, auch nicht das harmloseste war möglich. Aber aufs Neue wurde ihm bewusst, dass er einen Reichtum in sich trug. Er sagte zu sich selbst: „Du trägst die Liebe Christi in deinem Herzen, liebe die Nächsten so, wie Jesus dich geliebt hat." Er begann, Christus in ihnen zu lieben.

Die Lockerungen, die es in der UdSSR unter einem Regime, das den vietnamesischen Kommunisten traditionell verbunden war, gegenüber der Religion gab, beunruhigten die vietnamesische Partei in dem von Grund auf religiösen Land. Die Bitte, die die vietnamesischen Bischöfe 1985 an die römische Kurie richteten, ihre Märtyrer heiligzusprechen, verunsicherte die Regierung ebenso.[122] Anlässlich dieser

---

[120] Ebd., S. 119.

[121] Ebd., S. 120.

[122] Einige Personen in Vietnam haben mir gesagt, dass es nicht ausgeschlossen sei, dass Bischof Thuan den Bischöfen, besonders dem von Hanoi, einen ‚Schlüssel' geliefert habe, der der Regierung dabei helfen konnte, besser zu verstehen, dass diese

Heiligsprechung fanden im Juni 1988 überall in Vietnam zahlreiche Feierlichkeiten statt. Aber der Erzbischof der größten Diözese des Landes feierte für sich allein. Er sang ein Te Deum der Dankbarkeit. Er kannte sein Schicksal, das eng mit dem der leidenden Kirche der Vergangenheit verbunden war.[123]

Die Gefängnisverantwortlichen beschlossen, ihm zwei Wachleute in seiner Zelle zuzuweisen, einen für den Tag und einen für die Nacht, um ihn besser überwachen zu können. Elisabeth hat das Zeugnis eines seiner Bewacher gesammelt. Sie erzählt davon:

Pham Van Cong war für die Überwachung meines Bruders verantwortlich. Er verbrachte zwei Jahre in seiner Nähe, 1987 und 1988, also in der Endphase seiner Inhaftierung. In seinem Zeugnis aus dem Jahr 2008 erzählte er, dass er Thuan sehr nahe gewesen sei, denn er war beauftragt, mit ihm zu essen und bei ihm zu schlafen. In Europa denkt man oft, in Vietnam sei es immer heiß. Aber im Januar kommt es vor, dass die Minimaltemperatur in Hanoi nicht über zehn bis 15 Grad steigt. Während das Gefängnis in Phu Khanh eher einem ‚Backofen' glich, haben Gefangener und Bewacher in Hanoi unter der Kälte gelitten. Thuans Familie hatte ihm eine Decke schicken können. Obwohl sehr dick, war sie zu kurz und bedeckte nicht den ganzen Körper. Cong hatte von seinem Chef ebenfalls eine Decke erhalten, länger, aber dünn. Jeder litt also auf seine Weise unter der Kälte. Diese Kälte drang besonders in der Nacht durch das Fenster ein. Thuan fand eine Lösung: „Wir werden", so sagte er, „nebeneinander schlafen und gemeinsam von den beiden Decken profitieren. Die dicke wird unseren Oberkörper bedecken, die andere den Rest." Es war nicht nur Thuans praktische Art, die Cong bewundert hat, sondern besonders das Vertrauen, das der Erzbischof ihm, der offiziell sein Feind war, entgegenbrachte.

Heiligsprechung in keiner Weise ein Versuch war, der amtierenden Staatsmacht zu schaden. Er habe gesagt: „Die Kirche ist meine Mutter und Vietnam ist mein Vaterland. Ich sehe keinen Gegensatz zwischen den beiden."

[123] NGUYEN VAN CHAU, François Xavier Nguyen Van Thuan, S. 203-205.

Mein Bruder hatte für andere kleine Aufmerksamkeiten, die die Freundschaft derer weckten, die eigentlich seine Feinde hätten sein sollen. Trotz seiner schmerzlichen Situation fand er stets die Kraft zu lieben. Zu dieser Zeit begann Cong zu glauben, dass eine besondere Gottheit Thuan diesen Geist der Liebe eingab, denn alles an seiner Haltung ging über das hinaus, was wir aus eigener Kraft tun können. Und Cong fügt hinzu: „Später dachte ich, Jesus Christus muss existieren, sonst gäbe es keine Menschen wie den Erzbischof. Thuan sagte es übrigens oft selbst: Er wolle Christus nachfolgen!" Congs ständige Anwesenheit bei meinem Bruder führte dazu, dass er erkannte, wie dieser Gefangene war, der sich so aufmerksam anderen gegenüber zeigte: ein aufrichtiger Mann, intelligent, aber auch optimistisch, mit viel Humor. Obwohl er vor seiner Inhaftierung ein hohes Amt innehatte, war er sehr einfach und bestrebt, Frieden zu bringen.

Während dieser Jahre der Haft konnte Thuan die Eucharistie feiern, was er vor dem Frühstück tat, normalerweise gegen vier oder fünf Uhr morgens. Erinnerte er sich in diesen Momenten an seinen Lehrer aus dem kleinen Seminar, Pater Bui Quang Tich (Andreas), der immer zu dieser Uhrzeit zelebrierte?

Zum Gebäude, in dem Thuan während dieser Zeit inhaftiert war, gehörte ein Garten. Mein Bruder schlug vor, dort Hühner aufzuziehen, um die Mahlzeiten zu verbessern. Er fütterte etwa 20 Tiere mit dem Reis, den er von seiner eigenen Ration beiseitelegte. An Festtagen standen dann Hühner auf der Speisekarte.

Cong und Thuan haben nicht nur Essen oder eine Decke miteinander geteilt! Auf Anforderung von Congs Vorgesetzten brachte mein Bruder ihm und zwei anderen Wachleuten Fremdsprachen bei. Er tat es mit Freude und sagte, so habe er die günstige Gelegenheit, seine eigenen Sprachkenntnisse aufzufrischen. Cong lernte Latein und Italienisch, die beiden anderen Englisch. Mein Bruder besaß das Charisma, seine ‚Schüler' zu motivieren. Er schaffte es, dass sie das Lernen liebten. Ein-

mal hatte Cong seine Hausaufgaben nicht gemacht. Anstatt ihm ausdrücklich einen Vorwurf zu machen, sagte mein Bruder scherzhaft auf Lateinisch „hodie non cras“, was bedeutet: Die Arbeit von heute darf nicht auf morgen verschoben werden.

*Der Unterricht war lebendig und Thuan nahm Maximen der Weisheit in seine Schulstunden auf. Er brachte zum Beispiel dem Wachmann diesen schönen Satz bei: „Ubi amatur non laboratur, etsi laboratur, etiam labor amatur“ „Wo die Liebe herrscht, gibt es keine harte Arbeit, und selbst wenn die Arbeit schwer ist, liebt man es, sie zu tun“. Er verlangte auch, dass folgende Sätze ins Lateinische übersetzt wurden: „Die Liebe fürchtet den Kampf nicht“ und: „Die Liebe akzeptiert Schwierigkeiten und nimmt mit Freude mühevolle Aufgaben an“. Er sprach manchmal auf humorvolle Weise über die römische Kultur. Schmunzelnd scherzte er über die Buchstaben S.P.Q.R., die man fast überall in Rom auf Inschriften findet (**S**enatus **P**opulu**Q**ue **R**omanus - Senat und Volk von Rom). Er gab Cong eine amüsantere Interpretation: „**S**anctus **P**ater, **Q**uare **R**ides? **S**um **P**ontifex **Q**uia **R**ideo“, „Heiliger Vater, warum lachst du? Ich lache, weil ich der Papst bin“.*

Ein mehrsprachiges, während der Gefangenschaft von Bischof Thuan angefertigtes Wörterbuch; damit unterrichtete er seine Gefängniswärter.

Thuan ging manchmal sehr spät ins Bett, denn er bereitete sorgfältig seinen Unterricht vor; ein weiteres Zeichen, sagte Cong, dass er zuerst an die anderen dachte und dass er bereit war, sich wirklich ganz auf dieses Werk der Nächstenliebe einzulassen. Um seinen Schüler zu motivieren, lehrte er ihn auch ein benediktinisches Sprichwort: „laborare est orare", „arbeiten heißt beten".

Mein Bruder profitierte auch selbst von diesem Unterricht, denn Cong beschaffte ihm zum Beispiel den Osservatore Romano, die Zeitung des Vatikans. So konnte er die Neuigkeiten aus der Welt und der Kirche verfolgen. Einmal war er erstaunt, eine Information über ihn selbst in dieser Zeitung zu lesen: „1985, Arcivesco Coadiutore di Ho Chi Minh; attuamente non si trova in questa città", „1985, Erzbischofkoadjutor von Ho Chi Minh-Stadt; im Augenblick befindet er sich nicht in dieser Stadt". Er war über diese kleine Notiz betroffen, aber Cong tröstete ihn mit den Worten: „Egal, in welcher Stadt Sie sich befinden, solange Sie in Vietnam sind! Wenn der Vatikan mich fragen würde, wo Sie sind, könnte ich es ihm sagen!" Und beide fanden ihr Lächeln wieder.

Cong schätzte besonders die Gespräche, die sich um eine Vielzahl verschiedenster Themen drehten. Mein Bruder erzählte ihm von seinen Reisen, seiner Familie in Australien und von der Kirche Roms. Er sagte: „Herr Cong, ich würde Ihnen eines Tages gerne Italien zeigen, besonders Venedig, eine wunderbare Stadt. Ich werde Sie die italienischen Spaghetti probieren lassen und wir werden das Essen mit einem guten Cappuccino abschließen". Er schenkte seinem Bewacher auch ein kleines Bild der heiligen Jungfrau, ebenso ein Foto eines vietnamesischen Klosters in Rom – Erinnerungen, die Cong als kostbare Andenken aufbewahrt hat.

Wie gelang es Thuan, unter so schwierigen Umständen solchen Frieden zu empfinden? Laut Cong liegt das Geheimnis in einem lateinischen Sprichwort: „Portatur leviter quod portat quisque libenter", „Das, was einer gerne trägt, trägt sich leicht."

Bekehrung und Wunder

Im Sommer 2011 schickte mir Nguyen Hoai Duc (Paul) ein langes Zeugnis, in dem er erzählt, wie sehr die Begegnung mit meinem Bruder sein Leben verändert hat.[124] *Seine ursprüngliche Ausbildung hatte Duc dazu veranlasst, als hochrangiger Sicherheitsbeamter im Innenministerium in den Büros des ‚Kampfes gegen antirevolutionäre Aktivitäten' zu arbeiten. Etwa 1986 wurde ihm ein Posten in der ‚Abteilung Religion' übertragen. Gleich nach seiner Ankunft hörte er von dem Mann, den er jetzt respektvoll Bischof Thuan nennt. Er erfuhr, dass dieser Gefangene ein hochtalentierter Mann sei, der acht Fremdsprachen beherrsche, zu jedem gut und, obwohl er inhaftiert war, immer voller Hoffnung sei. Da er Zugang zu Thuans Akte hatte, konnte Duc dort ein Foto sehen, das ihn sehr beeindruckte: Thuan, weiß gekleidet, am Strand von Nha Trang mit 200 Ordensleuten und jungen Menschen. Doch was wurde ihm nun vorgeworfen? Sein größtes Verbrechen bestand – nach dieser Akte – darin, die Gemeinschaft ‚Hoffnung' gegründet zu haben und aus der Familie von Ngo Dinh Diem zu stammen, die als Feind der Partei galt.*

---

124 Während meines Besuchs in Hanoi konnte ich mich lange mit einem anderen von Thuans ehemaligen Bewachern unterhalten, der damals sehr jung war. Er erzählte mir, dass er den Erzbischof während der letzten Zeit seiner Gefangenschaft habe überwachen müssen. Ihm zufolge haben acht Wachleute mit Bischof Thuan während seiner Gefangenschaft in Hanoi zusammengelebt. Dank seiner Aussagen habe ich das Viertel besuchen können, in dem sich das Gebäude befindet, in dem Bischof Thuan seine letzten Haftjahre verbracht hat. Mein Gesprächspartner hat mir den Plan der Etage aufgezeichnet, von der ein Teil dem Gefangenen und der andere dem Wachmann vorbehalten war. Obwohl Atheist und Kommunist geblieben, hat dieser Mann sehr gute Erinnerungen an den Erzbischof. Das gilt auch für seine Ehefrau. Tatsächlich hat Bischof Thuan nach seiner Freilassung den Kontakt mit seinem ehemaligen Bewacher aufrechterhalten und ihn ermutigt, seine Verlobte zu heiraten. So erfuhr ich, dass während Thuans Haft einige junge Polizisten, die Wache hielten, ihn um Rat hinsichtlich ihrer Freundin baten! Die junge Frau postierte sich auf der Straße, unter den Fenstern des Gebäudes, und Bischof Thuan gab seine Meinung ab. Diese Anekdote zeigt, dass die jungen Leute Bischof Thuan als einen älteren Menschen ansahen, dessen Ratschläge man annahm und dem man voll und ganz vertrauen konnte.

Duc hörte, dass mein Bruder in Hanoi in der Hoa Ma-Straße 23 in einem alten zweistöckigen Kolonialhaus unter Hausarrest stand. Es war Thuan verboten, das Haus zu verlassen. Jeder Außenkontakt war durch die ständige Anwesenheit von zwei Polizisten unmöglich gemacht.[125] *Mein Bruder kochte und arbeitete in der ersten Etage, sein Zimmer war in der zweiten. Da Duc während seines Studiums Englisch und Französisch gelernt hatte, bat er seinen Abteilungsleiter Oberst Nguyen Hong Lam, der ihn sehr schätzte, seine Französischkenntnisse mit dem inhaftierten Bischof vervollständigen zu dürfen. Die Bitte wurde akzeptiert; Duc wurde jedoch vor der Gefahr einer ‚Radikalisierung' gewarnt, die durch den Kontakt mit Thuan entstehen könne! Er verbrachte von da an zwei Nachmittage in der Woche bei meinem Bruder. Das war 1987, kurz vor dessen Freilassung.*

Von Anfang an war Duc sehr zufrieden mit seinem neuen ‚Lehrer'. Er erkannte sehr schnell, wie sehr mein Bruder sich danach sehnte, mit jemandem von außerhalb kommunizieren zu können. Auch wenn er eine lange Haft hinter sich hatte, war Thuan ein sehr liebenswürdiger, sanftmütiger und optimistischer Mensch geblieben. Er liebte es, bei jeder Gelegenheit liturgische Gesänge anzustimmen und lustige Geschichten zu erzählen. Alle um ihn herum, die ihm zuhörten, waren beeindruckt von seiner Intelligenz und seinem tiefen Glauben. Seine wohlwollende Haltung allen, selbst seinen Feinden gegenüber, ließ bei Duc eine tiefe Sympathie für Thuan entstehen. Obwohl Duc den Anweisungen folgte und meinem Bruder nicht den Ort seiner Haft verriet, verstand er sehr schnell, dass Thuan sich nicht täuschen ließ und wusste, wo der Ort lag, an dem man ihn festhielt.

Um seine jahrelange Einsamkeit zu bekämpfen, hatte mein Bruder verschiedene Bücher geschrieben, die zum Lernen von Sprachen bestimmt waren. Während des Unterrichts konnten er und seine Schüler frei über

---

125 *Duc war nicht das einzige Mitglied der Geheimpolizei, das dieses Haus aufsuchte, aber sein Zeugnis lässt offen, ob die anderen Personen dorthin kamen, um zu arbeiten oder um meinen Bruder zu verhören.*

verschiedene Themen sprechen. Sie diskutierten auch über die politische und die religiöse Situation. Während Duc an diese Themen als Spezialist für Sicherheitsfragen herantrat, benutzte Thuan niemals Ausflüchte, sondern sprach immer offen und herzlich mit seinem Schüler. Beispielsweise drückte er seine Freude darüber aus, am Sonntagmorgen von seinem Fenster aus die Frauen zu sehen, die in traditioneller Kleidung zur heiligen Messe gingen.

Als Mitglied der Abteilung ‚Religion' im Büro des ‚Kampfes gegen antirevolutionäre Aktivitäten' hatte Duc die Aufgabe, religiöse Dokumente, wie die Bibel oder buddhistische Texte, zu studieren. Er war zu dem Ergebnis gekommen, dass Jesus einfache Worte verwende, während Buddha sich wie ein Philosoph ausdrücke. Mein Bruder und Duc sprachen über dieses Thema und Thuan hat ihm sehr ruhig die folgende Erklärung gegeben: „Buddha spricht wie ein Gelehrter, der die Fragen der Philosophie und der Metaphysik studiert, während Jesus in einer sehr einfachen Sprache spricht, denn Er ist der Schöpfer dieses Universums. Er steht über uns allen und präsentiert uns die Wahrheit auf eine Weise, dass wir sie verstehen können. Sein Wort ist das Wesen dieses Universums. Er hat alles erschaffen und Er kennt alles, was Er erschaffen hat. Buddha versucht, das Universum mit seinem Intellekt zu verstehen und zu analysieren, alles was er sieht, hört, spürt. Deswegen erklärt er es auf seine Weise." Noch heute erinnert sich Duc an diese klare und verständliche Antwort. Thuan hat ihn wirklich in seinen Bann geschlagen.

Mein Bruder war der Fels,
der Ducs Leben verändert hat.

Zwischen ihnen entstand ein großes Vertrauen. Der Umgang mit meinem Bruder bewirkte bei Duc eine Veränderung; er wurde großzügiger. Um diesen Wandel auszudrücken, verwendet Duc den Satz eines Philosophen: „Ein Fels, der an einer bestimmten Stelle platziert wird, kann die Richtung eines Flusses ändern." Duc hat mir geschrieben, dass die Begegnung mit meinem Bruder für ihn das wichtigste Ereignis seines

Lebens gewesen ist. Er bezeichnet Thuan als den barmherzigsten und intelligentesten Menschen, den er jemals getroffen hat. Und er fügt hinzu: „Er ist wie ein Weizenkorn, das in meinem Leben gekeimt ist, und das einen unerschütterlichen Glauben hervorbrachte. Nun weiß ich, dass Gott die mächtigste Kraft in mir ist, Gott ist der größte Sieg meines Lebens."

Mein Bruder teilte Familienerinnerungen mit Duc. Thuan liebte es, von seiner Familie zu erzählen, besonders von seinen Eltern und von seiner Sehnsucht, sie vor ihrem Tod noch einmal wiederzusehen. Er war glücklich wie ein Kind, als er ein Paar Schuhe zeigte, die er von seiner Familie bekommen hatte: „Ich werde sie tragen, wenn ich freigelassen werde", sagte er. Und wegen Ducs Erstaunen angesichts eines solchen Glücksgefühls für so eine einfache Sache fügte Thuan hinzu: „Es ist wichtig, Freude und Glück in den kleinsten Dingen zu erkennen."

Beide haben gemeinsam das vietnamesische Neujahr gefeiert. Damit das möglich war, hatte Duc den Polizisten angeboten, Thuan an ihrer Stelle zu beaufsichtigen, damit sie mit der Familie feiern könnten. Damit mein Bruder seinerseits die Freude erlebe, an diesen Feiertagen von Menschen umgeben zu sein, die ihm nah waren, kam Duc mit seinem Sohn und sie haben zu dritt in aller Gemütlichkeit gefeiert. Duc hat meinem Bruder sogar geholfen, einen Brief mit der Bitte um Freilassung zu schreiben. Als Mitglied der Kommunistischen Partei wusste er sehr genau, welche Formulierung für die Annahme dieses Antrags am besten geeignet war. Mein Bruder wurde Ende November 1988 freigelassen, aber er hat Duc nicht vergessen und ihn mehrmals besucht, bevor er ins Exil ging.

Die Begegnung mit Thuan veranlasste Duc, dass er sich viele Fragen zur Bedeutung seiner Arbeit im Kampf gegen jede Form der Religion stellte. Wie konnte das Regime die willkürliche Inhaftierung Thuans, dieses so friedlichen Mannes, rechtfertigen? Kein Gericht hätte jemals ein Urteil über ihn gefällt! Die blutige Unterdrückung der Demonstrationen auf dem Tian'anmen-Platz in Peking[126] *war der Auslöser für Ducs Entscheidung. Er kündigte seine Arbeitsstelle und arbeitete erst für eine Ölgesellschaft, bevor er Schriftsteller wurde. Das Weizenkorn, das Thuan in Ducs Herz gesät hatte, begann zu keimen!*

Während dieser Jahre der inneren Fragen wurde Duc von einer schweren Krankheit befallen, die sein Nervensystem angriff. Sein Körper war gekrümmt, seine Beine gelähmt. Wie in der Bibel beschrieben, spricht Gott bisweilen in Träumen. Duc erinnert sich an seinen ersten Traum, in dem er in ein Badezimmer ging und einen Wasserhahn öffnete, aus dem kein Wasser, sondern menschlicher Abfall floss und er wachte deprimiert auf. Aber in der folgenden Nacht träumte er, dass er einen anderen Wasserhahn öffnete. Aus diesem floss frisches Wasser und er fühlte sich erleichtert und froh. Er begriff, dass es einen Zusammenhang zwischen seinen Träumen und seinem körperlichen Zustand gab: Sein Körper musste gereinigt werden. Eines Nachts sah er in seinem Traum einen Vorhang und eine Stimme sagte zu ihm: „Wenn du den Vorhang aufziehst, siehst du eine Welt voller Licht". In einem anderen Traum stand er vor einer Kirche. Er hörte das Wort: „Tritt ein und sei Licht". Duc begann, in Kirchen zu gehen. Er war tief beeindruckt von der Tatsache, dass die Christen eingeladen sind, sich anderen zu öffnen, um ihr Unrecht einzugestehen – „durch meine Schuld, durch meine Schuld, durch meine große Schuld" - und von dem Friedenswunsch, den sie respektvoll aneinander richten. Sein geistliches Voranschreiten führte ihn dazu, die Taufe zu erbitten.

Dann geschah das, was ich als Thuans erstes Wunder bezeichne. Mein Bruder war einige Monate vor Ducs Taufe, die in der Osternacht 2003 stattfand und bei der er zum ersten Mal die Kommunion erhielt, verstorben. Die Auferstehung Christi hat Duc nicht nur geistlich verwan-

126 Auf diesem zentralen Platz in Peking fanden im Frühjahr 1989 in China große Demonstrationen für Reformen statt. Sie wurden blutig unterdrückt, gefolgt von einer starken Pressekontrolle.

delt. Auch sein Körper wurde geheilt, er hatte keine Gebrechen mehr.[127] *Duc betete so: „Herr, ich danke Dir für Dein Licht, Deinen Ruf und dafür, dass Du mich als Dein Kind erwählt hast. Diese ganze Reise hat mit Bischof Thuan begonnen, der mich lehrte und zu Dir führte."*

Heute schreibt Duc Bücher, komponiert Lieder und verfasst Gedichte, die er dem Herrn als Geschenk darbringt. Er ist ebenso Verfasser eines wichtigen Dokuments, das den Seligsprechungsakten meines Bruders hinzugefügt wurde. Der Titel lautet: „Der Glaubensweg durch die Vermittlung von François-Xavier Nguyen Van Thuan". Es ist kaum verwunderlich, dass die vietnamesische Regierung ihm die Erlaubnis verweigerte, das Land 2013 zu verlassen, als der Seligsprechungsprozess meines Bruders in Rom offiziell abgeschlossen wurde. In einem Interview mit ‚Radio Free Asia' hat Duc erklärt, dass die Gründe für die Ablehnung seiner Reise nie klar erläutert worden seien. Als ehemaliges Mitglied des Parteikaders, das katholisch geworden sei, störe sein geistlicher Weg die Behörden! Darüber hinaus veröffentlicht er Texte über die Probleme unseres Landes, ohne irgendein Zugeständnis an die kommunistische Ideologie zu machen.

Andere Zeugen von Thuans Weg zur Heiligkeit konnten in Rom aussagen. Einer der konvertierten Wächter hat für Kardinal Turkson die Botschaft meines Bruders in diesen wenigen Sätzen zusammengefasst:

- *Beginne als erster zu lieben.*
- *Liebe jedermann.*
- *Liebe auch deine Feinde.*
- *Liebe, indem du dienst, und durch dein Leben.*

[127] Der ‚Heilungsprozess' begann ab dem Moment, als Duc seine Taufvorbereitung begann. Ostern war er vollkommen genesen.

Die Kraft der Eucharistie

Nach seiner Freilassung, während seiner Vorträge, wurde meinem Bruder oft die folgende Frage gestellt: „Wie konnten Sie diese geistige Gesundheit und diese Fähigkeit zu lieben bewahren?" Er antwortete stets: „Die Eucharistie und das Gebet haben mir das ermöglicht, denn sie sind die ganz besonderen Momente der Begegnung mit Gott." Bis zu seinen letzten Lebenstagen schöpfte mein Bruder seine innere Kraft aus der Feier der heiligen Eucharistie. Vor seiner Inhaftierung hatte er nicht nur über eine mögliche Haft nachgedacht, sondern er hatte auch überlegt, wie er Jesus bei sich behalten könne. Er hatte zu seinen Freunden gesagt: „Wenn ich im Gefängnis bin und euch bitte, mir ein Medikament gegen meine ‚Bauchschmerzen' zu schicken, dann müsst ihr mir Hostien und Messwein schicken." Als er seiner Freiheit beraubt worden war, hatte er keine Möglichkeit gehabt, irgendetwas mitzunehmen. Freunde erhielten Briefe, in denen er um Seife, Zahnbürste, Zahnpasta und einen Schlafanzug bat. Er klagte auch über Bauchschmerzen. Seine Freunde haben die Botschaft sofort verstanden und schickten ihm eine kleine Flasche Messwein. Sie benutzten dazu ein Fläschchen aus der Apotheke auf dem stand: ‚Medizin gegen Bauchschmerzen'. Die Hostien wurden unter anderem zwischen den einzelnen Batterien einer Taschenlampe versteckt.[128]

Während er in Cay Vong körperlich dazu in der Lage war, die heilige Messe zu feiern, wurde er in anderen Momenten seines Lebens, besonders in Phu Khanh, dem zweiten Ort seiner Haft, so schwach, dass er kaum in der Lage war zu beten oder sich an die liturgischen Gebete zu erinnern. Aber er bemühte sich, seine Leiden mit denen Jesu zu verbin-

[128] In Vietnam konnte ich eine der Personen treffen, die geholfen hatte, während der neun Monate, die Bischof Thuan im Gefängnis von Phu Khanh verbrachte, ihm das Notwendige für die Messfeier zu schicken. Es wurden tatsächlich verschiedene Methoden angewendet: Der Wein wurde zum Beispiel in ein Fläschchen mit dem Etikett ‚Fischsoße' gefüllt und das Äußere der Flasche war mit einer stark riechenden Soße bestrichen. Manchmal wurden dem Häftling Körbe mit Lebensmitteln geschickt, in denen Hostienstücke unter Schichten von Reisbrot versteckt waren.

den. Während der langen Jahre seiner Haft konnte er unseren Eltern Briefe zukommen lassen. Er beendete sie immer mit den Worten: „Liebe Mama, lieber Papa, lasst Euch nicht vom Kummer überwältigen. Ich lebe jeden Tag in Einheit mit der Weltkirche und dem Opfer Christi. Betet, dass ich den Mut und die Kraft finde, der Kirche und dem Evangelium immer treu zu bleiben und dass ich mich dem Willen Gottes anpasse." So wurde in seiner körperlichen Schwäche selbst sein Leben zu einem immerwährenden Opfer.

Später, als er Häftling im Norden war, gewann er wieder genug Kraft, um die heilige Messe zu feiern. Das geschah manchmal nur so, dass er für die Wandlung einige Tropfen Wein auf seine Handfläche goss und einige Brotkrümel nahm. In diesen Momenten betete er folgendermaßen: „Hier ist mein Altar, hier ist meine Kathedrale! Das ist das wahre Heilmittel für Seele und Leib. Ich spüre in meinem Herzen das Herz Jesu schlagen. Ich spüre, dass mein Leben das seine und sein Leben das meine ist. Er lebt in mir und ich in Ihm, in einer Art Symbiose und des gegenseitigen Innewohnens. Er bleibt in mir. Ich werde niemals eine so große Freude ausdrücken können. Jeden Tag feiere ich mit drei Tropfen Wein und einem Tropfen Wasser auf der Handfläche die heilige Messe."

Der eucharistische Christus war in seiner stillen Gegenwart eine unvorstellbare Hilfe.

In einem der Lager fand Thuan bei der Feldarbeit ein Fläschchen, das in der Erde vergraben war. Er begann, dieses kleine Gefäß als Kelch zu verwenden. „Im Umerziehungslager waren wir in Gruppen von 50 Personen aufgeteilt; wir schliefen auf einem gemeinsamen Bett, jeder hatte Anspruch auf 50 Zentimeter. Wir konnten es so einrichten, dass fünf Katholiken mit mir zusammen waren. Um 21:30 Uhr musste das Licht gelöscht werden und alle mussten schlafen gehen. Das war der Zeitpunkt, da ich mich über das Bett beugte, um die Messe zu zelebrieren. Auswendig. Zur Kommunionausteilung reichte ich die Hostie unter dem Moskitonetz hindurch. Wir bastelten sogar kleine Täschchen aus dem

Papier von Zigarettenschachteln, um das Allerheiligste aufzubewahren und es den anderen zu bringen. Jesus in der Eucharistie war immer bei mir, in der Tasche meines Hemdes. ... In der Nacht wechselten sich die Gefangenen schichtweise zur Anbetung ab. ... Viele Christen fanden zu einem glühenden, engagierten Glauben zurück. Ihr Zeugnis im Dienen und in der Liebe übte einen immer stärkeren Einfluss auf die anderen Gefangenen aus. Auch Buddhisten und andere Nichtchristen kamen zum Glauben. Die Kraft der Liebe Jesu war unwiderstehlich. So wandelte sich die Finsternis des Kerkers in österliches Licht ... .“[129]

Während seiner Isolationszeit zelebrierte er normalerweise die Eucharistie um drei Uhr nachmittags, zur Todesstunde Jesu am Kreuz. Dabei profitierte er von einer Hilfe der Vorsehung, denn seine Wächter hielten zu dieser Zeit ihren Mittagsschlaf. Er konnte die Messe nach Belieben in verschiedenen Sprachen singen, ohne Furcht, wen auch immer zu stören, oder, schlimmer noch, zu beunruhigen. Es ist wahrscheinlich, dass seine Wachen ihn für verrückt hielten.[130] *Er erhielt weiterhin seine ‚Medizin gegen Bauchschmerzen‘ geschickt und man ließ ihn fortfahren.*

Bei den im Jahr 2000 im Vatikan gepredigten Exerzitien sagte Thuan: „Im Ganzen waren etwa 300 Priester gefangen. Ihre Anwesenheit in den verschiedenen Lagern war ein Werk der Vorsehung nicht nur für die Katholiken: Es ergab sich dadurch die Gelegenheit zu einem ausgedehn-

---

[129] NGUYEN VAN THUAN, François Xavier, Hoffnung, die uns trägt, S. 154. In einigen der Zeugnisse, vor allem denen, die Elisabeth in Köln und in Kanada gegeben hat, bezieht sie sich spezieller auf die englische Ausgabe und zitiert den von ihrem Bruder geschriebenen Text frei. Es ist zu bemerken, dass sich der Bericht des Kardinals selbst in der Wahl der Begriffe in den einzelnen Büchern unterscheidet.

[130] *Wenn man die verschiedenen Aussagen meines Bruders miteinander vergleicht, scheint mir, dass man daraus schließen kann, dass er zu gewissen Zeiten heimlich betete, während es ihm zu anderen Zeiten möglich war, die Ehre Gottes zu besingen. Denn das, was die Behörden interessierte, war, ihn von der Außenwelt zu isolieren, nicht das, was er in seiner Zelle tat. Die freundschaftlichen Beziehungen, die er zu seinen Gefängniswärtern aufgebaut hatte, haben es ihm sicherlich erlaubt, mehr relative Freiheit zu genießen.*

ten interreligiösen Dialog, der gegenseitiges Verständnis und allseitige Freundschaft geschaffen hat. Nicht nur durch Worte, sondern im Leben."[131]

Mein Bruder hat seine eucharistische Frömmigkeit von unseren Vorfahren geerbt. Sie wurde auch während seiner Ausbildung im Seminar durch das Beispiel mehrerer seiner Lehrer genährt. Ich denke besonders an Pater Cressonnier, der sein Leben für die Eucharistie gab. Schon im Kleinen Seminar war Thuan stark durch den tiefen Glauben Pater Cressonniers geprägt worden, den er später wiedertraf, als er selber Rektor in Kim Long geworden war. Kaum zum Bischof von Nha Trang ernannt, erfuhr mein Bruder von der Ermordung seines ehemaligen Lehrers und Mitbruders: Im Februar 1968 griffen die Kommunisten eine große Anzahl von Städten an, darunter Hue und Phu Cam. Die Kämpfe forderten viele unschuldige Opfer. In unserem Geburtsort wurde eine große Zahl von Christen zuerst zusammengetrieben, dann erschossen. Priester wurden lebendig begraben. Pater Cressonnier, der dachte, dass wieder Ruhe eingekehrt sei, begab sich zur Kapelle des Schwesternkonvents, um die geweihten Hostien zu holen, die er verstecken wollte. Unglücklicherweise wurde er auf dem Rückweg von kommunistischen Truppen entdeckt, die ihn festsetzten und dann töteten. Sein Leichnam lag zwei Tage auf der Straße. Sobald wieder etwas Ruhe eingekehrt war, konnten die Gläubigen seine sterblichen Überreste bergen. Ein Zeuge hat erzählt, dass der Priester, bevor er starb, die Hostien aus Respekt vor dem Allerheiligsten noch hatte zu sich nehmen können. Thuan sprach immer von diesem Priester als einem Heiligen. Später war im Gefängnis die Eucharistie auch seine Kraft in einem von Opfern geprägten Leben.[132]

---

131 NGUYEN VAN THUAN, François Xavier, Hoffnung, die uns trägt, S. 155.

132 Pater Cressonnier holte die Hostien zusammen mit einem Mitbruder, Pater Pierre Poncet, der dabei ebenfalls sein Leben gelassen hat. (vgl. FOUQUES-DUPARC, Antoine, Pierre Poncet, missionnaire au Vietnam (1932-1968), Lettres à sa Famille (1956-1968). Die Zeugnisse am Ende des Buches erinnern an das Schicksal der beiden Priester während dieser Ereignisse von 1968.

Bischof Thuan hat bekräftigt, dass die Zelebrationen im Gefängnis die schönsten Messfeiern seines Lebens gewesen seien. Am Kreuz hat Jesus eine Revolution begonnen. Wir können die Menschheit ausgehend vom Messopfer erneuern. Die Eucharistie gab Thuan die Kraft, stets im Dienst der anderen zu stehen. Jedes Mal wenn er zelebrierte, breitete er die Hände aus, um sich geistig mit Jesus am Kreuz annageln zu lassen, um den bitteren Kelch mit ihm zu trinken. Jeden Tag, während er die Konsekrationsworte sprach oder hörte, besiegelte er mit ganzem Herzen und ganzer Seele einen neuen Bund, einen ewigen Bund zwischen Jesus und ihm selbst, durch Sein mit seinem eigenen vermischtes Blut (vgl. 1 Kor 11,23-25). Jesus hat am Kreuz die wichtigste Tat seines Lebens vollendet: Er hat sein Blut zur Rettung der Welt vergossen. Am Kreuz konnte Jesus nicht mehr predigen, noch die Kranken heilen, noch die Menschen besuchen. Er war in der völligen Hingabe, der absoluten Unbeweglichkeit, ganz mit Gott vereint. So wurde Jesus für Bischof Thuan das vollkommene Beispiel der ungeteilten Liebe zum Vater. Der Herr hat alles gegeben, um die Seelen zu retten. Er hat uns bis zum Ende geliebt und Er bleibt stets bei uns.[133]

[133] NGUYÊN VAN THUÂN, Franz Xaver, Hoffnungswege, S. 46-50.

Mäßigung

Freilassung und Exil

Treffen mit dem Innenminister, Freilassung und Wohnsitz in Hanoi

Nach vielen inneren Kämpfen hatte mein Bruder sein Schicksal akzeptiert. Er hatte sich damit abgefunden, eingesperrt zu bleiben[134]*, aber nichtsdestoweniger hatte er den Wunsch, unsere Eltern wiederzusehen.*

Er erzählte uns, dass er am Abend vor seiner Freilassung viel gebetet habe. Es war der Vorabend des Festes der Darstellung der Jungfrau im Tempel (21. November). Wie Maria musste er vor Gott treten, aber es fiel ihm sehr schwer zu erkennen, was der Herr für ihn wollte. Einerseits wollte er Gott sagen: „Fiat, möge dein Wille geschehen: Wenn du willst, dass ich den Rest meines Lebens im Gefängnis verbringe, akzeptiere ich es. Wenn du willst, dass ich im Gefängnis sterbe, gib mir den Mut, bereit zu sein." Dieses Gebet gab ihm großen inneren Frieden. Andererseits sagte er auch: „Fiat, wenn es dein Wille ist, Herr, befreie mich. Ich fühle mich immer noch in der Lage, deiner Kirche zu dienen. Und wenn es in deinen Plan passt, Herr, möchte ich weiterleben, um dir Ehre zu erweisen."

Als er am nächsten Tag wie jeden Morgen sein Frühstück zubereitete, hatte er den Eindruck, dass die Offiziere unruhiger als gewöhnlich wa-

---

[134] Wenn man sich der Freiheit erfreut, erkennt man nicht, wie groß das Leiden ist, das sich mit dem Eingesperrtsein verbindet. Eines Tages, als ich mit dem Erzbischof in Deutschland im Auto unterwegs war, sagte er, als er die Bäume am Straßenrand sah, die die Anwohner vor dem Lärm schützen, dass sie einen daran hinderten, den Horizont zu sehen. Bei einer anderen Gelegenheit gab es auf einem Markt Frösche, die in einem Käfig eingesperrt waren und die zu fliehen versuchten. Ihr bloßer Anblick ließ ihn fast ohnmächtig werden. Diese beiden Anekdoten zeigen die Tiefe seiner psychischen Verletzungen, die der Gefängnisaufenthalt bei Bischof Thuan verursacht hat.

ren. In den Gängen herrschte ein reges Kommen und Gehen. Schließlich hörte er Schritte, die auf sein Zimmer zugingen, dann klopfte es an der Tür und ein Wachmann sagte:
- „Haben Sie das Frühstück beendet?"
- „Nein, ich koche gerade das Wasser für den Reis."
- „Aber beeilen Sie sich, der Innenminister erwartet Sie!"
- „Oh Maria", betete er, „heute ist das Fest deiner Darstellung im Tempel. Gestern habe ich dir zwei Vorschläge gemacht, A oder B. Du weißt, dass ich eine Präferenz für den Vorschlag B – leben und der Kirche dienen – habe, aber ich muss lernen, bereit zu sein und wie du ‚Fiat' zu sagen."

Als er sein Frühstück beendet hatte, sagten die Wachleute zu ihm: „Ziehen Sie sich an, Sie können sich dem Minister nicht im Schlafanzug zeigen."

Man gab ihm ein sauberes Hemd und eine halbe Stunde später wurde er zum Minister gebracht. Dieser bot ihm Tee an. Es stand auch Obst auf dem Tisch. Als er diesen Empfang sah, hatte Thuan die Vorahnung, er könnte freigelassen werden. Der Minister gab ihm sogar die Hand und sagte:
- „Ah, Herr Thuan, sieh an! Sie haben uns so viele Probleme bereitet! In diesem Land, im Ausland und in der ganzen Welt! Nun wollen wir uns Ihrer entledigen!"
- „Ja, aber wie?"
- „Wie lange sind Sie schon in Haft?"
- „13 Jahre. Seit ich im Gefängnis bin, habe ich viele Veränderungen erlebt: verschiedene Premierminister, aufeinanderfolgende Päpste. Wenn Sie denken, ich sei ein großes Problem, schicken Sie mich an einen einsamen Ort unseres Landes und lassen Sie mich in einer kleinen Pfarrei verschwinden."
- „Oh nein! Aber möchten Sie heute etwas erbitten?"
In Thuans Innerem schien ihm eine Stimme zuzuflüstern: Sag ihm, dass du deine Freilassung willst. Plötzlich hatte mein Bruder den Mut zu sagen:
- „Ich will meine Freilassung."

Als Häftling spricht man nicht so mit einem Minister, aber er hatte den Mut, seinen Wunsch klar auszusprechen: „Ich will meine Freilassung!"
Der Minister antwortete:
- „So?"
- „Ja, so."
Der Minister stellte ihm dann eine überraschende Frage:
- „Wann?"
Und mein Bruder antwortete:
- „Heute. Gleich heute. Ja, ich will es, gleich heute!"
Thuan war sehr überrascht, als der Minister seinen Sekretär rief:
- „Er wird heute gehen. Bereiten Sie die Papiere vor. Das geht klar!"
Und an meinen Bruder gewandt, fügte er hinzu:
- „Trinken Sie Ihren Tee, essen Sie eine Banane. Sie werden das Gefängnis verlassen, damit wir keine Probleme mehr mit Ihnen haben."
Der Minister beendete die Unterredung mit den einfachen Worten: „Auf Wiedersehen!"[135]

Thuan hat erzählt, dass er wie gelähmt gewesen sei. Er hatte nicht einmal daran gedacht, dem Minister zu danken, so wenig konnte er begreifen, dass er frei war. Er wurde an seinen Haftort zurückgebracht, damit er seine persönlichen Gegenstände einpacken konnte. Wie bei seiner Abreise aus dem Gefängnis in Phu Khanh, wollte er das wenige, das er besaß, in seine Schlafanzughose packen. Aber die Wachleute gaben ihm eine Tasche. Man musste doch der Außenwelt den Eindruck vermitteln, dass er gut behandelt worden war!

[135] Mai Chi Tho (1922-2007), auch Phan Dinh Dong genannt, war damals Innenminister. In seinem Buch berichtet Chau über die Unterhaltung: Tho, ein Kommunist aus dem Süden, habe gesagt, die Kommunisten hätten ihr Urteil über Diem revidiert und setzten ihn nicht länger herab, indem sie ihn als Marionette der Vereinigten Staaten bezeichneten. Nach Chau wurde Thuan noch an dem Tag seines Treffens mit Tho freigelassen (NGUYEN VAN CHAU, François Xavier Nguyen Van Thuan, S. 206-211). Es ist sehr wahrscheinlich, dass der Minister während des Gesprächs etwas über die Beziehungen zwischen Kirche und Staat erfahren wollte, ein Verhältnis, das sich gerade in der UdSSR in dieser Zeit des Übergangs veränderte.

Es ist wahrscheinlich, dass die Formalitäten seiner Freilassung einige Tage dauerten.[136] *Vielleicht war man darauf bedacht, den Zustand des physischen Verfalls, in dem er sich nach so vielen Jahren der Haft befinden musste, so weit wie möglich zu beseitigen? Man musste ihm auch eine Wohnung zur Verfügung stellen, die es erlaubte, seine Aktivitäten zu kontrollieren. Man wies ihm also eine Wohnung im Haus des Bischofs zu.*[137]

Auch wenn er sich jeden Tag in der Polizeistation melden musste, konnte er von nun an in einem Bett schlafen – er hatte fast vergessen, was ein Bett war! Er freute sich über kleine Dinge: ein Kopfkissen, ordentliche Decken. In seinem Herzen vergaß er nicht, dass die heilige Jungfrau sein Gebet am 21. November erhört und ihm die Kraft gegeben hatte zu sagen: „Ich will meine Freiheit!".

Für meinen Bruder haben die Marienfeste
stets eine große Bedeutung gehabt.

Mein Bruder war beeindruckt von der Tatsache, dass die Schlüsselmomente seiner Gefangenschaft sich unter den Augen Mariens abspielten. Der Tag, an dem ihm die Freiheit genommen wurde, war der 15. August gewesen, das Fest der Aufnahme Mariens in den Himmel, aber auch das Fest der Mütter.[138] *Bei seiner Freilassung hatte er den Schutz der heiligen Jungfrau und die Gegenwart Gottes an seiner Seite tief gespürt. Auch wenn mein Bruder niemals daran gezweifelt hat, dass der*

---

[136] Ein Priester, der damals im Bistum Hanoi arbeitete, hat mir das bestätigt. Er erinnerte sich gut an die Ankunft des Erzbischofs am 23. November.

[137] Das Diözesanhaus in Hanoi ist sehr geräumig. Es liegt auf einem großen Grundstück, etwa wie ein Stadtteil. Bischof Thuan lebte dort in einem Gebäude, in dem noch viele handschriftliche Dokumente aufbewahrt werden, die er bei seiner Freilassung mitnehmen konnte. Der Erzbischof hatte auch verschiedene Dinge einpacken können, die für seine Bewacher wertlos, aber für ihn sehr wertvoll waren: sein Kreuz und seine kleinen Fläschchen, die er für die Messfeier gebraucht hatte.

[138] *An diesem Tag bekommen die Mütter in Vietnam Blumen geschenkt und kochen nicht. Man sagt, es seien die Engel, die dann das Essen bringen.*

Herr allmächtig und stärker als das Böse ist, verführt uns manchmal der Geist des Bösen und verleitet uns zu denken, dass er über das Gute triumphiert. Aber Thuan sagte, dass diese Versuchung uns in der Hoffnung Fortschritte machen lässt: Gott lädt uns ein, unseren Blick mehr auf Ihn zu richten.

Damals hatte ich an meinem Arbeitsplatz viele Probleme, aber das Gottvertrauen, das mein Bruder immer gezeigt hatte, hat mich sehr inspiriert. Ich begriff, dass Gott wollte, ich solle mit immer größerem Mut voranschreiten. Dank des Zeugnisses meines Bruders bin ich davon überzeugt, dass die Verzweiflung nicht den geringsten Platz in einem Leben des Glaubens hat. Ich habe in meinem Leben auch die Kraft des Gebets entdeckt: es ist die Seele allen christlichen Lebens. Ohne das Gebet neigen wir dazu, die Verantwortung für Probleme in der Welt und in unserem Alltag auf andere abzuwälzen und nichts zu tun, um sie zu beheben. Aber das Gebet befreit uns; wir werden wirksame Werkzeuge in den Händen Gottes. Ansonsten sind wir wie ein Messer, das stumpf ist, ein nutzloses Werkzeug.

Das Gebet gibt uns die Kraft zu wählen. Ich habe das zum Beispiel bezüglich der Abtreibung gesehen. Es ist so einfach, die Verantwortung auf die Gesetze abzuwälzen, die diese gestatten. Ich kann jedoch Personen wählen, die für das Leben eintreten, ich kann in mir selbst den Wunsch nach Kindern haben, ich kann nein sagen zur Abtreibung. Das Gebet macht den Menschen frei und fähig zur Übernahme von Verantwortung. Es gibt uns die Kraft und die Weisheit, das Gute zu wählen und anderen zu helfen, gute Entscheidungen in deren Leben zu treffen. Mein Bruder hat mich gelehrt, dass der Herr für uns alles werden kann – dank der Eucharistie, des Rosenkranzes, der Kraft des Gebetes.

Besuch bei seiner Familie in Australien und bei Papst Johannes Paul II. in Rom

Obwohl er offiziell Hanoi nicht verlassen durfte, machte Thuan das Beste aus seiner Freiheit. Er ging in der Stadt spazieren oder fuhr mit dem Fahrrad. Nach so vielen Jahren, die er fern von seinen Landsleuten verbracht hatte, war er neugierig, die Menschen zu treffen, ihre Geschichte und ihr Leid zu erfahren. In einem Auto versteckt, konnte er von Zeit zu Zeit lange Fahrten machen, jedes Mal einen ganzen Tag lang, um Christen in der Region zu besuchen. Einmal fuhr er sogar 300 Kilometer.

Wiedersehen mit den Eltern in Australien nach 13 Jahren Haft

Kurz nach seiner Freilassung konnte mein Bruder mit unseren nach Australien geflüchteten Eltern telefonieren. Nach einigen Monaten in Hanoi erhielt er die Erlaubnis, das Land zu verlassen, um unsere Familie zu besuchen und Papst Johannes Paul II. in Rom zu treffen. Thuan wollte, dass der Besuch bei unseren Eltern eine Überraschung sei. Er befürchtete, dass die Regierung, die seiner Bitte um die Reise so leicht zugestimmt hatte, im letzten Moment ihre Meinung ändern könnte. Aber in Vietnam schienen die Behörden ihn wirklich loswerden zu wollen. Es war ihnen sehr wichtig, dass Thuan nicht nach Saigon zurückkehrte, wo er nach dem Willen des Heiligen Stuhls, schon lange Zeit das Amt des Erzbischofs hätte ausüben sollen.[139]

Thuan durfte zuerst nach Thailand fliegen. Meine Schwester Anne Ham Tieu und die Mitarbeiter der Apostolischen Nuntiatur erwarteten ihn am Flughafen von Bangkok.[140] *Anne hatte vor, Thuan ein Visum für Australien zu besorgen und ihn finanziell zu unterstützen, weil er kein Geld hatte. Als alle Passagiere die Maschine und die Ankunftszone verlassen hatten, erkannten sich Anne und unser Bruder, die sich seit vielen Jahren nicht mehr gesehen hatten, nicht wieder. Anne hatte niemanden gesehen, der ihrer Meinung nach irgendeine Ähnlichkeit mit Thuan gehabt hätte. Alle Passagiere waren fort. Sie fragte sich sogar, ob sie auf die Ankunft des richtigen Flugzeugs gewartet hatte, das aus Hanoi kommen sollte. Sie schaute sich weiter um und schließlich bemerkte sie einen alten Mann, dünn und gebrechlich. Damals war mein Bruder erst 61 Jahre alt, aber die Jahre im Gefängnis hatten ihn stark verändert. Außerdem trug er einen viel zu großen Hut. Anne wandte sich an diesen Unbekannten und fragte ihn: „Thuan, bist du das?“ Da haben sie sich wiedererkannt. Anne wollte seinen Koffer nehmen, aber er hatte keinen. „Ich habe nichts“, sagte er, „nur meinen Rosenkranz in der Jackentasche und diese Aktentasche. Der Erzbischof von Hanoi hat mir ein*

[139] NGUYEN VAN CHAU, François Xavier Nguyen Van Thuan, S. 214-225.

[140] *Anne hatte sich mit dem Sekretär des Nuntius in Bangkok beraten. Thuan und meine Schwester blieben in der Nuntiatur und Anne besorgte die Kleidung, die er brauchte.*

Hemd, eine Hose und Schuhe geliehen. Ich habe nichts, nur ein kleines Geschenk für Papa und Mama." Es war eine kleine Schachtel, die in ein Tuch eingewickelt war. Anne, die es eilig hatte, bot an, sie in ihre Tasche zu stecken, aber mein Bruder wollte sie ihr nicht geben. „Ich werde sie Papa und Mama bringen", fügte er hinzu. Und das tat er.

Meine Eltern waren nicht über die Ankunft ihres Sohnes informiert. Anne hatte ihnen lediglich den Besuch eines Bischofs angekündigt. Als mein Bruder in Sydney vor der Tür ihres Hauses ankam, hat meine Mutter ihn zuerst erkannt. Während des Aufenthalts in Bangkok und auch während des Flugs nach Australien hatte mein Bruder die kleine Schachtel bei sich behalten. Am Abend seiner Ankunft erklärte er: „Ich bin der älteste Sohn des Hauses. Gemäß unserer Kultur sollte ich mich um euch kümmern und euch ein Geschenk von meiner Reise mitbringen. Ich habe kein Geld, um euch zu helfen; ich besitze nichts, aber ich habe einfach ein sehr schönes Geschenk, das keiner kaufen kann." Er öffnete die Schachtel und erklärte den Inhalt: einige Glasfläschchen und einen Plastiklöffel, offenbar unbedeutende Dinge, die er während der Messfeiern im Gefängnis benutzt hatte. „Seht, man kann alles verlieren, man kann sogar sein Leben verlieren, aber man verliert nichts, weil wir den Herrn in der Eucharistie willkommen heißen. Christus ist zu den Dingen hinabgestiegen, die diese Schachtel enthält. Ich habe die Freiheit 13 Jahre lang verloren, aber diese Fläschchen erinnern daran, dass wir den Herrn bei uns haben. Man hat nie Grund zu verzweifeln." Meine Mutter hat diese Schachtel bis zu ihrem Tod im Jahr 2005 verwahrt,

als sie mit 103 Jahren starb.[141] *Während meiner Besuche in Australien rief sie uns alle zusammen – sie kümmerte sich besonders um meine Kinder –, um gemeinsam vor dieser Erinnerung an die Gefängniszeit meines Bruders zu beten.*

Der Erzbischof wäre noch gerne in andere Länder gereist, er hatte jedoch nur die Erlaubnis erhalten, Papst Johannes Paul II. zu besuchen. Er flog nach Rom und traf mehrmals den Heiligen Vater. Der Papst hatte aufmerksam die Inhaftierung des Mannes verfolgt, den Papst Paul VI. zum Erzbischof ernannt hatte. Bischof Thuan spazierte mit großem Vergnügen durch die Straßen Roms, der Stadt, die ihm seit seinem Studium vertraut war. Indem er über Manila zurückflog, wo er die Gelegenheit hatte, Kardinal Sin[142] (1928-2005) zu treffen, machte er noch einmal einen kurzen Besuch bei seinen Eltern. Thuan kehrte nach Vietnam zurück und bezog wieder seine Wohnung beim Bischof von Hanoi, wobei er weiterhin den gleichen Polizeiregeln wie zuvor unterlag.[143]

Die kommunistische Welt befand sich im Umbruch. In der UdSSR führte Präsident Michail Gorbatschow Reformen ein, bekannt unter dem russischen Wort ‚Glasnost' (= Transparenz): Es war ein erster Schritt in Richtung einer Demokratisierung des Regimes und eine Öffnung zum Westen. 1989, als Thuan zurück in Hanoi war, fiel die Berliner Mauer. China erlebte bedeutende Proteste im Zentrum von Peking, auf dem berühmten Tian'anmen-Platz. In Asien führten die

141 Heute ist dieses wertvolle Erinnerungsstück in Köln in der ‚Begegnungsstätte Kardinal Van Thuan' ausgestellt.

142 Damals war dieser Kardinal einer der wichtigsten Bischöfe in der Region und er hatte großen Einfluss in der Ostasiatischen Bischofskonferenz. Mit vielen Vertretern der Kirche kritisierte er das Regime des philippinischen Präsidenten Ferdinand Marcos (1917-1981). Bischof Thuan hatte Sin kennengelernt, als er Bischof von Nha Trang war.

143 Bischof Thuan hätte im Westen politisches Asyl erhalten können, aber er wollte seinem Heimatland dienen und entschied sich freiwillig, den Befehlen Hanois zu gehorchen.

Kommunisten zwar Wirtschaftsreformen ein, unterdrückten aber die Forderungen der Bevölkerung nach mehr Demokratie.

Operation und verschiedene Reisen

Der Kreuzweg meines Bruders endete unglücklicherweise nicht mit seiner Freilassung. Kurz nachdem er das Gefängnis verlassen hatte, diagnostizierten die Ärzte bei ihm schwere Prostataprobleme. Thuan hatte Angst davor, in einem kommunistischen Krankenhaus behandelt zu werden, denn er fürchtete, dass eine Operation ein verstecktes Mittel sein könnte, ihn zu beseitigen. Aber angesichts der Schwere seiner Krankheit stimmte er zu, in das Bach Mai-Krankenhaus[144] *eingeliefert zu werden, um den Tumor entfernen zu lassen. Die Operation dauerte drei Stunden. Nach dem chirurgischen Eingriff erhielt er nicht die seinem Zustand entsprechende Pflege. Der Chirurg hatte den Krankenpflegern jede Initiative und Behandlung ohne sein Einverständnis untersagt.*[145] *Es kam zu einer schweren Infektion und Thuan musste wieder operiert werden, um sie einzudämmen. Die Narbe wurde nicht gepflegt. Mein Bruder dachte, er würde sterben. Thuan überlebte dank des Eingreifens eines Krankenhausmitarbeiters, der ihm im Verborgenen Hilfe leistete. Trotz des Verbots des Chirurgen erhielt er heimlich die Medikamente, die sein Zustand erforderte. Ein weiteres Mal wurde ihm bewusst, dass der Herr ihn durch die Hände tapferer und aufrechter Frauen und Männer rettete. Thuan wusste auch, dass viele Menschen in Vietnam und in der ganzen Welt für ihn beteten. Er erfuhr aufs Neue die Kraft des Gebetes.*[146]

[144] 1911 von den Franzosen gegründet, war es das Hauptkrankenhaus von Hanoi. Dieses wichtige Hospital wurde während des Vietnamkriegs stark beschädigt.

[145] Einer unserer Onkel mütterlicherseits, ein pensionierter Arzt, der immer noch im Norden lebte, konnte an der Operation teilnehmen, aber danach nicht eingreifen, um meinen Bruder in geeigneter Weise zu versorgen. Thuan wie auch dieser Onkel haben beide unter dieser Situation gelitten, wenn auch auf unterschiedliche Weise.

[146] Es wird selten erwähnt, dass der Erzbischof einige Monate in der Pfarrei St. Antonius (Ham Long Straße 21 in Hanoi) in der Nähe des Krankenhauses verbracht

Die Behandlung, die er in Hanoi erhalten hatte, war leider unzureichend gewesen. Die Gemeinschaft Sant'Egidio[147]*, die ihn mehrfach während seines Lebens unterstützt hat, bezahlte ihm die Reise, damit er in Rom noch einmal operiert werden konnte. Seine Abwesenheit von Vietnam war von kurzer Dauer. Nach seiner Genesung kehrte er nach Hanoi zurück.*[148] *Gleich nach seiner Ankunft wurde er zu Oberst Nguyen Hong Lam gerufen, einem hohen Würdenträger im Innenministerium. Der Oberst informierte ihn, dass jedes Amt, das ihm vom Heiligen Stuhl übertragen würde, der Zustimmung der vietnamesischen Regierung bedürfe. Es scheint, dass die Kommunisten damals noch mehr Angst vor meinem Bruder hatten als 1975.*

Thuan verteidigte sich höflich, indem er versuchte, die Absichten des Heiligen Stuhls zu erklären: „Die Ernennungen des Papstes betreffen das seelsorgliche Leben", sagte er. „Es gibt nicht den geringsten Wunsch Roms, sich in die Politik der verschiedenen Länder einzumischen." Lam ging nicht auf diese Argumentation ein. Er riet ihm, nach Australien zu reisen, um seine Eltern zu besuchen. „Bleiben Sie dort", empfahl er ihm, „bis sich die Situation in Vietnam stabilisiert." Mein Bruder antwortete: „Ich habe erst kürzlich meine Eltern besucht." Der Oberst antwortete: „Warum verbringen Sie nicht eine gewisse Zeit in Rom?" Thuan begriff, dass Lam an diesem letzten Vorschlag festhalten würde, und versprach, über diesen Vorschlag nachzudenken. Er rief unsere Eltern an, die sich an den Heiligen Stuhl wandten. Die Antwort des Vatikans war deutlich: „Komm nach Italien."

---

hat. Das Zimmer, in dem er wohnte, ist erhalten geblieben und zu einer kleinen Erinnerungsstätte geworden.

147 Diese katholische Laiengemeinschaft, entstanden nach dem Konzil, hat sich besonders für die Evangelisation der armen Stadtviertel in Rom eingesetzt. Sie ist heute in vielen Ländern weit verbreitet und hat sich zu einem wichtigen Instrument für den Frieden durch Gebet, Solidarität mit den Armen, Maßnahmen zugunsten der Einheit unter Christen und den interreligiösen Dialog entwickelt.

148 NGUYEN VAN CHAU, François Xavier Nguyen Van Thuan, S. 222f.

Es ist wahrscheinlich, dass die vietnamesische Regierung einen Moment darüber nachdachte, Thuan eine Funktion in der Bischofskonferenz seines Landes zu übertragen. Es konnte aber nicht die Rede davon sein, das Amt des Erzbischofs von Saigon zu übernehmen. Die Kommunisten entschieden sich letztlich für die Lösung, Thuan von allen offiziellen Ämtern fernzuhalten. Sie versprachen sogar den anderen vietnamesischen Bischöfen mehr Freiheit unter der Bedingung, dass sich Thuans Mitbrüder von ihm distanzierten. Die politischen Autoritäten erkannten, dass angesichts seines Status als Erzbischof jede offizielle Aufgabe, welche auch immer es sein mochte, seinen Einfluss steigern und die Regierung stören würde. Für die kommunistischen Machthaber blieben nur zwei Optionen: der Tod des Erzbischofs oder sein endgültiges Exil.[149]

In einem langen Dokument, datiert vom 9. November 1991, hat mein Bruder den Inhalt verschiedener Gespräche und Briefe niedergeschrieben, die diese Situation beleuchten. Die Regierung wollte nicht, dass mein Bruder irgendeine Aufgabe in Vietnam innehatte – unter dem Vorwand, dass viele Bürger ihn nicht schätzten. War er nicht der Neffe von Präsident Diem? Entgegen den Behauptungen der Behörden wurde unser Onkel Diem jedoch von vielen Mitbürgern für seinen Patriotismus und seine Unabhängigkeit von der amerikanischen Politik besonders geschätzt. Hinter diesen Ausflüchten der Regierung wurde eigentlich von Thuan gefordert, den Kampf gegen die Auswirkungen des Kommunismus auf das politische, moralische und spirituelle Leben der Menschen aufzugeben, einen Kampf, der auch Diems Politik gekennzeichnet hatte. Die Regierung wollte meinen Bruder ins Exil schicken. Er stellte eine Gefahr dar, denn er hatte den Ruf, eine Quelle der Inspiration für die Nation zu sein.

Mein Bruder wies diese Argumente zurück. Nachdem er zunächst die Politik des Vatikans höflich verteidigt hatte, machte er klar, dass uns einzig die Wahrheit frei macht. Als Antwort auf die gegen ihn vorge-

[149] NGUYEN VAN CHAU, François Xavier Nguyen Van Thuan, S. 218-223.

brachten Anschuldigungen schrieb Thuan, er suche nur den Dialog, Harmonie und Frieden. Seine einzige Motivation sei es, seinem Heimatland zu dienen. Er äußerte auch den Wunsch, dass man drei Jahre nach seiner Freilassung seine Situation doch endlich klären und ihm erlauben könne, Verantwortung im Dienst der Menschen zu übernehmen, vorzugsweise in Vietnam selbst. Er könne auch in den abgelegensten Pfarreien im Norden seinem Land noch viel geben. Er erinnerte an seine familiären Pflichten: Der Familienbesitz war beschlagnahmt worden, sein Bruder Thanh war krank und gezwungen, in Armut zu leben. Nur Thuan allein war noch im Land und konnte ihm helfen. Mein Bruder war sich seiner eigenen Popularität sehr bewusst: Keine Person oder Institution wird von allen akzeptiert. Für ihn zählte nur der Geist der Großherzigkeit und der Freundschaft, der die Vietnamesen auszeichnet. Als Antwort auf die gegen das Regime Diems vorgebrachte Kritik schrieb er: „Im allgemeinen haben die Vietnamesen[150] genügend Weisheit, um herauszufinden, wo sich die Wahrheit, die Sünde und das Opfer befinden." Es war zu früh, um die Bedeutung so kurz vorher geschehener Ereignisse schon jetzt angemessen zu bewerten. Die Geschichte wird über sie urteilen. Und er fügte hinzu: „Die Partei und die Regierung haben das Recht, ihren Standpunkt zu vertreten, aber ich bezweifle, dass man heute in der Lage ist, die ganze Wahrheit zu erkennen."

Ich bewahre dieses wichtige Dokument sorgfältig auf. Wenn ich dieses Schriftstück erneut lese, wird mir bewusst, dass Thuan Beharrlichkeit praktizierte, aber vor allem, dass er ein mutiger Mann war. Er hätte ein wenig Flexibilität der Regimepolitik gegenüber an den Tag legen können. Aber er hat es nicht getan! Trotz seiner Inhaftierung und der schlechten Behandlung, die er erlitt, hatte er keine Angst, nach seinem Gewissen zu sprechen und zu handeln. Er hat den vietnamesischen Geist verteidigt sowie die familiären Werte und hat seine eigene Verantwortung gegenüber dem Land und der Weltkirche übernommen. Er war zutiefst von seiner Berufung zum Hirten überzeugt, zum Hüter der Herde, die der

---

[150] *Er sprach von der Stimme des Volkes.*

Herr ihm anvertraut hatte. Aber letztlich legte er die Entscheidung über seine Zukunft in die Hände des Heiligen Stuhls.

Endgültiges Exil

Thuans dritte Reise nach Rom nach seiner Freilassung markiert den Beginn seines Exils. Das war Ende 1991. Obwohl mein Bruder seit 1976 kaum mehr den Süden des Landes gesehen hatte, betrachtete er sich immer noch als Koadjutor von Saigon. In Rom war Papst Johannes Paul II. derselben Ansicht. Die Kurienmitglieder im Vatikan, die mit der Angelegenheit betraut waren, trafen mehrfach eine vietnamesische Delegation, die speziell nach Italien gereist war, um die Probleme zu lösen, die in deren Augen durch meinen Bruder und durch den Vatikan verursacht wurden. Der Heilige Stuhl wollte dem politischen Druck Vietnams nicht nachgeben, Thuan sein bischöfliches Amt zu entziehen. Während der Gespräche zwischen den Vertretern des Papstes und denen der vietnamesischen Regierung zeigten diese, wie sehr sie Italien schätzten. Sie nahmen ein anderes Verhalten an als in Vietnam. Sie lächelten und entkorkten sogar eine Flasche Champagner zu Ehren meines Bruders. Jedoch blieben sie unnachgiebig bezüglich der Frage seiner Rückkehr nach Saigon. Thuan begriff schnell, dass er für die vietnamesischen Kommunisten ein Exilant war und bleiben würde.

Nach seiner Freilassung gönnte sich Thuan trotz seiner schweren Gesundheitsprobleme kaum eine Pause. Er litt wie einige unserer Geschwister an Krebs, hatte sich mehreren Operationen unterzogen, arbeitete aber weiter und bereiste die Welt, um das Evangelium zu verkünden. Das Zeugnis von Menschen, die ihr Leben Gott geweiht haben, hilft ihren Zeitgenossen sehr. Eines Tages, als mein Bruder in den Vereinigten Staaten die heilige Messe feierte, begleitete ein junger Vietnamese seinen Bruder und ein junges Mädchen zum Gottesdienst, blieb aber draußen, denn er stand den religiösen Zeremonien gleichgültig gegenüber. Auf dem Vorplatz der Kirche waren Lautsprecher aufgestellt. Sie übertrugen die Messfeier nach draußen. Obwohl er gewöhnlich der Botschaft des Evangeliums kaum Beachtung schenkte, war dieser junge Mann von der Predigt meines Bruders fasziniert und wollte mehr wissen. Nach dem Ende der heiligen Messe wurden Bücher, die Thuan geschrieben hatte, verkauft. Der junge Mann blätterte die Bücher durch und fühlte sich innerlich aufgefordert, die Botschaft meines Bruders zu lesen. In kleinen Schritten schloss er sich der Kirche innerlich an, nahm an den Gottesdiensten teil und wünschte sich schließlich, Priester zu werden. Pater Bao lebt sein Priestertum in der Weise, wie Thuan es lebte. Oft bezieht er sich auf die Spiritualität meines Bruders.[151]

Tätigkeiten in Rom

Die ersten Jahre seines Aufenthaltes außerhalb von Vietnam waren besonders den Besuchen bei den Vietnamesen gewidmet, die fern der Heimat lebten. 1993 reiste der Erzbischof nach Sydney, um an der Beerdigung seines Vaters teilzunehmen. Seine Mutter zeigte sich in diesen schmerzhaften Momenten mutig und würdevoll. Sie fühlte sich von vielen ihrer Kinder unterstützt, die nach Australien hatten reisen können.[152] Bischof Thuan hat die Erinnerung an seinen Vater als einen liebenden Ehemann und Vater wachgerufen, dessen stiller Mut seine Kinder tief geprägt hatte.

In Rom leitete der Erzbischof die Übersetzung seiner Bücher in verschiedene Sprachen. Diese Veröffentlichungen waren nicht nur eine geistliche Unterstützung für die Vietnamesen im Exil, sondern auch für viele Christen auf der ganzen Welt. Er erhielt mehrere Auszeichnungen[153] für sein Werk zugunsten des Friedens in der Welt, Ehrungen, die er immer als Ermutigung für das vietnamesische Volk betrachtete.

[151] Er hat in Rom promoviert. Sobald ich die Gelegenheit hatte, ihn kennenzulernen, fühlte ich mich ihm direkt nahe, wie einem der vielen Freunde des Kardinals.

[152] Einer ihrer Söhne, der in Vietnam geblieben war, erhielt keine Ausreiseerlaubnis.

[153] Einzelheiten in: NGUYEN VAN THUAN, Lettere Pastorali, Annexe.

Er wurde in viele Länder eingeladen, um Einkehrtage zu leiten und Vorträge zu halten. In den ersten Jahren, die auf seine Freilassung und dann auf seine Exilierung folgten, hatte er in der Öffentlichkeit wenig von seinem geistlichen Weg im Gefängnis erwähnt. Aber seine Mutter verdeutlichte ihm, dass die außergewöhnlichen Gnaden, die er empfangen hatte, nicht für ihn allein bestimmt waren, sondern dass er davon auch außerhalb des begrenzten Kreises seiner Familie und seiner Freunde sprechen müsse. Der Erzbischof war sich sehr bewusst, dass die physischen und seelischen Leiden, die er erlitten hatte, leider nichts ‚Ungewöhnliches' waren. Im Laufe des 20. Jahrhunderts kamen unzählige unschuldige Opfer ums Leben, besonders in den Lagern der Nationalsozialisten und der Kommunisten. Die Erfahrung des Erzbischofs ist jedoch ungewöhnlich: Während seiner Inhaftierung wollte er Freundschaften mit mehreren seiner Bewacher schließen, von denen einige sich sogar bekehrt haben. Trotz der Finsternis der Isolation hat er eine Botschaft der Hoffnung verbreitet und die Kraft Gottes erfahren, besonders durch die heimliche Feier der Eucharistie. Viele Menschen konnten den Erzbischof treffen, ihm zuhören. Das Herzstück seiner Rede war die Entdeckung dessen, was die Gefangenschaft ihn hatte erfahren lassen: Gott allein genügt. Seine Gegenwart ist wesentlich im Leben jedes Christen. Sie zählt mehr als alle Werke, die man für Ihn vollbringen kann.

Mit seiner Mutter besuchte Bischof Thuan den Sitz der ‚Gesellschaft der ausländischen Missionen' in Paris. Sie haben lange in Lourdes gebetet und reisten nach Rom, wo sie von Papst Johannes Paul II. empfangen wurden. Thuans Mutter schätzte besonders diese Pilgerfahrt in die Ewige Stadt. Dieser Besuch im Vatikan war ein Wendepunkt im Leben von Bischof Thuan: Hiep war überzeugt, dass der Platz ihres Sohnes von nun an in Rom sei und dass er nun endgültig seinen Traum aufgeben müsse, eines Tages nach Saigon zurückzukehren.[154]

---

[154] NGUYEN VAN CHAU, François Xavier Nguyen Van Thuan, S. 226-229.

Besuch mit der Mutter bei Papst Johannes Paul II.

Nach einem Gespräch mit Papst Johannes Paul II. trat Thuan 1994 von seinem Amt als Erzbischof von Saigon zurück. Er hatte sich entschlossen, der Weltkirche auf andere Weise zu dienen. Bischof Thuan beteiligte sich an der Arbeit verschiedener Dikasterien der Römischen Kurie. Der Heilige Vater ernannte ihn zum Vizepräsidenten des Päpstlichen Rates ‚Justitia et Pax'. 1998 wurde er Präsident dieses Dikasteriums. Im Jahr 2000 lud ihn Papst Johannes Paul II. ein, die fastenzeitlichen Exerzitien im Vatikan zu predigen. 2001 wurde er zum Kardinal kreiert. Der Papst, der selber die kommunistische Unterdrückung erlebt hatte, wollte Thuan nicht nur für seinen Mut angesichts eines totalitären Regimes ehren. Er sah vielmehr in Thuan einen Gesandten, der sich durch sein Zeugnis für mehr Gerechtigkeit und Frieden in der Welt einsetzen konnte.

Papst Johannes Paul II. genehmigte die Gründung der ‚Gemeinschaft Unserer Lieben Frau von La Vang'. Die Mitglieder sollten sich als einfache Kinder Gottes verstehen. In ihren Werken sind sie eingeladen, den Armen zu dienen und die Einheit in der Kirche zu fördern. Die Mitglieder der Gemeinschaft sollen außerdem das Wort verkünden und die Werte der Familie hochhalten.[155]

Während seiner Arbeit in Rom wurde Bischof Thuan 1995 zum Postulator für die Seligsprechung von Marcel Van ernannt, eines weiteren Opfers kommunistischer Unterdrückung in Vietnam. Man vertraute ihm auch die Zusammenstellung des Kompendiums der Soziallehre der Kirche an, eine langwierige Arbeit, die nach seinem Tod von Kardinal Renato Raffaele Martino, seinem Nachfolger bei ‚Justitia et Pax', veröffentlicht wurde.[156]

---

155 Elisabeth verfügt über eine komplette Dokumentation über diese Gemeinschaft, die Bischof Thuan gründen wollte. Man stellt darin seine starke Verbindung zum Heiligtum von La Vang und zur heiligen Jungfrau fest. Er sagte, dass er sich ihr sehr früh in seinem Leben anvertraut habe. Man weiß, dass er 1998 in Washington von der Gemeinschaft gesprochen hat. Er schrieb verschiedene Texte, um ihre Spiritualität zu erklären (April und August 2000). Auch wenn es schwierig ist, die vielen Seiten zusammenzufassen, zeigt sich, dass Bischof Thuan mehr vom Geist der Gemeinschaft, doch kaum von der praktischen Organisation spricht. Das ist auch ein Zeugnis über seine eigene Spiritualität: „Maria hat mich gelehrt, Vertrauen zu haben und beharrlich zu sein", schreibt er. „Und sie hat mich auf den Weg der Evangelisation gebracht." Diese Gemeinschaft ist besonders lebendig in Australien.

156 PÄPSTLICHER RAT FÜR ‚GERECHTIGKEIT UND FRIEDEN', Kompendium der Soziallehre der Kirche. Zu Beginn der Arbeit schreibt Kardinal Martino: „Mein Vorgänger, der verehrte Kardinal François-Xavier Nguyên Van Thuân, hat die komplexe Phase der Vorbereitung dieses Dokuments mit Weisheit, Beständigkeit und Weitblick geleitet; die Krankheit hinderte ihn daran, diese Arbeit mit der Veröffentlichung abzuschließen. Dieses mir anvertraute Werk, das nun dem Leser übergeben wird, trägt somit das Siegel eines großen Zeugen des Kreuzes, der in den dunklen und schrecklichen Jahren von Vietnam seine Glaubensstärke unter Beweis gestellt hat."

Hào

Hiệp

Großherzigkeit

Vorträge und Exerzitien

Nach seiner Freilassung hielt mein Bruder, neben seiner Haupttätigkeit beim Päpstlichen Rat 'Justitia et Pax', zahlreiche Vorträge und Exerzitien zu verschiedenen Themen. Eine große Zahl seiner Aufzeichnungen hierzu sind noch nicht veröffentlicht.

Die Berufung der Bischöfe

Im Juli 1999 hielt er in Ghana viertägige Exerzitien für afrikanische Bischöfe. Er kommentierte hier besonders die Kapitel 14 bis 17 des Johannesevangeliums. Seinen bischöflichen Mitbrüdern gegenüber erwähnte er zuerst die Probleme, denen sie begegneten: bewaffnete Konflikte, Korruption, zügellose Verstädterung, Ausbeutung der Ressourcen durch große internationale Firmen. Angesichts dieser Herausforderungen erinnerte mein Bruder an die Bedeutung des Jesuswortes: „… denn getrennt von mir könnt ihr nichts vollbringen" (Joh 15,5). Thuan riet den Bischöfen, der Botschaft des Evangeliums treu zu bleiben. Die Lehre der Kirche beugt sich nicht der öffentlichen Meinung. „Die Kirche bietet der Welt die Botschaft Jesu an, die in der Heiligen Schrift enthalten ist." Mein Bruder empfahl ihnen, die Dokumente des Zweiten Vatikanischen Konzils erneut zu lesen, um sie besser anzuwenden.

Für ihn besteht Evangelisation in der Verwandlung der ganzen Menschheit von innen heraus.

Einige Wahrheiten können nur von denen, die glauben, vollständig verstanden werden. Gott offenbart sich uns und wir sind Diener, die berufen sind, im Geiste der Evangelisierung seine Größe zu verkünden. Die Christen Afrikas müssen aus diesem Kontinent eine neue Heimat für

Christus machen. Wenn das Evangelium in der Kultur ‚Fleisch' wird, wird die Gesellschaft menschlicher. Ausgehend von unserer Beziehung zu Jesus werden wir ein neues Miteinander mit den Armen, den Familien in Schwierigkeiten, den Kranken, mit allen, die nach verlässlicher Wegführung dürsten, erhalten.

Während eines anderen Vortrags erwähnte mein Bruder seine eigenen Erfahrungen. Demütig gab er zu, dass die Bekehrung der Bischöfe eine schwierige Aufgabe sei. Und er wusste, wovon er sprach! Das Leben eines Bischofs gehört diesem nicht. Um seine Worte über das, was ein Bischof sein muss, zu veranschaulichen, erwähnte er diejenigen, die ihm als Vorbild dienten. Durch ihr Leben hatten sie ihm die Augen für die Bedürfnisse des Gottesvolkes und die Wichtigkeit der Evangelisation geöffnet. Aus diesem Grund litt er so sehr darunter, dass er in Vietnam ab 1975 die Schließung der katholischen Seminare, Schulen und Universitäten durch die Kommunisten miterleben musste und er keine Möglichkeit mehr zu Pastoralbesuchen hatte.

Sein Aufenthalt im Gefängnis war entscheidend. Er erlebte hier ein Gefühl der Verlassenheit, auch von Seiten bestimmter Mitbrüder – genau wie Jesus am Kreuz. „Mein Gott, mein Gott, warum hast du mich verlassen?" (Mk 15,34). Seine Bekehrung war die Erkenntnis, dass es wichtiger ist, Gott zu suchen, bevor man für ihn arbeitet. Er bewertete diese Entdeckung als „Geschenk des Lichtes und als eine geistliche Unterscheidung". Genau wie Christus am Kreuz, der sich nicht über die Geißelung oder die Dornenkrone beklagte, musste auch er sich nicht gegen seine Notlage auflehnen. Dank der Feier der Eucharistie konnte er die Leiden der Isolation und der geistigen Misshandlung, die ihm während der Indoktrinierungssitzungen zugefügt wurden, überwinden. „Während der Eucharistie wusste ich mich mit Jesus an das Kreuz genagelt und sein Blut vermischte sich mit dem meinen. Ich betrachtete Christus, der durch die Nägel unbeweglich war und dennoch durch sein Leiden der Erlöser der Welt wurde. So ist Jesus, gestorben und auferstanden, für mich alles geworden."

Die Erfahrung des Leidens veranlasst den Menschen, über das Wesentliche nachzudenken. In einem anderen Vortrag erwähnte er einen amerikanischen Bischof, der an Krebs erkrankt war (Thuan litt ebenfalls daran, wollte aber nicht über sich selbst sprechen); die Krankheit hatte ihn bekehrt: Dieser Bischof war vom Verwalter zum Vater seiner Diözese geworden. Er versäumte es nicht, die Bischöfe an die Bedeutung der Jungfrau Maria als Beispiel für die vollständige Treue zum Herrn zu erinnern.

Die Menschenwürde

Unter allen Themen, mit denen sich mein Bruder als Mitglied der Römischen Kurie befasste, gibt es eines, das ihm besonders am Herzen lag: der Respekt vor der Würde jedes Menschen, die nur im Frieden ganz gelebt werden kann. Thuan hat die Welt bereist, um die Grundrechte jedes Menschen zu verteidigen.

Im Juli 1998 veranschaulichte er dies während eines Kongresses mit einem asiatischen Sprichwort und stellte die Frage: „Wer kann alle Blätter des Waldes zählen? » In der Tat, die Menschenrechte betreffen viele Bereiche: die wirtschaftlichen und sozialen Rechte, die Religionsfreiheit, die Achtung des Lebens, die Förderung der Rechte der Frau, der Kinder, der Familie, die Einwanderung und das Asylrecht, die Rechte der eingeborenen Völker, die internationale Verschuldung und die Todesstrafe. Thuan zufolge war Papst Johannes Paul II. auf all seinen Reisen ‚die Stimme der Stimmlosen' gewesen. Die Verteidigung und der Schutz der Menschen ist ein wesentlicher Bestandteil der Evangelisation. Wurde Jesus nicht gesalbt, um den Armen die gute Nachricht zu bringen? (vgl. Lk 4,18). Die Arbeit für mehr Gerechtigkeit verlangt nicht Verwalter, sondern Hirten: Menschen, die den Armen dienen und ihnen zuhören, die das Evangelium verbreiten und einen demütigen und hoffnungsvollen Dialog führen.

Die Familie

„O Stille von Nazareth, lehre uns die Sammlung des Geistes, die Innerlichkeit und die Offenheit, die guten Inspirationen zu hören." (Paul VI. in Nazareth, 5. Januar 1964)

Mein Bruder und ich wuchsen in einer Familie auf, die tief in vietnamesischen Traditionen verwurzelt ist. Das vietnamesische Neujahrsfest, Tet, hatte eine große Bedeutung in seinem Leben. Man kommt zu dieser Zeit mit der Familie zusammen und schmückt die Gräber der Vorfahren. Thuan vergaß niemals die Geburtstage seiner Lieben; besonders dachte er an ihre Hochzeits- und Namenstage. Er betete für die Verstorbenen und interessierte sich für jedes unserer Kinder. In Vietnam ist die Familie die erste Schule der Kinder.[157] *Für meinen Bruder konnte selbst eine gute Schule mit guten Lehrern die Eltern nicht ersetzen. Während seines Apostolats in unserem Land wies er die Väter und Mütter immer wieder darauf hin, dass in der Kindererziehung die Rolle der Eltern von äußerster Wichtigkeit sei.*

Im Exil im Westen setzte er seinen Kampf für die Familie fort. Er tat das zum Beispiel in Paris in einem Vortrag, den er 1994 hielt.[158] *Er entwickelte dort eine ganze Spiritualität der Ehe, indem er verschiedene Kirchenväter, das Neue Testament, die Päpste Paul VI. und Johannes Paul II. zitierte*[159]*, aber auch seine eigenen Werke, insbesondere die ‚Hoffnungswege'. Dank des Anhauchs des Heiligen Geistes kann jede Familie durch ihr Zeugnis missionarisch sein. Die Eucharistie verwandelt die Glieder unserer Familien zu einem einzigen Leib. Durch dieses Sakrament wird das Heim der Familie zu einer leuchtenden Hauskirche.*

---

[157] Elisabeth hat ihre Gedanken eingehender dargestellt in: NGUYEN, Elizabeth, La famille asiatique, dépassée ou prophétique.

[158] Familles, vous êtes l'Église! Vortrag im Foyer Chaillot-Galliéra, Paris, 12. Januar 1994.

[159] Besonders das Päpstliche Schreiben Familiaris Consortio von 1982.

Die Freude

Eine der letzten Veröffentlichungen meines Bruders widmet sich der Freude, den Glauben zu leben.[160] *Dieses Buch ist eine Zusammenfassung seiner Spiritualität. Er kommt hier auf viele seiner Einsichten zurück. Weil wir nach dem Bild Gottes geschaffen sind, ist der Herr die Quelle unserer Freude und unserer Hoffnung.*[161] *Dem Nächsten ein Lächeln zu schenken, ist eine der Seligpreisungen unserer Zeit.*[162] *Mein Bruder ging sogar so weit zu raten, den Feinden mit einem Lächeln zu begegnen!*[163]

„Lachen ist die Musik unserer Seele."

Es ist wichtig, optimistisch zu bleiben. Es ist zu einfach und kontraproduktiv, sich über andere zu beschweren und sie zu kritisieren.[164] *Ich denke, das ist der Grund, warum er regelmäßig kleine lustige Geschichten in seine Unterweisungen einfließen ließ. Einmal zum Beispiel, als er über das Gottvertrauen sprach, illustrierte er seine Worte mit der Geschichte eines Menschen, der den Herrn um einen Lotteriegewinn bat. Die Antwort, die vom Himmel kam, war einfach: „Ich werde warten, bis du das Los gekauft hast."*[165] *Bei einer anderen Gelegenheit, als er über das Geheimnis von Fatima sprach, erzählte er den folgenden Witz: Kardinäle wollten dieses Geheimnis aus dem Mund des Papstes erfahren. Dieser habe geantwortet: „Hier ist das Geheimnis: Die Jungfrau von Fatima verlangt, das Heiligtum von Lourdes zu schließen!"*

---

[160] NGUYỄN VĂN THUẬN, La Gioia di vivere la Fede. Es ist eine Veröffentlichung verschiedener Zeugnisse des Kardinals.

[161] Ebd., S. 17 und 41.

[162] Ebd., S. 47.

[163] Elisabeth bezieht sich auf ein vietnamesisches Buch, das dem Kardinal gewidmet ist: LÊ TIEN, Đức Hồng y Cười. Collection privée, Kalifornien 2017.

[164] NGUYỄN VĂN THUẬN, La Gioia di vivere la Fede, S. 52-53.

[165] Ebd., S. 63.

Die während seiner letzten Krankheit aufgenommenen Fotos, zeigen ihn besonders lächelnd. Das ist vielleicht eine Tugend, die er von einigen Familienmitgliedern geerbt hat. Mein Onkel Thuc, ein wenig jünger als meine Tante Giao, der wusste, wie sie unter ihrer Tuberkulose gelitten hatte, beschrieb sie dennoch als „eine Frau mit fröhlichem Charakter, die Scherze und unschuldige Neckereien liebte". Das Leiden hat Thuan nicht missmutig gemacht. Nach seiner Freilassung, als er im Krankenhaus von Hanoi lag, behielt er seinen Humor. Obwohl er noch krank war, wollten Gläubige, die ihn besuchten, bei ihm beichten. „Ich bin bereit", sagte er ihnen. Aber die Besucher zögerten, denn er trug keine Stola. Er versicherte ihnen: „Ihr habt das Evangelium vergessen! Am Kreuz war Jesus fast nackt und hat einem Banditen vergeben. Im Vergleich zu ihm bin ich ziemlich angezogen." So war Thuan, immer darauf bedacht, seinen Gesprächspartner zu beruhigen!

Die Berufung zur Heiligkeit

Im Februar 2002, kurz vor seinem Tod, hat sich Thuan klar über die Berufung zur Heiligkeit geäußert. Im Laufe seiner ‚Letzten Exerzitien'[166], die er hielt, sprach er deutlich über seine Krankheit: seinen fortschreitenden Krebs, den unvermeidlichen Tod, aber auch seinen Wunsch, bis zum Ende den Willen Gottes zu erfüllen. Er hoffte, dass er vom Herrn des Weinbergs aufgenommen werde, wie der Arbeiter der letzten Stunde oder der gute Schächer, dieser Sünder, an den das Wort gerichtet war: „Heute noch wirst du mit mir im Paradies sein" (Lk 23,43).[167] Wenn er nach seiner Freilassung oft die Freude, die Hoffnung und den Wunsch erwähnte, der Kirche treu zu bleiben, die es ihm ermöglicht hatten, seine Haft zu ertragen, wollte er nun seinen sehnlichsten Wunsch äußern: bald Christus von Angesicht zu Angesicht zu sehen.[168] Die Hoffnung,

[166] NGUYỄN VĂN THUẬN, Scoprite la gioia della speranza. Gli ultime esercizi spirituali predicati dal Cardinale.

[167] Ebd., S. 21.

[168] Ebd., S. 14.

von jenem aufgenommen zu werden, dem er so oft bei der Feier der heiligen Messe begegnet war, erfüllte ihn mit Freude. Die Eucharistie ist ein Weg der Demut, der uns zur Heiligkeit führt.[169] *Es ist Jesus, gegenwärtig in der Hostie, der den Priester und die Gläubigen heiligt*[170]. *Während Thuan erkannte, dass er immer Angst gehabt hatte, die Berufung des Menschen, ein Heiliger zu werden, anzusprechen (vgl. Mt 5,48)*[171], *forderte er bei diesen letzten Einkehrtagen seine Zuhörer auf, jeden Menschen zur Heiligkeit aufzurufen.*

---

169 Ebd., S. 25.

170 Ebd., S. 29.

171 Ebd., S. 13.

Reinheit

Tod und Seligsprechungsprozess

Krankheit und Tod

Am 21. Februar 2001, einen Tag bevor er zum Kardinal erhoben wurde, erfuhr mein Bruder, dass er an Magenkrebs in fortgeschrittenem Stadium erkrankt war. Seiner Familie, die über seinen Gesundheitszustand informiert war, sagte er, dass er den gegenwärtigen Moment leben wolle, ohne sich um die Zukunft zu sorgen. Er lud uns zu einer gemeinsamen Mahlzeit ein, aber niemand schaffte es, etwas zu essen. Kurz nach der Bekanntgabe der Diagnose konnte er sich einer Operation in den Vereinigten Staaten unterziehen, wo er einen Monat blieb. Mein Mann und ich besuchten ihn regelmäßig und erlebten die Freundlichkeit der Krankenhausmitarbeiter. Ein muslimischer Arzt liebte es, sich mit Thuan zu unterhalten. Eines Tages sagte er zu meinem Bruder, dass das Papier aller Bäume dieser Welt nicht für all das ausreiche, was man über Allah aufschreiben könnte. Als Antwort erzählte mein Bruder ihm von der Liebe Gottes, der größten Kraft, die es auf der Welt gibt. Und er fügte hinzu: „Es ist die Zahl der von Menschen produzierten Bleistifte, die nicht ausreicht!“

Thuan nahm seine Arbeit unmittelbar nach seiner Rückkehr aus den Vereinigten Staaten wieder auf. Trotz der Verschlechterung seines Gesundheitszustandes konnte er 2002 ein letztes Mal nach Australien reisen, um unserer Mutter zu gratulieren, deren 100. Geburtstag vorgefeiert wurde, um es Thuan zu ermöglichen, dabei zu sein.[172] *Auf meine Bitte hin hatten die amerikanischen Ärzte den Befund meines Bruders an die Mailänder Kollegen geschickt. Ein erneuter Eingriff wurde durch-*

[172] *Mein Bruder konnte unserer Mutter auch eine Päpstliche Medaille überreichen. Sie erhielt den Titel ‚Ritter des Sylvesterordens‘ verliehen.*

geführt, bei dem Thuan einen Herzanfall erlitt. Das Urteil war endgültig. Sein Schwächezustand verhinderte nun eine weitere Behandlung. Er musste in die Gemelli-Klinik in Rom verlegt werden, denn man befürchtete eine Entzündung seiner Operationsnarbe. Meinem Bruder war klar: Die Ärzte konnten nichts mehr tun, um die Ausbreitung des Krebses zu stoppen.

Im Gemelli-Krankenhaus mit Elisabeth

Nur die Palliativmedizin brachte ihm noch Erleichterung. Er wurde daher in die ‚Casa di Cura' aufgenommen.[173] *Dort erhielt er zahlreiche Be-*

[173] Es handelt sich um ein Pflegeheim (ital. cura), das sich auf eine dem Menschen zugewandte Behandlung konzentriert.

suche, unter anderem von Andrea Riccardi, dem Gründer von Sant'Egidio, Pater Nicolas Buttet, der die ‚Bewegung Eucharistein' ins Leben rief[174]*, von dem Oberen des Opus Dei, von verschiedenen Politikern, wie dem italienischen Justizminister. Vor allem kamen viele Landsleute, darunter einige vietnamesische Bischöfe. Obwohl schwer krank, hörte Thuan nicht auf, für die Ausbreitung des Glaubens zu beten. Er konnte kaum schlafen und während der Nacht dachte er an andere und sprach mit Gott. Während des Tages war er müde, verbrachte aber dennoch viel Zeit damit, den zahlreichen Besuchern zuzuhören. Einige Priester baten ihn, für ihre Pfarrgemeinden zu beten. Kinderlose Paare baten ihn um seine Fürsprache für Nachwuchs. Man ersuchte ihn manchmal, Papst Johannes Paul II. die eine oder andere Botschaft zu übermitteln. Während der Gespräche hielt er seine Augen fest auf das Kreuz gerichtet, das seinem Bett gegenüber hing. Es blieb ihm kaum Zeit für sich selbst, noch um tagsüber zu beten. Aber er sagte, dass er sich mit Gott vereinen könne, indem er seine eigene Zeit mit den anderen teile. Seine Art, kontemplativ zu sein, bestand darin, Gott in seinen Brüdern zu sehen.*

Obwohl er im Sterben lag, war er derjenige, der andere tröstete. Er gab ihnen seinen Mut und seine Freude mit. Meinen Kindern erklärte er zum Beispiel, wo sie gutes italienisches Eis essen konnten. Er war außergewöhnlich aufmerksam gegenüber den Kindern der Familie. Wenn letztere ihn fragten, ob er irgendetwas in seinem Leben bereue, antwortete er, dass er gerne mehr Zeit mit ihnen verbracht hätte. Er war besonders glücklich über den Besuch von Nhung, der Tochter meines Bruders Michael, der als einziger der Geschwister Vietnam nicht hatte verlassen können.

Auch in der ‚Casa di Cura' hatte Thuan seine Heimat nicht vergessen. Als er zum Kardinal erhoben worden war, träumte er davon, nach Vietnam zurückzukehren. Die Krankheit hinderte ihn daran. Seinem Temperament gemäß hätte er das Schicksal seines Landes gerne geändert.

---

[174] Diese Bruderschaft ist ganz auf den eucharistischen Christus bezogen.

Nun, da sein Ende nahe war, dachte er speziell an die Jugend und wollte, dass die Geschichte des vietnamesischen Volkes, das so viel gelitten hatte, nicht vergessen werde. Erneut entschied er sich, alles in die Hände des Herrn zu legen. Wie er es während seiner Inhaftierung getan hatte, war er auch nun fähig zu sagen: Die Arbeit für das Reich Gottes ist nichts im Vergleich zur Größe Gottes.

Die Eucharistie blieb der Mittelpunkt seines Lebens. Am Anfang seines Aufenthalts in der ‚Casa di Cura' konnte er noch im Sitzen die heilige Messe feiern. Bald musste er im Bett liegen bleiben und konzelebrierte mit einem Mitbruder in Gegenwart vieler Gläubiger. Sein Krankenzimmer war oft zu klein, um alle aufzunehmen. Ich hatte Angst, dass er nicht atmen könne, aber er wollte so viele Menschen wie möglich einladen. Bis zu seinem Lebensende bewahrte Thuan sich einen offenen Geist und ein offenes Herz.

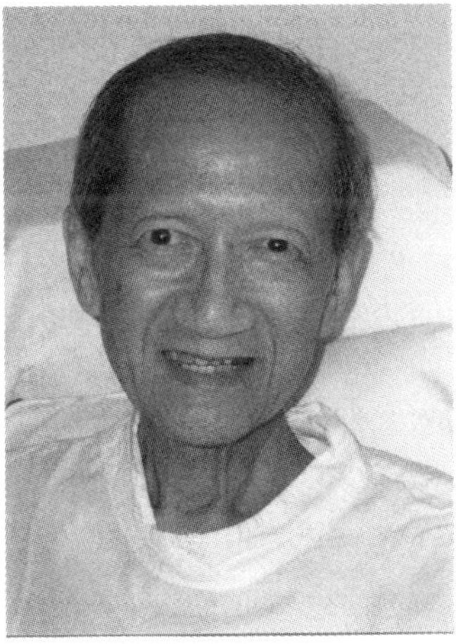

Von der Krankheit gezeichnet mit einem Lächeln auf den Lippen

Dem Pflegepersonal war er ans Herz gewachsen. Er war das, was man einen einfachen Patienten nennt. Er zwang sich zu lächeln, wenn er Schmerzen hatte, was oft der Fall war, wenn man ihn pflegte. Er hatte stark abgenommen. Ihn mehr und mehr dahinschwinden zu sehen, machte mich zutiefst traurig. Ich konnte nicht anders, als ihn zu fragen, warum Leiden einen wesentlichen Bestandteil der christlichen Spiritualität ausmache. Er hörte mir wie immer mit viel Geduld zu und erklärte mir, dass es nicht das Kreuz oder das Leiden seien, über die wir zuerst sprechen sollten, sondern über die unendliche Liebe Gottes. Lebenslang wollte er die Liebe in den Mittelpunkt seines Glaubens stellen.

Während meiner Kindheit wie auch während meines ganzen Lebens hatte ich ihm viele Fragen gestellt. Mein Wunsch, auf unabhängige Weise zu denken, hat ihn niemals gestört, im Gegenteil! Ihm zufolge liebt Gott diejenigen, die in der Dunkelheit suchen. Ich bin davon überzeugt, dass unsere Gespräche ihm sehr viel Freude gemacht haben. Er hat sogar manchmal über meine Gedanken gelacht! Aber er stellte auch Regeln auf: Ich konnte nicht zu viele Fragen gleichzeitig stellen. Er brachte mir bei, die Argumente meiner Gesprächspartner bis zum Ende anzuhören. Ich habe ihm die Zweifel unserer Zeitgenossen aufgezeigt, insbesondere in Bezug auf das Böse, das die Schöpfung und die Menschheit kennzeichnet. Er antwortete mir, er habe nicht auf alles eine Antwort und sei nur ein armes Werkzeug Gottes. Der Herr selbst werde mich erleuchten.

Er hat mir erklärt, dass die Liebe der Eltern es ermöglicht, die Liebe des Schöpfers zu verstehen. Selbst wenn ihr Kind viele Fehler habe, so liebten sie es deswegen nicht weniger. Wenn ich ihn fragte, wem Jesus geähnelt habe, antwortete er: „Maria". Und wem sonst? „Dem Heiligen Geist". Er ertrug es mit Geduld, dass ich den heiligen Joseph als armen Mann ansah, der Seite an Seite mit einer so schönen Frau leben musste, ohne sie berühren zu können. Mein Bruder antwortete einfach, dass der Bräutigam Mariens ein glücklicher Mann gewesen sei, denn er hatte das Glück, so nahe bei der heiligen Jungfrau zu leben. Für ihn war der heilige Joseph ein Mann, der alles im Licht des Heiligen Geistes verstanden hatte. Darüber hinaus, so fügte er hinzu, kümmert sich der heilige Joseph um die Verlassenen, auch um die aus unserer Familie.

Er hatte einen ‚Würfel der Liebe' neben seinem Krankenbett. Das war eine Art Würfel, den er jeden Tag warf und er las den Satz auf der sichtbaren Seite: „Liebt einander – teilt die Freuden und Leiden eines jeden – liebt eure Feinde – seid die ersten in der Liebe – liebt Jesus in den anderen". Eines Tages, als ich ihm anvertraute, dass ich einen Streit mit jemandem gehabt hatte, zeigte Thuan mir diesen letztgenannten Satz und lud mich dazu ein, das Kreuz zu betrachten: Jesus ist hier, sagte er, aber er ist auch in deinem Nächsten. Alle diese Gespräche haben mir geholfen, meine Beziehung zu Gott zu vertiefen, ein Prozess, der sich nach dem Tod meines Bruders intensiviert hat. Er hat mir in den letzten Monaten seines Lebens anvertraut, dass er auf der Ebene des Glaubens versucht worden sei. Er betrachtete das als eine vom Teufel stammende Versuchung. In anderen Augenblicken knüpfte er wieder an den Wunsch an, den er als Kind gehabt hatte: „Ich möchte sein Angesicht sehen", sagte er mir. Er war sogar bereit, alle Leiden seines Lebens noch einmal zu erleben, wenn sie ihn dazu führten, Gott zu sehen. Und er fügte hinzu, dass er sich noch jetzt jeden Tag dazu bekehren müsse, dem Spruch unserer Mutter zu folgen, den sie ihn während seiner Kindheit gelehrt hatte: Man muss immer unter dem Blick Gottes leben.

Pater Hubertus Blaumeiser, ein in Rom lebender deutscher Priester und Mitglied der Focolare-Bewegung, hat treffend den Geist zusammengefasst, der meinen Bruder am Ende seines Lebens beseelte: „Ich erinnere mich gut daran, was der Kardinal mir im April 2002, vor der wichtigen Operation, der er sich in Mailand unterziehen musste, geantwortet hat. Auf meine Frage, ob er Angst vor dem Eingriff habe, sagte er mir: „Nein, denn es gibt drei Möglichkeiten: Ich könnte sterben, und es wäre ein guter Moment, weil ich bereit bin. Ich könnte auch weiterleben unter ständigem Leiden. Oder ich wäre sogar in der Lage, meine Arbeit wieder aufzunehmen. Alle diese drei Möglichkeiten sind gut." Aber als seine körperliche Konstitution sich verschlechterte und er begriff, dass der Tod nahte, war er sehr betroffen. Das körperliche Leiden war dabei nicht der Hauptgrund. Er erkannte, dass er nicht mehr evangelisieren konnte. Es war, als ob er bedauerte, die Talente, die er empfangen hatte, nicht genügend in den Dienst Gottes gestellt zu haben".

Auf seinem Sterbebett vertraute er Gott voll und ganz, wie er es während seiner Jahre im Gefängnis getan hatte: „Gott ist der Wegführer und ich kann die mir anvertraute Verantwortung an andere weitergeben." Verschiedene Fotos von Thuan, die am Ende seines Lebens aufgenommen wurden, zeigen ihn lächelnd. Er selbst sagte mit Humor: „Das ist mein Gandhi-Lächeln" und spielte so auf die Magerkeit des anderen Friedensmannes an.

Er konnte nicht mehr sprechen, aber er schaute weiter auf das Kreuz. Er war völlig befreit von seinen geistlichen Versuchungen. Er konnte noch ein paar Worte schreiben und den Besuch Chiara Lubichs empfangen, bevor er ins Koma fiel. Während seines Todeskampfes beteten vietnamesische Schwestern auf dem Korridor laut den Rosenkranz.

Papst Johannes Paul II. war schon schwer krank, als mein Bruder am 16. September 2002 in die Ewigkeit ging. Aber er konnte die Predigt bei dessen Beerdigung halten, die am 20. September stattfand. Der Papst erwähnte hauptsächlich Thuans Hoffnung, sie war „voll von Christus, dem Leben und der Auferstehung derer, die auf Ihn vertrauen." Er hob die Spiritualität des Verstorbenen gleichsam mit einigen Andeutungen unmissverständlich hervor. Der Papst betonte, dass mein Bruder in seinem geistlichen Testament geschrieben hatte: „Ich gehe mit Gelassenheit und ich hasse niemanden." Thuan hatte diesen letzten Text mit einer dreifachen Empfehlung geschlossen: „Liebt die Heilige Jungfrau und habt Vertrauen auf den heiligen Joseph, seid der Kirche treu, seid geeint und zeigt Nächstenliebe zu allen."[175]

Auf seine Bitte hin wurde mein Bruder nicht in der Kardinalssoutane beerdigt, sondern in einem roten Messgewand, das an das Blut der Märtyrer unseres Landes erinnerte. „Wenn das Weizenkorn nicht in die Erde fällt und stirbt, bleibt es allein. Wenn es aber stirbt, bringt es reiche Frucht" (Joh 12,24). Dieser Text wurde bei seiner Beerdigung gelesen.

---

[175] In: https://w2.vatican.va/content/john-paul-ii/fr/homilies/2002/documents/hf_jp-ii_hom_20020920_esequie-card-van-thuan.html.

Auf dem Weg zur Seligsprechung

Mein Bruder fragte mich einmal, ob ich das Studium der existentialistischen Philosophie aufgegeben hätte. Zu meinem großen Erstaunen fügte er hinzu, ich hätte nach seinem Tod viel zu berichten. Dieser Gedanke beschäftigte mich, denn während seines Lebens und dann während der ersten Jahre nach seinem Tod war es besonders meine Schwester Anne (Ham Tieu), die seine Botschaft verbreitete. Heute sind meine Schwester Agnes (Anh Tuyet), die in Australien lebt, und ich selbst die einzigen seiner Schwestern, die das tun können und, im Gegensatz zu dem, was ich früher empfand, finde ich viel Freude darin.

Der Seligsprechungsprozess hat es mir ermöglicht, Facetten des Lebens meines Bruders zu sehen, die ich nicht kannte. Ich konnte mit vielen Menschen in Kontakt treten, die Thuan gekannt haben, wie die Wachmänner, die sich bekehrt haben und nach Rom gekommen sind, um als Zeugen auszusagen. Heute können wir Thuan offiziell als Vorbild für die Christen vorstellen, denn im September 2017 wurde er für ehrwürdig (venerabilis) erklärt. Er hat viele Menschen inspiriert und tut es weiterhin. Eine Sache, die mich besonders bewegt, war die Erwähnung meines Bruders in der Enzyklika ‚Spe Salvi' von Papst Benedikt XVI. über die christliche Hoffnung 2007, ebenso wie in der Exhortatio Apostolica ‚Gaudete et Exultate' von Papst Franziskus über den Ruf zur Heiligkeit (2018). Derselbe Papst hat ihn in seiner Friedensbotschaft (Januar 2019) genannt, ebenso wie in seiner postsynodalen Exhortatio Apostolica ‚Christus Vivit', gerichtet an die Jugend (25. März 2019).

Friede

FAMILIÄRES UMFELD

Vorfahren

Einleitung

Während der Exerzitien im Vatikan[176]*, die mein Bruder im Jubiläumsjahr 2000 hielt, erklärte er, wie wichtig es uns Asiaten ist, uns an die Vorfahren zu erinnern. Thuan erwähnte das erste Kapitel des Matthäusevangeliums, in welchem vom Stammbaum Jesu die Rede ist. Thuan sagte, er selbst kenne „die Namen von 15 Generationen meiner Vorfahren, vom Jahr 1698 an, als meine Familie die heilige Taufe empfing. Durch den Stammbaum wird uns bewusst, dass wir eine Geschichte haben, die größer ist als wir …"*[177]*.*

Die Familie väterlicherseits

Zu Beginn der Evangelisation des Landes lebten unsere Vorfahren väterlicherseits in der Region von La Vang. Sie haben sich schnell zum katholischen Glauben bekehrt und waren gezwungen, ihren Glauben im Verborgenen zu leben. Sie erlitten Verfolgung, Gefangenschaft und sogar den Tod. Einer von ihnen gehört zu den ‚Märtyrern von Vietnam', die 1988 von Papst Johannes Paul II. heiliggesprochen wurden.[178]

---

[176] NGUYEN VAN THUAN, François Xavier, Hoffnung, die uns trägt.

[177] Ebd., S. 20.

[178] Sein Name ist Tong Viet Buong (Paul, ca. 1773 – 1833). Aus Phu Cam stammend, stand dieser Familienvater im Dienst des Kaisers Minh Mang. Letzterer ließ ihn einsperren, als er entdeckte, dass Buong katholisch war. Im Oktober 1833 wurde dieser enthauptet und seine sterblichen Überreste wurden verbrannt. Während seiner Hinrichtung bekundete er laut sein Vertrauen in die Güte Gottes. Christen seiner Region ehren ihn auf besondere Weise: Eine Statue, die ihn zeigt, wurde in der Kathedrale von Hue aufgestellt.

Im 19. Jahrhundert zog die Familie nach Phu Cam, wo alle Einwohner katholisch waren. Dort wurde eine Kathedrale gebaut. Später ersetzte man sie durch ein modernes Gebäude. Immer noch dient sie als Pfarrkirche für die Einwohner dieses Viertels der Stadt Hue. Mehrere Mitglieder unserer Familie waren dort Katecheten und unterstützten den vietnamesischen und französischen Klerus. Eine große Zahl unserer Vettern und Cousinen traten in Orden ein.

In unserer Jugend hatten wir Zugang zu einem Notizbuch, das an die Familienmitglieder väterlicherseits erinnerte: Viele hatten für ihren Glauben gelitten. Auch wenn mehrere Brüder meiner Mutter eine hochrangige politische Rolle in der Geschichte unseres Landes spielten, lehrten uns unsere Eltern, dass in unserer Familie die Hingabe des Lebens für Christus stets als das herausragende Kennzeichen der Vornehmheit angesehen wurde. Dieser historische Kontext hilft, die Persönlichkeit meines Bruders sowie unsere Familiengeschichte besser zu verstehen. Nach ihrer Heirat zog meine Mutter in das Haus ihrer Schwiegereltern, ein schönes, geräumiges Haus, in dessen Mitte sich eine ziemlich große Kapelle befand. Wir waren immer eine Familie, die sehr gut zusammenhielt.

Thuans Großeltern väterlicherseits (sitzend) mit Thuans Eltern

Wir trafen uns zur Sonntagsmesse, danach kam alle Welt zu uns zum Essen. Mit unseren Vettern und Cousinen gingen wir gemeinsam zur Schule und spielten mit den Kindern im Ort. Damals stand die Tür unseres Hauses immer offen. Meine Mutter war fast immer da. Wenn die Redemptoristen in der Pfarrei Exerzitien hielten, blieben viele Verwandte in unserem Haus, manchmal eine ganze Woche. Die Berufung meines Bruders wurde auch aus diesem inbrünstigen und freudigen Geist heraus geboren, der die Familie meines Vaters charakterisierte.

Die Familie mütterlicherseits

Meine Vorfahren mütterlicherseits stammen aus Dai Phong, einem Dorf, das 163 Kilometer nördlich von Hue liegt. Ngo Dinh Kha (Michael, 1857 – 18. Februar 1923), unser Großvater, begann seine Schulzeit in seiner Heimatregion, im Kleinen Seminar in An Ninh. Er studierte danach mehrere Jahre im Priesterseminar, das damals in Malaysia lag.

In der zweiten Hälfte des 19. Jahrhunderts besetzten die Franzosen den Süden unseres Landes und die Christen wurden der Zusammenarbeit mit der Kolonialmacht verdächtigt. Tausende von Gebildeten, die sich der Einmischung aus dem Ausland widersetzten, bildeten die ‚Van Than-Miliz', die die Christen angriff und zwischen 1885 und 1888 mehr als 8.000 Gläubige massakrierte. 1885 wurde das christliche Dorf Dai Phong verwüstet und die Kirche, in die sich die Bewohner geflüchtet hatten, von den Aufrührern niedergebrannt. Unsere Großtante Tien[179], die Schwester von Kha, war unter den Christen, die in der Dorfkirche versammelt waren. Tien erzählte oft, dass der Priester tröstende Worte an seine Gemeindemitglieder gerichtet habe, bevor die Flammen und der Rauch sie töteten. Unsere Großtante hat überlebt, weil sie das Glück hatte, durch die Körper

[179] Auch wenn in einige Publikationen Lien steht, eine Cousine von Kha, war es in Wirklichkeit Tien, seine Schwester, die das Massaker von Dai Phong überlebte.

verbrannter Menschen geschützt zu werden. Sie fand danach Zuflucht in einer buddhistischen Familie, die in dem Gebiet lebte.

Während des Massakers von 1885 befand sich Kha in Malaysia.[180] *Sobald ihn die Nachricht von der Tragödie erreicht hatte, kehrte er in sein Land zurück, um den Mitgliedern seiner Familie, die dem Massaker von Dai Phong entkommen waren, zu helfen: seiner Mutter, seinen beiden Brüdern, die während des Milizangriffes abwesend waren, und seiner Schwester. Kha beschloss, in Vietnam zu bleiben. Am 25. Februar 1887 heiratete er Madeleine Chiu. Sie waren nur kurz verheiratet, denn Madeleine starb während einer Epidemie. 1889 heiratete Kha erneut: Mit seiner Frau Pham Thi Than (Lucia, 1871-1964) gründete er eine Familie. Sie hatten neun Kinder:*

1.	Ngo Dinh Khoi (Paul) 1890-1945 ∞ Nguyen Thi Hoa Gouverneur	2.	Ngo Dinh Thi Giao (Elisabeth) 1894-1944 ∞ Troong Dinh Tung	3.	Ngo Dinh Thục (Pierre Martin) 1897-1984 Erzbischof
4.	Ngo Dinh Diem (Johann Baptist) 1901-1963 Oblate des Benediktinerordens, Premierminister, dann Präsident	5.	Ngo Dinh Thi Hiep (Elisabeth) 1903-2005 ∞ Nguyen Van Am Thuans Eltern	6.	Ngo Dinh Thi Hoang (Anne) 1904-1959 ∞ Nguyen Van Le Thuans Pate
7.	Ngo Dinh Nhu (Jakob) 1907-1963 ∞ Tran Le Xuan Berater von Diem	8.	Ngo Dinh Can (Johann-Baptist) 1910-1964 Berater von Diem	9.	Ngo Dinh Luyen (Michel) 1914-1990 ∞ Nguyen Thi Danh (†) ∞ Nguyen Phuoc Hanh Botschafter

180 Kha verbrachte mehrere Jahre im Seminar, aber er selbst und auch seine Oberen fragten sich, ob er wirklich zum Priestertum berufen sei. Die Katastrophe von Dai Phong war der Auslöser für seine Entscheidung, zu seiner Familie zurückzukehren.

Mein Großvater spielte eine entscheidende Rolle im öffentlichen Leben des 20. Jahrhunderts. Die Beamten des kaiserlichen Hofes wurden aufgrund ihrer Fähigkeiten ernannt und in verschiedene Klassen eingeteilt. Als äußerst gebildeter Mann gehörte Kha zu den Mandarinen, Gelehrten, die politische Aufgaben wahrnahmen. Er hatte verschiedene wichtige Ämter *am Hof inne: Tutor des zukünftigen Kaisers Thanh Thai, dann nach dessen Thronbesteigung Chef der Wache, verantwortlich für die Verwaltung des Kaiserhauses, sowie Zeremonienmeister, als solcher verantwortlich für das Protokoll des Palastes.*[181]

Kha war auch Mitbegründer eines Bildungsinstituts (Quoc Hoc – ‚nationale Schule'), an der Schüler aus dem ganzen Land sowohl in die östliche als auch in die westliche Kultur eingeführt wurden. Ein interessantes Detail: Sowohl sein Sohn Diem als auch Ho Chi Minh, dessen späterer politischer Gegner, waren Schüler von Quoc Hoc.[182]

Ngo Dinh Kha (Michael, 1857-1923)
Thuans Großvater mütterlicherseits

[181] Thanh Thai war der erste Kaiser, der katholische Mandarine in seiner direkten Umgebung akzeptierte. Er verpflichtete sie nicht, an den Festopfern teilzunehmen, die übrigens zu seiner Zeit seltener geworden waren (NGUYỄN VAN CHAU, A Lifetime in the eye of the Storm, S. 9-12).

[182] Weitere bekannte Schüler aus Quoc Hoc : Pham Van Dong (1906 - 2000), einer der wichtigsten kommunistischen Führer nach Ho Chi Minh, sowie Vo Nguyen Giap (1911 - 2013), kommunistischer Militärführer von 1945 bis 1973 (NICHOLS, Michael R., Pham Van Đông, in: TUCKER, Spencer C., Encyclopedia of the Vietnam War. A Political, Social, and Military History, S. 325-326 und CURREY, Cecil B., Vô Nguyễn Giáp, in: Ebd., S. 475-476).

Nach Khas Tod blieb Pham Thi Than, unsere Großmutter, ganz in der Nähe ihrer Tochter Hiep wohnen, nur einige hundert Meter von deren Haus entfernt. Sie sah daher Thuan zusammen mit ihren anderen Enkelkindern aufwachsen. Die Bischofsweihe ihres Sohnes Thuc und der Aufstieg ihres Sohnes Diem zum Präsidenten waren für sie Momente großen Glücks. Sie erlebte zugleich großes Leid, insbesondere den Mord an Khoi, ihrem ältesten Sohn, durch die Kommunisten. Zum Zeitpunkt, als drei ihrer anderen Söhne ermordet wurden, war sie bereits zu krank, um sich dieser neuen Tragödien bewusst zu werden.

Eltern

Nguyen Van Am und Ngo Dinh Thi Hiep

Hieps Jugend

Im 19. Jahrhundert brachte die Ankunft der Franzosen tiefgreifende Veränderungen in den Institutionen der vietnamesischen Gesellschaft mit sich. Die Kolonialherren schränkten die Freiheit des Kaisers zunehmend ein, während sie ihn formal im Amt hielten. 1907 musste der von den Franzosen als ungehorsam eingestufte Kaiser Thanh Thai seinen Rücktritt unterschreiben. Er wurde zunächst in den Süden des Landes und später auf die Insel Réunion verbannt. Im selben Jahr wurde Kha gezwungen, sein Amt niederzulegen: Er war der einzige Minister, der sich geweigert hatte, die Rücktrittsurkunde des Kaisers zu ratifizieren. Dank seines Freundes Nguyen Huu Bai, Innenminister und Katholik wie er[183], sowie dank anderer kaiserlicher Mandarinen entging Kha dem Exil, das Thanh Thai auferlegt worden war. Hiep war zu jung, um eine genaue Erinnerung an diesen Kaiser zu haben, aber sie erinnerte sich wohl noch daran, dass er bei seinen häufigen Besuchen bei der Familie auf einem Pferd angeritten kam. Später, als bei den Gesprächen in der Familie vom Kaiser die Rede war, bezog sich jeder auf Thanh Thai.

---

183 Bai und Kha standen sich sehr nahe: Bai war Thucs Pate. Er hielt es jedoch für opportun, die Abdankung Thanh Thais zu ratifizieren. So konnte er seinen Posten als Mandarin behalten, um weiter die nationale Sache vom ‚Zentrum der Macht' aus zu unterstützen. Der Kaiser schätzte Khas Geste, ermutigte aber seinen Minister in keiner Weise, diese zu vollziehen. Er wusste, dass die Kolonialmacht die Reaktion der am kaiserlichen Hof anwesenden Katholiken fürchtete: Sie standen sehr oft in Kontakt mit Missionaren und Katholiken aus Frankreich. Artikel von Kha und Bai wurden in vietnamesischen und französischen Zeitungen veröffentlicht. Die Position Bais, des einzigen katholischen Mandarin, der vor Ort war, scheint im Hinblick auf die Franzosen nach Khas Rücktritt gestärkt worden zu sein. Dazu: NGUYEN VAN CHAU, A Lifetime, S. 45-59.

Obwohl Kha in Phu Cam bleiben durfte - die kleine Hiep hatte versprochen, dafür zu beten, dass ihr Vater nicht von seiner Familie getrennt werde[184] -, waren die Absetzung und die Verbannung des Kaisers ein harter Schlag für die Familie. Aus seinen Ämtern entfernt und ohne finanzielle Mittel, musste Kha, damals über fünfzig Jahre alt, mit seiner Frau zusammen hart arbeiten, um ihre vielen Kinder zu ernähren. Die Familientradition hat Khas Mut bewahrt.

Die familiären Bande wurden in dieser Zeit der Demütigung, die alle mit Stolz durchlebten, im Geist des Gebetes und der Solidarität gefestigt. Die mutige Haltung meines Großvaters entsprach genau dem Ideal der konfuzianischen Moral, die die Menschen ermutigt, nach ihrem Gewissen zu leben, selbst wenn es der Karriere schadet. Zu meinen Onkeln, die in den Ferien hart arbeiten mussten, sagte Kha, dass der Hände Arbeit, neben dem Studium, sehr dazu beitrage, ihren Charakter zu prägen. Er wollte auch, dass sie das harte Los der Bauern kannten.

Eine wichtige Etappe in der Familiengeschichte war 1912 die Heirat Khois mit der ältesten Tochter von Minister Bai.[185] Die französische Kolonialverwaltung schätzte diese Verbindung nicht besonders. Sie wurde als gefährliche Allianz angesehen, weil sie zwischen zwei katholischen und patriotischen Familien erfolgte. Bai besuchte Kha oft. Gleiches galt auch für andere Mitglieder des kaiserlichen Hofes. Hiep brachte Tee, wenn Kha die Mandarine empfing, und er wollte, dass seine Tochter an diesen Treffen teilnahm, ein ungewöhnlicher Wunsch, der eigentlich nicht der lokalen Kultur entsprach. Als überzeugter Patriot und Politiker, der sich Sorgen um die Zukunft des vietnamesischen Volkes machte, übte Bai die Funktion eines Regenten für Duy Tan aus, als dieser noch minderjährig war. Während dieser Treffen sprach Bai oft über den Antikolonialismus des jungen Kaisers und seine Pläne für eine Revolte gegen die französischen Besatzer. Zu

---

[184] Ebd., S. 1-70.

[185] Ebd., S. 81f.

dieser Zeit war Duy Tan besonders wütend darüber, dass Tausende junger Vietnamesen als Soldaten rekrutiert und ins französische Mutterland geschickt worden waren, um im Ersten Weltkrieg zu kämpfen, der sie eigentlich nicht betraf. Das vietnamesische Volk musste die Kriegsanstrengungen auch mit hohen Steuern unterstützen. Der Kaiser war der Ansicht, dass die Kolonialmacht durch die militärischen Erfolge der Deutschen in Frankreich geschwächt würde. Ein für den 3. Mai 1916 geplanter Aufstand wurde vereitelt und Duy Tan, wie sein Vater, ins Exil geschickt.[186]

Kaiser Khai Dinh, eine unscheinbare Persönlichkeit, trat 1916 die Nachfolge an. Ein wichtiges Ereignis für die Familie, von dem Hiep erzählte, war 1919 Khas Rehabilitation durch Kaiser Khai Dinh. Er gab ihm seinen Titel als Mandarin im Ruhestand zurück, mit den mit diesem Amt verbundenen Bezügen sowie den Pensionsrückständen. Als Kha zu seiner Familie zurückkehrte und eine große Geldsumme bei sich hatte, erklärte er den Seinen einfach: „Reich oder arm, lasst uns immer nach unserem Gewissen leben. Am Ende wird Gott für Gerechtigkeit sorgen."[187] Infolge der Verbesserung seiner finanziellen Situation konnte Kha neues Land kaufen und Arbeiter einstellen. Auch hatte er wieder Zeit, sich dem Lesen zu widmen und sein umfangreiches Wissen an seine Kinder weiterzugeben.

Hieps stille Anwesenheit während der Gespräche über die nationale und internationale Lage ging weiter bis zu ihrer Heirat. Diese Erfahrung beschleunigte ihre innere Reife.[188] Hiep erlebte auch, wie sehr ihre Mutter das Leid dieser großen Staatsangestellten teilte, die bestrebt waren, ihrem Land loyal zu dienen, was auch immer es sie kostete. Später erstaunte sie oft ihren Bruder, den Präsidenten, durch ihre scharfsinnigen politischen Analysen.

---

[186] PHAM CAO DUONG, Duy Tân, in: TUCKER, S. C., Encyclopedia of the Vietnam War, S. 111.

[187] NGUYEN VAN CHAU, A Lifetime, S. 105-106.

[188] Ebd., S. 83-91.

Hieps Hochzeit

In jener Zeit wurden Ehen durch die Eltern arrangiert. Es versteht sich von selbst, dass Nguyen Van Dieu, der Vater von Am, zu Kha kommen würde, um für seinen Sohn um Hieps Hand anzuhalten. Entgegen Dieus Erwartungen bezog Kha seine Frau und seine Tochter in diese wichtige Entscheidung mit ein und stimmte erst zu, nachdem Hiep ihr Einverständnis gegeben hatte. Die beiden Familien verständigten sich über das Hochzeitsdatum. Anfang 1923 erkrankte Kha jedoch: Es wurde eine Lungenentzündung diagnostiziert. Sein Zustand verschlechterte sich und er empfing das Krankensakrament. Alle seine Kinder, außer Thuc, der zu dieser Zeit in Rom studierte, versammelten sich um den sterbenden Vater. Eines seiner Kinder sollte im Namen aller seinen Segen erhalten. Kha wählte weder seinen Sohn Khoi, den jungen Gouverneur der Provinz Binh Dinh[189]*, noch seinen Sohn Diem, den Leiter der Präfektur Hai Lang*[190]*, aus, sondern sein fünftes Kind, seine Tochter Hiep. Im Sterben übertrug Kha seiner Tochter auch die Aufgabe, jedes Jahr in seinem Namen zu sprechen und ihre Meinung zu den Handlungen ihrer Geschwister zu äußern.*[191] *Er äußerte auch den Wunsch, dass Luyen in Frankreich studieren solle. Schließlich flüsterte er Hiep ins Ohr: „Bete für meine Seele, vergiss es nicht." Erschöpft starb er kurz darauf in Frieden.*

Seitdem trafen sich alle meine Onkel jedes Jahr zum Neujahrsfest in unserem Haus und meine Mutter hat im Namen von Kha zu ihnen gespro-

---

[189] Sie liegt etwa 400 Kilometer südlich von Hue.

[190] In der Provinz Quang Tri, unmittelbar nördlich von Hue.

[191] In einigen Veröffentlichungen ist zu lesen, dass Kha nicht wollte, dass Hiep ihre Hochzeit verschob, aber der Tradition zufolge wollte sie die Trauerzeit einhalten. Ihre Hochzeit fand am 28. November 1925 statt. Ich konnte diese Informationen im Pfarrarchiv von Phu Cam überprüfen. Auf einer der Postkarten, die Thuan im Gefängnis schrieb, steht der 21. November als Hochzeitstag. Vermutlich gedachte er der Eheschließung seiner Eltern an einem marianischen Datum, dem Gedenktag Unserer Lieben Frau in Jerusalem, und nicht - wie auf der Heiratsurkunde steht - eine Woche später.

chen. Wenn sie mit einem von ihnen nicht einverstanden war, formulierte sie es immer indirekt: „Unser Vater hätte gesagt …". Aber Diem, der sie oft nach ihrer Meinung fragte, gab sie klare politische Ratschläge. Dank meiner Mutter blieben unsere Onkel trotz ihrer sehr unterschiedlichen Charaktere ihr ganzes Leben lang vereint.

Die Persönlichkeit von Am, Thuans Vater

Während die vietnamesische Gesellschaft von einer Spaltung zwischen den sozialen Klassen geprägt war[192], hat die Verfolgung, die sich fast durch die gesamte Geschichte der vietnamesischen Christen zog, die Gläubigen zutiefst vereint. Obwohl es einen Unterschied in der Herkunft meiner Eltern gab, haben wir in unserer Familie nie den geringsten ‚Klassenunterschied' zwischen Vater und Mutter gespürt.[193]

Das Herz meines Vaters gehörte seiner Frau und seinen Kindern. Als mutiger, fleißiger Mann, achtsam gegenüber seinen Arbeitern und Liebhaber feiner Handwerkskunst, war mein Vater gegenüber meiner Mutter sehr liebevoll. Er liebte es, ihr schönen, feinziselierten Schmuck zu schenken. Als aufmerksamer Ehemann wusste er, was sie fühlte, bevor sie es überhaupt aussprach. Ich werde Ihnen ein kleines Beispiel geben, das meine Mutter mir erzählt hat und das das große Feingefühl meines Vaters und seine tiefe Liebe zu meiner Mutter zeigt: Als sie mit Thuan schwanger war, konnte er es schon an der Art und Weise erkennen, wie sie die Hände auf ihren Bauch legte. Der Tod ihres ersten Sohnes prägte meine Mutter tief. Xuans Krankheit dauerte nur drei Tage, dann verließ

---

[192] In der traditionellen vietnamesischen Gesellschaft spricht man oft von den Si (den Intellektuellen), den Nong (den großen Landbesitzern und Unternehmern), den Cong (den Arbeitern), den Thuong (den Kaufleuten) und den Binh (den Militärangehörigen).

[193] Durch einige seiner Vorfahren war Am mit der kaiserlichen Familie verwandt. Der Unterschied zwischen den beiden Familien besteht hauptsächlich im politischen Engagement.

er seine jungen Eltern. In dieser Prüfung, die sie beide überwältigte, hat meine Mutter sehr viel Trost bei ihrem Ehemann gefunden. Ich denke, Am hatte diese große Sensibilität von seinem eigenen Vater geerbt.

Unglücklicherweise habe ich meinen Großvater väterlicherseits, Dieu, kaum gekannt. Da er selbst nur ein Kind hatte, war es ihm deshalb eine große Freude, seine Enkelkinder zu verwöhnen und sie wachsen und gedeihen zu sehen. Mein Großvater bot den Pfarrgemeindemitgliedern, die in Schwierigkeiten waren, seine Hilfe an. Als Katechet besuchte er auch die Kranken und bei dieser Gelegenheit erkrankte er selbst an Tuberkulose. Als ihn die Krankheit daran hinderte, sein Unternehmen zu führen, übernahm mein Vater die Leitung und spezialisierte sich auf die Instandsetzung großer Gebäude wie der Kathedrale, eines Klosters oder eines Krankenhauses.

Am und Thuan erstellten die Pläne und beaufsichtigten den Bau des Kleinen Seminars Hoan Thien. Obwohl der Zweite Weltkrieg und der Indochinakrieg den Fortgang der Arbeiten verlangsamten und zeitweise sogar zum Erliegen brachten, wurden sie nach der Unterzeichnung des Genfer Abkommens (1954) wieder aufgenommen. Ams Unternehmen florierte: Die Einkünfte waren so groß, dass er eine schöne Villa am Meer kaufen konnte.[194] *Mein Vater achtete besonders auf die Familie und das Personal in unserem Haus. Bei schönem Wetter unternahmen wir alle zusammen einen Ausflug zu einem malerischen Ort, oft samstags, und machten gut gelaunt ein Picknick. Auch wenn wir nur wenige Kilometer vom Haus entfernt waren, war das für jeden von uns die Gelegenheit, eine angenehme Zeit zu erleben, eine Unterbrechung des Alltags. Ich erwartete ungeduldig diese Momente der Entspannung, an denen mein Vater für ein paar Stunden seine Arbeit vergaß.*

[194] Das Gebäude existiert noch, ist aber aufgrund seines schlechten Zustandes unbewohnbar geworden.

Geschwister

Thuans Geschwister wurden alle in Hue geboren. Während seines gesamten Lebens und sogar während seiner aufeinanderfolgenden Inhaftierungen war Thuan immer in der Lage, in Briefkontakt mit ihnen zu bleiben. Als Seminarist, Priester, Bischof und später als Mitglied der römischen Kurie wollte der Kardinal vielen Menschen Bruder, Vater und Freund sein. Aber diese umfassende Brüderlichkeit, die er mit denen leben wollte, welche ihm während seines priesterlichen Dienstes anvertraut worden waren, schmälerte niemals die enge Bindung zu seinen Familienangehörigen.

Zu Beginn dieses Buches wurde Xuan (Johann Baptist) erwähnt, der erste Sohn von Am und Hiep, der vor Thuans Geburt starb. Niem (Bernadette) war altersmäßig dem künftigen Kardinal nahe und heiratete einen in Saigon lebenden Engländer. Tuyen (Joseph), das vierte Kind, begann eine Militärkarriere, beendete jedoch sein Leben in den Vereinigten Staaten, wo er viele Kontakte zu seinen im Exil lebenden Landsleuten knüpfte. Truyen (Paul) starb bei der Geburt. Thanh (Michael), der eine enge Bindung zu seinem Onkel Can hatte, war der einzige, der Vietnam nie verließ. Wie sein bischöflicher Bruder kam er ins Gefängnis. Ham Tieu (Anne-Cécile) fand Arbeit in Australien und konnte so eine Schlüsselrolle einnehmen, indem sie ihren Eltern und Geschwistern während deren Exil eine Anlaufstelle bot. Anh Tuyet (Agnes) lebt immer noch in Australien und hat der historischen Kommission, die die Seligsprechung des Kardinals vorbereitet, wertvolle Auskünfte geben können. Thuy Tien (Anne-Thérèse) war Elisabeths Studienbegleiterin in Frankreich. 1975 flüchtete sie mit ihrer Familie nach Australien. Die jüngste ist Nguyen Thi Thu Hong (Elisabeth, geboren am 17. Oktober 1949), die in diesem Buch ihr Zeugnis ablegt. Sie besuchte im Alter von acht bis 16 Jahren in Frankreich die Schule und schloss ihr Universitätsstudium in Australien ab, wo sie Philosophie studierte. Mit ihrem Ehemann lebt sie heute in Kanada und ist Mutter und Großmutter.

Aufgrund unseres Altersunterschieds war Thuan nicht nur ein Bruder, sondern auch ein kleiner Vater für mich. Als er Seminarist war und seine Ferien zu Hause verbrachte, passte er manchmal auf das Baby auf, das ich war. Nach meinem Abitur half er mir sehr bei der Auswahl einer Universität. Während meines Studiums der Philosophie und der Literatur war ich vom Existentialismus fasziniert, der damals als philosophischer Ansatz in Mode war, und mein Lieblingsautor war der Dichter Paul Valéry. Während des Schreibens meiner Abschlussarbeit ließ mir Thuan viel Freiheit, das zu schreiben, was ich dachte. Aber gegen Ende, nachdem er meinen Text gelesen hatte, fragte er mich: „Hast du den Weg zum Glück gefunden?" Ich begann zu weinen, weil ich diesen Weg überhaupt nicht gefunden hatte! „Was soll ich jetzt tun? Ich bin fast fertig mit meiner Arbeit", sagte ich. Er antwortete: „Du kannst die Wahrheit sagen: Ich habe meine Untersuchungen mit Leidenschaft durchgeführt, aber ich beende meine Abschlussarbeit mit großen Fragen. Die Professoren müssen die Freiheit der Gedanken akzeptieren."

Es war sehr bewegend: ein Priester, ein Bruder, ein Bischof, der die Unabhängigkeit des Geistes befürwortet, aber auch immer da war, um das Gewissen zu erhellen. Das hat mein Denken, mein Leben und meinen Glauben sehr geprägt. Als ich 19 Jahre alt war, schlug mein Bruder mir vor, einen freiwilligen Dienst bei den Schwestern von Mutter Teresa in Kalkutta zu machen. Es war zugleich eine beunruhigende wie auch eine aufschlussreiche Erfahrung. Ich war sehr betroffen von dem großen Leid, das viele Einwohner dieser Stadt erlebten, ein Leid, das sich meiner Seele für lange Zeit einprägte. Aber besonders haben mich die Schwestern beeindruckt: Sie sahen wirklich Christus im Antlitz der Ärmsten. Ich sah auch, wie ihre stillen Gebete vor dem Tabernakel ihre geschwisterliche Liebe nährten.

In der Vergangenheit waren es hauptsächlich die anderen Familienmitglieder, die sich für das Leben meines Bruders interessierten. Aber seit seinem Tod, dem Tod meiner Mutter und mehrerer enger Verwandter hat sich in meinem Leben vieles verändert. Wieder und wieder las ich Thuans Schriften. Nach und nach hat mich sein Lebenszeugnis berührt. Ich habe seine Spiritualität in mich aufgenommen und durch die Vermittlung meines Bruders hat der Herr mich Seine große Liebe besser erkennen lassen. Thuans Gedanken weiterzugeben, liegt mir sehr am Herzen. Ich habe den Eindruck, dass er mich antreibt, einen ‚Kreuzzug' zu führen, um diese wertvolle Botschaft zu verbreiten. Ich hoffe von ganzem Herzen, dass der Seligsprechungsprozess - sehr stark unterstützt von meinen Landsleuten auf der ganzen Welt – in den kommenden Jahren zu einem glücklichen Abschluss für die Kirche Vietnams und der Welt führen wird.

Dafür lebe und bete ich.

Familienleben und Engagement der Ngos

Onkel und Tanten des Familienzweiges der Ngo

Ich habe ausgezeichnete Erinnerungen an meine Begegnungen mit meinen Onkeln, besonders mit Can, dem jüngeren Bruder meiner Mutter. Meine Schwester Thuy Tien (Anne-Thérèse) und ich gingen in den 1950er und 1960er Jahren in Frankreich zur Schule, aber jedes Jahr zu Weihnachten und in den Sommerferien kamen wir nach Vietnam zurück. Ich stand Can sehr nahe. In den Ferien besuchte ich ihn jeden Tag und ging mit ihm in der Nähe seines Landhauses angeln oder am Strand Krabben fangen. Er hatte einen sehr praktischen Verstand und sprach sehr anschaulich mit uns Kindern über unser Land. Er erklärte uns das Essen, die Bäume, die kaiserlichen Gräber, die Flüsse und Wälder. Er lehrte uns Geographie auf eine sehr spielerische Weise. Das sind für mich sehr schöne Erinnerungen an meine Kindheit und Cans tragischer Tod war für mich deshalb äußerst schwer zu verarbeiten.

Mein Onkel Diem war ein sehr eigensinniges und willensstarkes Kind. Khas Umfeld war erstaunt, dass dieser sich besonders eingehend mit Diems Ausbildung beschäftigte, obwohl er nicht der älteste Sohn war.[195]

---

[195] Während Diems gesamter Jugend ermutigte Kha ihn voranzustreben. Er brachte ihn im Alter von fünfzehn Jahren nach Quoc Hoc. Während seines Studiums war Diem von den vielen Ähnlichkeiten zwischen christlichen und konfuzianischen Werten beeindruckt. Wenn der Konfuzianismus Individualität weniger fördert, dann deshalb, weil jeder Mensch aufgefordert ist, seine Talente in den Dienst des Allgemeinwohls zu stellen. Konfuzius träumte von einer Gesellschaft, in der Individuen ihre persönlichen Interessen opferten und in erster Linie dem Wohl aller dienten: der Familie, der lokalen Gemeinschaft und dem Land. Diem brachte dieses Ideal mit seinem Glauben in Einklang.

Es ist auch überraschend, dass Khoi die Entscheidung seines Vaters voll und ganz billigte. Kha war davon überzeugt, dass Diem daran arbeiten müsse, seinen Charakter zu verbessern. Er schickte ihn für sechs Monate ins Noviziat der Pellerin-Schule,[196] *nicht als Novize, sondern als Internatsschüler, damit er von der Demut der Brüder inspiriert würde. Diem stand seinen Brüdern Nhu und Can sehr nahe. Nhu wurde später sein politischer Vertrauter. Can, der wenig Interesse am Studieren hatte, unterstützte ihn mit seinen vielen praktischen Fähigkeiten.*[197]

Mein Onkel Luyen war ein echter ‚Lebenskünstler', aber sehr begabt in allem, was er unternahm, sowohl in der Schule wie in seinem späteren Leben. Meine Großmutter rief oft Diem an, dass dieser Luyen nach einer seiner vielen Dummheiten bestrafe, aber sein älterer Bruder kam oft zu spät: Luyen flüchtete zu uns und meine Eltern versteckten ihn. Deshalb blieb er meiner Mutter sehr verbunden und verbrachte sein letztes Jahr in Australien mit meinen Eltern, bevor er nach Frankreich zurückkehrte, wo er an einem Herzinfarkt starb.

Trotz der großen Unterschiede in ihrem Temperament hatten die Geschwister dasselbe Ideal und blieben sich einig, wenn einmal eine Entscheidung getroffen war, auch wenn es sich im Nachhinein als schwierig erwies. Mein Großvater hatte ihnen tausendmal gesagt, dass Unwissenheit und mangelnder Zusammenhalt die größten Gefahren seien. Nhu zum Beispiel ließ Diem angesichts des Todes nicht allein, auch wenn ihre Herangehensweise an die Politik unterschiedlich war.

---

196 Diese Schule, von den ‚Christlichen Schulbrüdern' geleitet, war auch ein Ausbildungsort für die Novizen der Kongregation.

197 *Mein Onkel Thuc hatte genauere Kenntnis von Cans Aktivitäten: Er verfügte über eine große praktische Intelligenz und konnte dank des Zimthandels beträchtliche Mittel aufbringen. Er kannte das Zentrum von Vietnam wie seine Westentasche. Das verdiente Geld diente später dazu, in dieser Region wieder eine gewisse politische Stabilität aufzubauen.*

Diem

1921 schloss Diem sein Studium der Rechts- und Verwaltungswissenschaften am Hau Bo-Institut in Hue erfolgreich ab. Er war der beste Student seiner Klasse. Dank der hervorragenden Beziehungen zwischen Kha und Nguyen Huu Bai, aber vor allem wegen seines persönlichen Qualitäten erhielt Diem schnell den Leitungsposten des Bezirks Huong Thuy in der Provinz Thua Thien-Hue, dann 1925 den in Hai Lang in der Provinz Quang Tri. Es war vielleicht nicht nur aus Frömmigkeit, dass Am und Hiep nach ihrer Hochzeit nach La Vang gingen, um zu beten. Tatsächlich befand sich das Heiligtum im Bezirk Hai Lang, einer Ansammlung von fast 200 Dörfern, für die Diem zu dieser Zeit verantwortlich war. Hiep und ihr Mann führten lange Gespräche mit Diem. Das war der Beginn der Mission, die Kha seiner Tochter anvertraut hatte. Hiep erinnerte ihren Bruder immer an Khas Unterweisung, nämlich die Notwendigkeit, dass er stets seinem Gewissen folgen müsse.

Hiep kannte den leidenschaftlichen Eifer ihres Bruders besser als alle anderen und war deshalb kaum überrascht, dass er jedes Dorf zu Pferd besuchte, um seinen Bezirk besser kennenzulernen. Diem war sehr aufgeschlossen gegenüber der Notlage der Schwachen. Er befürchtete, dass sie durch den Kolonialismus und die hierarchische Struktur der vietnamesischen Gesellschaft an den Rand gedrängt würden. Er war unparteiisch gegenüber Buddhisten oder Konfuzianisten, kämpfte gegen Korruption und stürzte sich so sehr in seine Arbeit, dass er sich kaum Zeit nahm, richtig zu essen. Hiep fragte sich, warum er es nicht eilig hatte zu heiraten. Es scheint, dass Diem sich schon damals dafür entschieden hatte, seinem Land zu dienen, egal was auch immer es ihn kostete. Sein ganzes Leben lang lebte er wie ein Asket – mit Ausnahme des Zigarettenrauchens. Sein strenger Lebensstil wäre, so dachte er, für eine Frau und Kinder zu anstrengend gewesen.

In den 1930er Jahren wurde Khoi von Bai zum Gouverneur der Provinz Quang Nam ernannt und wenig später Diem zum Gouverneur von Binh Thuan.[198] Es waren wichtige Ämter für solch junge Männer. Im April 1933 trat Bai als Innenminister zurück und wurde durch Diem ersetzt. Der junge Kaiser Bao Dai war gerade aus Frankreich zurückgekehrt, um die Macht zu übernehmen.[199] Diem setzte sich für radikale Reformen ein, die weder von Bao Dai noch von den Franzosen geschätzt wurden. Angesichts dieser Opposition trat Diem, nachdem er nur drei Monate im Amt war, zurück. Er lebte dann in Phu Cam und nutzte die Gelegenheit, das ganze Land zu bereisen, um Kontakt mit anderen Patrioten zu knüpfen.[200] Während dieser Periode nahm er sich sehr viel Zeit zum Spazierengehen, zur Lektüre und zur Meditation. Wenn er seine Schwester Hiep besuchte, unterhielt er sich ausgiebig mit seinem jungen Neffen Thuan. Diem freundete sich auch mit Pater Thich an, dem zukünftigen Vertrauten von Thuan. Fast täglich besuchte er Bischof Allys, seinen ehemaligen Pfarrer und langjährigen Freund der Familie.

---

[198] Von 1927 bis 1930 hatte Diem schon das Amt des Gouverneurs von Ninh Thuan, einer Provinz im Süden, ausgeübt.

[199] Bai glaubte - eine Haltung, die für einen Politiker seines Ranges fast undenkbar war -, dass das imperiale System so gut wie vorbei sei. Er bewunderte ‚Revolutionäre' wie den konfuzianischen Dichter Phan Boi Chau (1867-1940), der Gründer einer nationalistischen Partei und engem Vertrauten des verbannten Prinzen Cuong De (PHAM CAO DUONG, Cuong Để, in: TUCKER, S.C., Encyclopedia of the Vietnam War, S. 88 und ROSS, Rodney. J., Phan Bôi Châu, in: Ebd., S. 326). Bai schätzte auch Phan Chu Trinh (1872-1926), einen Antimonarchisten, der am Ende seines Lebens zahlreiche Anhänger mobilisierte (ROSS, Rodney J., Phan Chu Trinh, in: Ebd., S. 326). Siehe auch NGUYEN VAN CHAU, A Lifetime, S. 127.

[200] Es ist schwierig, Diems Spuren in diesen Jahren zu folgen. Die politische und religiöse Welt war in Aufruhr. Die Kommunistische Partei wurde 1930 gegründet. Auf buddhistischer Seite gründete Huynh Phu So (1920-1947) die Hoa Hao-Sekte. Sie zog sofort Millionen von Anhängern aus dem ländlichen Raum an. Später griffen ihre Mitglieder zu den Waffen und diese Sekte zeigte sich als antikommunistische und antikolonialistische Kraft. (ROSS, Rodney J., Hòa Hao, in: TUCKER, S. C, Encyclopedia of the Vietnam War, S. 177-178 und PHAM CAO DUONG, Huỳnh Phú Sổ, in: Ebd., S. 185). Es scheint, dass Diem zuerst Kontakt mit Phan Boi Chau aufgenommen hat.

Der Zweite Weltkrieg

Verschiedene Ereignisse prägten das Leben der Familie ab 1938. Im Januar dieses Jahres wurde Thuc zum Bischof von Vinh Long ernannt, einer Diözese südlich von Saigon. Zur gleichen Zeit kehrte Nhu nach Abschluss seines Studiums an der Pariser ‚École Nationale des Chartes'[201] ins Land zurück. Er überlegte, Tran Le Xuan, ein Mitglied der kaiserlichen Familie, zu heiraten.[202]

Zu Beginn des Zweiten Weltkriegs drangen die Japaner ins Land ein. Während der Bombenangriffe zu Beginn des Konflikts wurde Phu Cam verwüstet und die Einwohner, darunter meine Eltern, flohen. Nach dem Waffenstillstand setzten sich japanische Truppen im Land fest, behielten aber die französische Verwaltung bei. Meine Eltern konnten ins Dorf zurückkehren. Thuan erinnerte sich noch an die Rückkehr der Familie: Mitten in unserem großen Garten hatten die Japaner eine kleine Bahnstation gebaut. Mein Vater hatte keine Aufträge mehr, um sein Unternehmen fortzuführen. Er war gezwungen, Land zu verkaufen und mit meiner Mutter Felder zu bestellen, um sowohl unsere Familie als auch die vielen Bedürftigen, die um Hilfe baten, zu ernähren.

Aus dem Bösen ist Gutes entstanden! Weil die christlichen Gemeinschaften zerstreut worden waren, bezeugten sie nun ihren Glauben mitten in einer nichtchristlichen Welt. Während dieser schwierigen Zeiten schätzten es die Buddhisten, an den Gebeten der Christen teilzunehmen. Es waren Gebete voller Gottvertrauen trotz der Schrecken des Krieges.

Onkel Khoi war der einzige, der von den Franzosen autorisiert war, sein politisches Amt als Provinzgouverneur beizubehalten. Bedingung war, dass er sich von seinen Brüdern, insbesondere von Diem, fernhielt, doch

---

[201] Renommierte französische Lehr- und Forschungsstätte, in der vor allem Archivare, Konservatoren und Bibliothekare ausgebildet werden.

[202] Xuan war die Enkelin von Kaiser Dong Khanh.

beide verfolgten ihre Kontaktaufnahme mit den Patrioten weiter, insbesondere zu den Cao Dai-Buddhisten.

Während der japanischen Besatzung setzte Diem im Untergrund seine politischen Aktivitäten fort. Er blieb seinem christlichen Leben treu, lebte unter den Augen der göttlichen Vorsehung und war vor allem ein mit Gott verbundener Mann. Das persönliche Gebet, die Meditation und der Empfang der Sakramente waren das Herzstück seiner Aktivitäten. Er akkzeptierte ein hartes Leben, in dem er ständig in Gefahr war. Zu jener Zeit - es war im Sommer 1944 - beschlossen die Franzosen, die von seinen geheimen Aktivitäten wussten, ihn zu entführen und in Laos zu inhaftieren. Er wurde von alten Freunden aus dem Kaiserpalast über dieses Vorhaben informiert. Meinem Onkel gelang es, nachts der Überwachung seines Elternhauses zu entkommen und durch den Garten zu fliehen. Dank einiger Unterstützer gelangte er nach Saigon, wo er intensivere Kontakte zu den Caodisten und den Hoa Hao-Buddhisten knüpfte. Er hatte auch die Gelegenheit, meinen Bischofsonkel in Vinh Long zu besuchen. Luyen, der im Süden lebte, versorgte die Familie mit Neuigkeiten über Diem.

Das Ende des Krieges in Europa, der Sturz des Vichy-Regimes und sein Ersatz durch die provisorische Regierung der Französischen Republik führten dazu, dass die kaiserliche japanische Armee direkt mit der französischen in Konflikt geriet. Die westlichen Priester wurden inhaftiert. Reis wurde beschlagnahmt, um die japanischen Truppen zu versorgen, was wiederum zu einer schrecklichen Hungersnot in der Zivilbevölkerung führte. Zwei Millionen Vietnamesen starben, vor allem im Norden, der stärker unter dem Mangel an Reis litt, da dieser hauptsächlich im Süden angebaut wurde.[203] *Es herrschte das Chaos! Kaiser Bao Dai proklamierte die Unabhängigkeit des Landes, aber in Wirklichkeit wurde Vietnam von den Japanern kontrolliert. Von Bao Dai gefragt, ob er die*

[203] Weitere Informationen, siehe: NAMBA, Chizuru, Français et Japonais en Indochine (1940-1945), colonisation, propagande et rivalité culturelle, S. 118.

neue Regierung bilden wolle, lehnte Diem den Vorschlag ab: Es kam für ihn nicht in Frage, eine neue Form des Kolonialismus zu akzeptieren.[204]

Die schrecklichen Atombomben auf Hiroshima und Nagasaki (6. und 9. August 1945) setzten der japanischen Herrschaft in Indochina ein Ende. Bao Dai wurde von den Kommunisten abgesetzt, die ihrerseits die Unabhängigkeit des Landes proklamierten. Khoi und sein Sohn wurden von den Vietminh getötet,[205] *die auch Diem verhafteten. Im Norden inhaftiert und krank, wurde er schließlich von seinen Bewachern in einem abgelegenen Dorf nahe der chinesischen Grenze zurückgelassen und von den Bewohnern des Meo-Stammes gepflegt.*[206] *Die Vietminh ließen ihn dort bis zu dem Moment, als Ho Chi Minh von den Absichten der Franzosen erfuhr, ihre ehemalige Kolonie zurückzuerobern, ein Plan, der zum Indochinakrieg führte. Er ließ Diem in sein Quartier in Hanoi kommen und hoffte, in ihm einen erfahrenen Mitarbeiter zu finden, der ihm helfen würde, gegen die Franzosen zu kämpfen. Diem lehnte es ab, mit Ho Chi Minh zusammenzuarbeiten. Dennoch kam er, zu seiner Überraschung, frei.*[207] *Diem flüchtete für einige Tage zu den Ordens-*

---

204 Weitere Informationen, siehe NGUYEN VAN CHAU, A Lifetime, S. 212-228. Nhus Stiefvater war einer der Politiker, der sich entschied, in die Regierung einzutreten.

205 NGUYEN VAN CHAU, A Lifetime, S. 255. Can war sehr berührt vom Schicksal seines älteren Bruders. Von diesem Moment an begann er, sich an dem von seinen Brüdern geführten politischen Kampf zu beteiligen. Er unterstützte auch seine Mutter, die durch den Tod ihres ältesten Sohnes und ihres Enkels völlig gebrochen war.

206 Es gibt mehr als eine Million Angehörige von Minderheitenstämmen im Norden. Die Meo leben auf über tausend Metern Höhe. Ihre Lebensweise unterscheidet sich von der ihrer Landsleute hinsichtlich Lebensraum, Agrarsystem und Glaubensüberzeugungen. Hanoi versuchte diese Stämme in das kommunistische System zu integrieren. Die Meo haben eine tiefe Verbundenheit zu Diem bewahrt.

207 NGUYEN VAN CHAU, A Lifetime, S. 262-268. Im Gegensatz zu Bao Dai und Bischof Le Huu Tuu, die sich bereit erklärten, ‚Berater' des neuen Regimes zu werden, wagte es Diem, sich der kommunistischen Macht zu widersetzen. Tuu, Bischof der Diözese Phat Diem, etwa 100 km südlich von Hanoi gelegen, verfügte über eine Privatarmee. Er war Nationalist und stand dem Kaiser nahe. 1954 distanzierte er sich jedoch recht schnell von Ho Chi Minh und ging in den Süden, als

schwestern in Hanoi, wo er Nhu traf. Trotz dieser ‚Freiheit' musste er sich lange verstecken und teilte auf diese Weise das Leid seines Landes im Krieg.

der Norden kommunistisch wurde.

Schwierigkeiten am Kriegsende

Diem im Untergrund

Nach einem kurzen Aufenthalt bei den Ordensschwestern in Hanoi flüchtete mein Onkel nach Thai Ha Ap, in ein Redemptoristenkloster außerhalb der Stadt.[208] *Getarnt als Priester nahm er dort seine politische Untergrundarbeit wieder auf. Das scheint eine fast klassische Formel in Diems Leben zu sein: den Kampf für das politische Wohlergehen unseres Landes angeschlossen an ein Gebetsleben an Orten des Glaubens, oft Klöstern oder Konventen, zu führen. Als Flüchtling, dessen Leben ständig in Gefahr war, fand er im persönlichen Gebet Kraft und Weisheit, während sich das Land auf einen erneuten Konflikt vorbereitete.*

Zwischen dem Abzug der Japaner und dem Beginn des Indochinakriegs standen sich Kommunisten und nationalistische Bewegungen gegenüber. Während die Rivalen einander bekämpften, versuchte Diem, Kontakte mit ehrlichen und einfachen Menschen zu knüpfen, insbesondere mit denen, die nicht vorrangig ihre eigenen Interessen verfolgten. Während dieser schwierigen Jahre, die er im Untergrund verbrachte, lernte er viel über die Tiefe der vietnamesischen Seele. So entdeckte Diem bei vielen Landsleuten eine große Kraft, Opfer auf sich zu nehmen. Er traf Vietnamesen aller Glaubensrichtungen, die bereit waren, mit friedlichen Mitteln für die Gleichberechtigung des Volkes zu arbeiten. Historiker ignorieren im Allgemeinen diese Episode in Diems Leben. Die Politik, die er als Präsident verfolgte, wie auch seine Spiritualität können jedoch nicht vollständig verstanden werden, wenn man diese Episode in seinem Leben nicht kennt.

[208] Der 1928 gegründete Konvent zog viele Menschen an, wurde aber 1954 von den Kommunisten aufgelöst.

Im Kloster der Redemptoristen hatte Diem eine bewegende Begegnung, nämlich die mit Marcel Văn,[209] *der mehrere Monate in seinem Dienst stand.*[210] *Trotz der schwierigen Jugend, die dieser Bruder durchlebt hatte, war sein ganzes Sein vom Gebet und von einem innigen Kontakt mit Christus ganz im Geist der heiligen Theresia von Lisieux durchdrungen. Diese Begegnung verwandelte Diems geheimen Aufenthalt in eine spirituelle Erfahrung. Durch seine Worte und seinen Geist des Dienens vermittelte Van ihm die Kraft Gottes. Auch wenn Diem ein großer Gelehrter war, der schon hohe politische Ämter bekleidet hatte, wurde er durch diesen einfachen Bruder, der die Freiheit und den Frieden der Kinder Gottes ausstrahlte, verwandelt. Van hatte stark unter der Anwesenheit der Franzosen in Vietnam gelitten. Er hielt sich vom politischen Leben fern und hatte dank des intensiven Gebets seinen Hass in Vergebung verwandeln können.*[211] *Was Diem betrifft, so hatte seine Freundschaft zu vielen Missionaren dazu geführt, dass er den Wunsch hatte, sich friedlich für den Abzug der Kolonialmacht einzusetzen. Auf diese Weise fanden der Politiker und der betende Bruder, jeder auf seine Weise, eine Antwort auf die Leiden, die unserem Land durch die Kolonisation zugefügt worden waren.*

Während dieser Zeit hatte die Familie, die in Phu Cam geblieben war, ein hartes Leben. Giao und ihr Mann starben an Tuberkulose. Am und Can, die am wenigsten politisierten Familienmitglieder, waren gezwungen, jede Nacht an einem anderen Ort zu schlafen, aus Angst, von den

[209] Es wird auch am Ende dieses zweiten Teils die Rede von Van sein. Nguyen Tan Van (Marcel - 1928-1959) wurde wie Thuan zum Diener Gottes erklärt. In seinen Schriften spricht er oft, wie die heilige Theresia von Lisieux, von der Liebe Gottes. Er starb an Tuberkulose und Erschöpfung in einem Konzentrationslager im Norden von Vietnam. Dazu: NGUYỄN-THỊ-THU-HỒNG, Élisabeth und DE ROULHAC, Olivier, Deux vies, un message. Regards croisés sur le cardinal François-Xavier Nguyễn-Vân-Thuận et le frère Marcel Nguyễn-Tân-Văn, S. 110-112 und BOUCHER, Antonio, Petite Histoire de Van.

[210] NGUYỄN-THỊ-THU-HỒNG, É. und DE ROULHAC, O., Deux vies, un message, S. 74-75. Pater de Roulhac verortet diese lange Zusammenarbeit während des Aufenthalts von Diem im Kloster, nahe Hanoi.

[211] Ebd., S. 76.

Kommunisten gefangen genommen zu werden. Andere Patrioten gruben in Hieps Garten Verteidigungsgräben aus, in der Hoffnung, den Franzosen, deren Rückkehr von Tag zu Tag bedrohlicher wurde, widerstehen zu können.

Bis Ende 1946 hatten die Verhandlungen zwischen den Kommunisten und den Franzosen keine Ergebnisse gebracht. Jede Kriegspartei wollte das gesamte Gebiet kontrollieren. Die Vietminh starteten im Dezember ihren ersten großen Angriff auf die französischen Stellungen. Der Indochinakrieg führte zur Verwüstung eines Landes, das bereits von einer Hungersnot erschöpft war. Einige Monate lang wurde Phu Cam von den Kommunisten kontrolliert, die mehr als tausend in der Bibliothek meines Großvaters Kha sorgsam aufbewahrte Bücher zerstörten.

Meine Eltern, meine Großmutter My und meine Geschwister flohen nach Vy Da, einem kleinen Dorf am Rande der Stadt, wo meine Großeltern väterlicherseits ein Landhaus inmitten der Reisfelder besaßen. Mein Onkel Can, meine Großmutter Pham Thi Than, meine Tante Hoang und ihre Tochter, Nhus Frau und ihre Tochter fanden Zuflucht bei den Redemptoristen.[212] *Anfang Februar 1947 ließ mein Vater die traditionellen Feierlichkeiten zum vietnamesischen Neujahrsfest ausfallen und verbrachte viel Zeit mit seiner Familie in inbrünstigem Gebet. Die prekäre Situation brachte sie dem Herrn noch näher. Es erscheint mir, dass sich zu dieser Zeit das tiefe Verständnis für die Leiden unserer Vorfahren, der verfolgten Christen, vertiefte. Als meine Eltern einen Monat später nach Phu Cam heimkamen, fanden sie eine verwüstete Region, den niedergebrannten Kaiserpalast und die zurückgekehrten Franzosen vor.*

[212] Nhu war ebenso gezwungen, anderswo Zuflucht zu suchen.

Diems Abreise

Ab 1947 hatte mein Onkel mehr Bewegungsfreiheit und konnte deshalb die Familie im Frühjahr in Phu Cam treffen. Meine Mutter stellte eine große Veränderung bei Diem fest, den sie seit Jahren nicht mehr gesehen hatte. Natürlich war er älter geworden, jedoch wirkte er viel gelassener, innerlich reifer, aber immer noch seinen politischen Überzeugungen treu. In Hue lehnte er den Vorschlag der mit den Vietminh kämpfenden Franzosen ab, eine Regierung zu bilden. Er ging nach Saigon und besuchte zweimal Bao Dai, der als Flüchtling in Hongkong lebte.

1949 kehrte der ehemalige Kaiser in das Land zurück, wo die Franzosen ihm den Titel ‚Staatsoberhaupt' verliehen. Während dieser Zeit hielt sich Diem oft in der Region auf und wohnte im Haus seiner Mutter. Thuc war davon überzeugt, dass Diem seine politischen Erfahrungen durch Reisen ins Ausland verbessern sollte. Auf diese Weise konnte er Patrioten in der Diaspora treffen und beobachten, wie Europa, Japan und die Vereinigten Staaten die Schrecken des Krieges überwanden, während Vietnam in einem endlosen Konflikt feststeckte. Diem gefiel die Aussicht, nach Rom, dem Herzen der katholischen Kirche, zu reisen, zumal Papst Pius XII. 1950 zum Jubiläumsjahr erklärt hatte.[213]

So verließ mein Onkel sein Land für vier Jahre. In Begleitung von Thuc besuchte er zunächst Japan, wo er Cuong De traf, den kaiserlichen Prinzen im Exil. Dank seines Bischofsbruders erhielt er eine Audienz bei Papst Pius XII. in Rom. Anschließend lebte er einige Jahre in den USA, hauptsächlich in einem Kloster. Während seines Aufenthalts erwarb er umfangreiche Kenntnisse über die amerikanische Kultur und knüpfte zahlreiche Kontakte mit Politikern - unter anderem mit dem späteren Präsidenten Kennedy. Die Kontakte, die während dieses Aufenthalts entstanden, waren für die Zukunft bedeutsam. Wie sein Vater Kha in-

[213] NGUYỄN-THỊ-THU-HỒNG, É. und DE ROULHAC, O., Deux vies, un message, S. 289-305.

teressierte sich mein Onkel besonders für die Begegnung zwischen der östlichen und der westlichen Kultur. An der Universität von New Jersey (Seton Hall) war er Mitbegründer eines Zentrums für asiatische Studien.[214] *Im Mai 1957 erhielt Diem dort die Ehrendoktorwürde. Anlässlich dieser Zeremonie hielt mein Onkel eine Rede, in der er die Bedeutung geistlicher Werte in der politischen Welt Vietnams betonte. Unter diesen Umständen trat Diem eindeutig für die Würde jedes Menschen ein.*[215]

Nach diesem wichtigen Aufenthalt in den USA reiste Diem nach Europa, wo er sich als Oblate im belgischen Benediktinerkloster Saint-André in der Nähe von Brügge einschrieb.[216] *Auch wenn die Umstände dazu geführt hatten, dass Diem sich in verschiedenen geistlichen Häusern aufhielt, entschied er sich dafür, sich dieser Klostergemeinschaft in Brügge anzuschließen. Am 10. Februar 1954, dem Fest der heiligen Scholastika, der Schwester des heiligen Benedikt, legte mein Onkel seine ersten Gelübde ab. Er nahm einen Heiligennamen aus dem Benediktinerorden an, Odilo, der sich für die Einführung des Tages Allerseelen (2. November) eingesetzt hatte.*[217] *Meine Familie in Vietnam verstand nicht, war-*

---

214 Gegründet unter dem Namen ‚The Institute of Far Eastern Studies', wurde das heutige ‚Asia Center' an der Seton Hall University auch von anderen prominenten Mitgliedern, wie dem Präsidenten von Südkorea, errichtet. (THE ASIA CENTER, When Heaven Meets Earth: Confucian and Christian Explorations of the Social Order, April 2002 = Symposium of the Seton Hall University).

215 In seiner Rede von 1957 sagte er unter anderem: „Die transzendenten Werte der menschlichen Person, deren freie, harmonische und vollständige Entwicklung sowohl auf individueller als auch auf kommunaler Ebene [sind] Gegenstand aller staatlichen Aktivitäten …" (Ebd.).

216 Ein Oblate im Benediktinerorden ist eine Person, die täglich die Spiritualität des heiligen Benedikt lebt. Diem legte sein Versprechen innerhalb des Klosters ab, aber als er es 1954 verließ, um in sein Land zurückzukehren, lebte er weiterhin in Treue zu seinem Versprechen bis zu seinem Tod.

217 Der heilige Odilo (961-1048) war der fünfte Vaterabt der Abtei von Cluny (994-1048), einer Abtei, die 909 gegründet worden war. Die mittelalterlichen Mönche wurden ermahnt, sich nicht zu sehr bei ihren eigenen inneren Leiden und Prüfungen aufzuhalten, sondern ihren Blick auf das siegreiche Kreuz zu richten. Die Mönche hatten die Gewohnheit, „Totenrollen" in Umlauf zu bringen. Wenn ein Mönch gestorben war, wurde ein Brief geschrieben und von Kloster zu Kloster

um Diem diesen bei uns so wenig bekannten Heiligen zum Schutzpatron seines Ordenslebens gewählt hatte. Später war meine Mutter von der Tatsache beeindruckt, dass mein Onkel Diem am 2. November ermordet wurde, an Allerseelen, dem vom heiligen Odilo eingeführten Tag des Gedenkens an die Verstorbenen.

Diems Rückkehr

Als Diem gerade seine Gelübde als Oblate abgelegt hatte, bat Bao Dai ihn, nach Vietnam zurückzukehren, um das Amt des Premierministers einzunehmen. Diem wollte keineswegs das Kloster in Brügge verlassen. Nach langem Zögern, Gebeten und Gesprächen mit den Mönchen der Abtei willigte Diem ein, in seine Heimat zurückzukehren. Das Land war zu einem der Epizentren des Kalten Kriegs geworden. Am 21. Juli 1954, dem Tag der Unterzeichnung des Genfer Abkommens, endete der Indochinakrieg. Leider war es aber nicht das Ende der Konflikte, die das Land für viele Jahre auseinanderreißen und Diem und unsere Familie in die Wirren hineinziehen würden. Diem, ein Mann des Gebets, der Präsident wurde, wollte immer, dass das vietnamesische Volk sein Schicksal selbst in die Hand nimmt. Von nah und fern haben seine Angehörigen stets sein Engagement für ein freies Vietnam unterstützt.

---

getragen. Auf den heiligen Odilo geht das jährliche Gedenken an alle verstorbenen Gläubigen am 2. November zurück. Die Aufmerksamkeit, die er dem Verstorbenen schenkte, hinderte ihn nicht daran, den Lebenden große Nächstenliebe zu erweisen: Zum Beispiel versorgte er die Opfer zahlreicher Hungersnöte. Zu Sankt Odilo siehe zum Beispiel: HOURLIER, Jacques, Odilon (de Cluny), in: Dictionnaire de spiritualité, Paris, Éd. Beauchesne, Tome XI (1982), Spalten 608-613. Über seine Schriften siehe: Les saints abbés de Cluny. Textes choisis, traduits et présentés par Raymond Oursel, Namur, Éd. du Soleil Levant (coll. « Les Écrits des Saints »), 1960, S. 89-161.

Exil der Familie

Saigon

Am 2. November 1963 wurden Diem und Nhu ermordet. Die Putschisten, die ihren Tod verursacht hatten, beschlossen, sich auch Cans zu entledigen. Er wurde am 8. Mai 1964 hingerichtet. Ich war zu der Zeit im Land. Der Tod dieses Onkels, der sich so sehr um uns gekümmert hatte, hat mich außerordentlich getroffen. Thuan hatte unseren Onkel im Gefängnis besuchen, aber am 8. Mai nicht mit ihm beten können. Ein Priester war bei der Hinrichtung anwesend und erzählte uns, dass Can seinen Tod mit Mut und Ruhe angenommen habe. Unser Onkel wollte den Buddhisten ein Zeichen der Brüderlichkeit geben: Er hatte den Wunsch geäußert, auf einem buddhistischen Friedhof beerdigt zu werden. Unterstützt von Thuan und Thuyen holte meine Mutter Cans sterbliche Überreste im Gefängnis ab.[218] *Bischof Hoa Nguyen Van Hien half uns, die Beerdigung unserer Onkel zu organisieren. Einige Jahre später wurden die Leichname von Diem und Nhu auf einem öffentlichen Friedhof in Saigon beigesetzt, wo Familie und Verwandte seither an ihren Gräbern für den Frieden des Landes beten können.*

Unsere Großmutter mütterlicherseits, Pham Thi Than, war lange krank und starb am 2. Januar 1964. All diese aufeinanderfolgenden Todesfälle erschütterten die Gesundheit meiner Mutter schwer. 1965 musste sie sechs Monate stationär in der Saint-Paul-Klinik[219] *behandelt werden. Mein Vater besuchte sie jeden Tag. Das Leid, das meine Eltern ertrugen, stärkte ihre Liebe. Gleich am Anfang ihrer Ehe hatte mein Vater beschlossen, sich*

[218] Später wurden Cans Überreste auf einem öffentlichen Friedhof in Saigon beerdigt, in der Nähe der Gräber seiner ermordeten Brüder.

[219] Sie hatte hauptsächlich Herz- und Nierenprobleme.

von politischen Diskussionen fernzuhalten, auch wenn er über die Standpunkte eines jeden auf dem Laufenden war. Diems Ermordung brachte den Ruin der ihm nahestehenden Menschen mit sich; damit endete das Bestreben der Familie Ngo, eine wesentliche Rolle beim Aufbau eines freien Vietnam zu spielen. In dieser Prüfung erwies sich mein Vater als ein Fels, auf den sich die ganze Familie stützen konnte. Er zog seine Kraft aus dem Beispiel seines eigenen Vaters, der immer jeden Abend seine Familie um sich versammelt und treu das Familiengebet geleitet hatte.

Die Katholiken wurden verdächtigt, mit dem Diem-Regime zusammengearbeitet zu haben. Deshalb wurden sie von den Militärmachthabern diskriminiert.[220] *Das Schicksal unserer Schwester Ham Tieu (Anne)*[221] *ist ein gutes Beispiel dafür: Es war ihr untersagt, weiterhin in der vietnamesischen Botschaft in Australien zu arbeiten. Das Leben in Phu Cam wurde für meine Eltern unmöglich. Sie beschlossen, nach Saigon zu meinem Bruders Tuyen zu ziehen.*[222] *Sie lebten dort zwölf Jahre. Als meine Mutter wieder zu Kräften gekommen war, wurde ihr Zuhause ein Treffpunkt für die vielen Menschen, die vor den Bombenangriffen geflohen waren. Selbst als die Familie überwacht wurde, konnten sie von Freunden, ehemaligen Parteimitgliedern von Diem und von Militärs besucht werden. Ihr Haus lag im Stadtzentrum und hatte eine große Veranda, die meine Mutter mit Pflanzen geschmückt hatte. Meine Eltern ruhten sich dort gerne aus, besonders abends.*

---

[220] Am 7. Juni 1964 gab es in Saigon eine Demonstration von vierzigtausend Katholiken gegen die Diskriminierung ihrer Religion (NGUYEN VAN CHAU, A Lifetime, S. 540). Während des Vietnam-Krieges wurden die politisierten Buddhisten wiederum von den Amerikanern vom öffentlichen Leben ausgeschlossen (Ebd., S. 544).

[221] *Der Botschafter Tran Van Lam (Charles, 1913-2001) fürchtete, seinen Posten zu verlieren und gehorchte dem Befehl der Putschisten.*

[222] *Ihre Adresse war Phan Than Gian 314 bis, Saigon. Tuyen konnte seine Militärkarriere fortsetzen, wurde jedoch in gefährliche Gebiete wie Plei Ku geschickt, eine Bergregion, in der es häufig zu Angriffen kam. Er wurde dort verwundet. Später wurde er nach Korea geschickt und als die Kommunisten im Süden die Macht übernahmen (1975), ging er in die USA ins Exil.*

Es war eine Periode des Sterbens, aber auch des Lebens. Kurz nach dem Putsch brachte Niem (Bernadette) eine Tochter zur Welt, Anne-Marie (Kim Lan). Mein Vater liebte seine Enkelin unendlich und spielte gerne mit ihr. Er schätzte besonders seinen Schwiegersohn Brian Smith, den Ehemann meiner Schwester Niem. Mein Vater führte ein ruhiges Leben: Er spielte lange Schachpartien mit seinen Kindern und liebte es, Freunde zu empfangen. Da meine Mutter selten das Haus verließ, ging er auf den Markt, um dort einzukaufen, umherzugehen und zu plaudern. Wenn ich in Saigon war, schenkte er mir immer besondere Aufmerksamkeit. Das Telefon ermöglichte es meinen Eltern - meine Mutter ergriff oft die Initiative -, mit Thuc und Luyen in Kontakt zu bleiben.[223] *Mein Vater hielt auch zu seinen Vettern engen Kontakt. Drei meiner Geschwister haben geheiratet. Meine Eltern hatten keine Zeit, sich zu langweilen!*

1967 war ein besonders erfreuliches Jahr, weil Thuan zum Bischof ernannt wurde. Die ganze Familie kehrte in unseren Heimatort zurück, um das Haus herzurichten, um das sich Thuan gekümmert hatte, und um den Empfang der vielen Gäste vorzubereiten. Dieses Haus mit seinem großen Garten war einer der wenigen Vermögenswerte, die sie hatten behalten können.[224] *Hiep nutzte ihren Besuch in der ehemaligen Hauptstadt, um am Grab ihres Vaters zu beten.*[225] *Es war das letzte Mal. Für Am war das Glück, seinen bischöflichen Sohn zu umarmen, mit traurigen Gefühlen verbunden: Die Kathedrale, mit deren Bau Thuc ihn*

[223] Thuc lebte in Rom und entschloss sich dann, in die Vereinigten Staaten zu gehen. Luyen arbeitete als Ingenieur in Frankreich, wo einige seiner Kinder immer noch leben. Bis zu seinem Tod blieb er mit seinen Geschwistern in Kontakt. Luyen reiste nach Amerika als Thuc sehr krank war und konnte dann der Familie von dessen friedlichem Tod berichten.

[224] Heute ist das Haus instandgesetzt und eine wichtige Stätte des Gedenkens an den Kardinal.

[225] Nachdem ich die Gelegenheit hatte, die genannten Gräber zu besuchen, stellte ich fest, dass es sehr schwierig bleibt, sie instand zu halten. Sie befinden sich in einem bedauerlichen Zustand, eine erstaunliche Situation in einem Land, das die Vorfahren ehrt.

beauftragt hatte, war unvollendet. 1963 war das Ende seiner Träume gekommen. Der Besuch im Jahr 1967 bestätigte es!

Anfang 1968 war die Tet-Offensive besonders mörderisch. Ams letzte Hoffnungen wurden zunichte gemacht: Die Rückkehr nach Zentralvietnam war definitiv ausgeschlossen.[226] *In Saigon, das weniger von den Angriffen der Kommunisten betroffen war, verfolgte jeder voller Angst den Kriegsverlauf.*

Während all dieser Jahre besuchte Hiep täglich die heilige Messe. Das Beten des Rosenkranzes, das Lesen der Bibel und anderer religiöser Bücher bestimmten ihren Tagesablauf. Wie früher war der Abend dem Gebet und der Erinnerung an die Vorfahren gewidmet. Meine Mutter führte ein Tagebuch, das ich sehr sorgfältig aufbewahre. Sie verzeichnete darin nicht die politischen Ereignisse oder Familiennachrichten, sondern ihren Empfang der Sakramente. Man kann dort zum Beispiel nachlesen, wie wichtig die Beichte für sie und für meinen Vater war. Dank ihres Glaubens gelang es meinen Eltern, die Verzweiflung zu überwinden und für ihre Feinde zu beten.[227]

Durch die direkte Intervention der Vereinigten Staaten wurde das Land in Brand gesetzt. Wann immer er konnte, brachte mein Vater meine Mutter ans Meer oder in die Berge der Region Da Lat. Während dieser Ausflüge begegnete Hiep jungen amerikanischen Soldaten, die einen Krieg führten, der nicht der ihre war, und sie begann, Mitleid mit ihnen zu haben.[228]

---

[226] Während des vietnamesischen Neujahrs 1968 (‚Tet-Offensive') wurden etwa hundert Städte sowie bestimmte Bezirke von Saigon angegriffen. Aber für Hue bedeutete es die fast vollständige Zerstörung, die blutigste des gesamten Krieges.

[227] *Hiep war sehr traurig, als Präsident Kennedy ermordet wurde. Im Gegensatz zu einigen ihrer Landsleute, die den Tod des Präsidenten als ‚vom Himmel geschickte Strafe' bewerteten oder sogar sagten, dass das in Saigon vergossene Blut Diems, das ‚Weiße Haus' rot färbte, stellte Hiep nicht die geringste Verbindung zwischen Kennedys Tod und demjenigen ihres Bruders her. Ihr zufolge vermittelte solches Gerede ein falsches Bild eines rachsüchtigen Gottes. Sie hatte den Wert des Leidens verinnerlicht.*

[228] *Schließlich zog es Hiep vor, in Saigon zu bleiben, denn es war unvermeidlich geworden - wenn man zu dieser Zeit das Land bereiste -, dass man Zeuge der Schrecken des Krieges wurde* (NGUYEN VAN CHAU, A Lifetime, S. 559-560).

Thuan sprach oft mit diesen ausländischen Soldaten, die nichts von der Politik ihres Landes verstanden. Sie fühlten sich oft einsam und verloren in einem fernen Land, in dem ihr Leben ständig in Gefahr war.[229] *Er hielt sogar Exerzitien für in der Region stationierte US-Soldaten.*[230] *Dies mag überraschend erscheinen, war es doch eine Tatsache, dass sein Onkel Diem mit Zustimmung der amerikanischen Behörden ermordet worden war. Aber Thuan erzählte uns von einem Gespräch, das uns seine Haltung verstehen lässt. Einer der amerikanischen Militärkapläne fragte ihn einmal: „Hat Ihr Onkel Amerika gehasst?" Für meinen Bruder war es nicht einfach, Diems Gefühle gegenüber den Vereinigten Staaten in wenigen Worten zu erklären.*[231] *Thuan antwortete, indem er ein Wort Diems zitierte: „Amerika ist ein großes Land, das in der Lage ist, tausende Fehler zu überleben, die seine Führer machen können. Südvietnam ist ein kleines Land, das schnell von der Landkarte verschwinden wird, wenn wir auch nur ein paar Fehler machen. Deshalb können wir nicht zulassen oder sogar tolerieren, dass die Amerikaner dann an unserer Stelle Fehler begehen." Nachdem er es so auf den Punkt gebracht hatte, diskutierte Thuan frei mit den amerikanischen Militärgeistlichen, den Soldaten oder den Offizieren. Er sah in ihnen keine Männer, die ein Land oder eine Politik repräsentierten, sondern Menschen, die manchmal entmutigt waren und darunter litten, weit entfernt von ihrer Heimat zu sein.*

Die Friedensverhandlungen, die Anfang 1973 in Paris stattfanden, führten zu einem Waffenstillstand und dem kontinuierlichen Abzug der amerikanischen Truppen. Jeder war sich der Bedeutung dieses Friedensabkommens bewusst: Die Amerikaner hatten uns an die Kommunisten verkauft. Papa zögerte lange, seinen Besitz in Saigon zu

---

[229] Mehr als acht Millionen amerikanische Soldaten kämpften in Vietnam. Ungefähr 150.000 wurden verwundet und mehr als 58.000 kamen dort ums Leben.

[230] NGUYEN VAN CHAU, François Xavier Nguyen Van Thuan, S. 236f.

[231] Die amerikanischen Diplomaten Landsdale und Nolting haben Diem sehr geholfen. Botschafter Lodge zählte jedoch nicht zu seinen Freunden.

verkaufen.[232] *Er verlor ihn endgültig im Jahr 1975, als die Kommunisten das ganze Land besetzten. Angesichts des Sieges der Kommunisten, einer fast unausweichlichen Folge des Abzugs des westlichen Militärs, blieb meiner Familie kein anderer Ausweg mehr als die Flucht ins Exil nach Australien.*

Australien

Am Freitag, dem 25. April 1975, als Thuan gerade zum Erzbischof ernannt worden war, konnten meine Eltern in eines der letzten Flugzeuge einsteigen, das Vietnamesen außer Landes brachte. Die Kommunisten standen bereits vor den Toren von Saigon. Anh Tuyet (Agnes) und ihr Sohn Duc sowie Thuy Tien (Anne-Therese) und ihre Tochter Pascale begleiteten meine Eltern ins Exil. Die Ehemänner meiner Schwestern, die in der Armee waren, konnten später mit dem Boot aus Saigon fliehen. Thuan und Than blieben im Land und kamen sehr bald in Gefangenschaft. Da meine Schwester Ham Tieu (Anne) Australierin geworden war, konnte sie die Geretteten in diesem Land willkommen heißen. Was mich betrifft, so lebte ich bereits in Kanada.

Es war das erste Mal, dass mein Vater sein Heimatland verließ. Er wusste, dass er niemals dorthin zurückkehren konnte. Obwohl meine Lieben das Glück hatten, Vietnam sicher und nicht auf einem behelfsmäßigen Boot zu verlassen, ließen sie ein Land endgültig hinter sich, das nach der Kapitulation der Generäle in die Hände der Kommunisten gefallen war.

Anfangs hatten meine Eltern große Probleme, sich an das Leben in Sydney zu gewöhnen.[233] *Alles war dort anders: die Sprache, das Essen, die Wohnverhältnisse. Nach und nach nahm Australien, wie die anderen*

---

232 *Der Grundbesitz in Hue war der Pfarrei in Phu Cam anvertraut worden.*

233 *Sie lebten in einem Haus in Strandnähe (25, Curtin Crescent, Marouba, New South Wales).*

westlichen Länder, die entsetzlichen Bedingungen wahr, unter denen die ‚Boatpeople' vor der herrschenden der Diktatur flohen und man organisierte solidarische Hilfe, um sie entsprechend aufzunehmen.

Bei der Ankunft in Australien sah es so aus, als wäre etwas in meiner Mutter zerbrochen und nur das Gebet half ihr noch, sich aufrechtzuhalten. Nach und nach erweckte jedoch der Besuch in Flüchtlingslagern in ihr erneut die Energie, die sie während ihres ganzen Lebens gezeigt hatte. Sie hatte die geistliche Kraft, ein neues Leben zu beginnen. Sie las wieder religiöse Bücher und begann, die Erinnerungen an ihre reiche Vergangenheit mit uns zu teilen. Jeden Tag bat sie die Jungfrau Maria um die Gnade der Freilassung meiner inhaftierten Brüder.

Meine Mutter ließ keine einzige Gelegenheit aus, den Australiern zu erklären, unter welchen Bedingungen das vietnamesische Volk gezwungen war, unter der Herrschaft der Kommunisten zu leben. Durch die Arbeit für die Flüchtlinge konnte sie die Anstrengungen, die Diem und Thuan in ihrer Zeit für die Vertriebenen unternommen hatten, noch besser wertschätzen. Die Anwesenheit der Vietnamesen in der Diaspora half ihr allmählich, das Exil zu ertragen. Viele Flüchtlinge bildeten aufstrebende Gemeinschaften, sowohl buddhistische als auch katholische. Diese Vietnamesen boten der westlichen Welt das Bild eines geduldigen, fleißigen und disziplinierten Volkes, das sich für die Bedeutung von Bildung sehr einsetzte.[234]

Wie in Saigon erhielten meine Eltern bald Besuche von Personen, die sich für die Menschenrechte einsetzten, oder von Bischöfen, die sich um die Situation meines in Vietnam inhaftierten Bruders sorgten. Trotz seines fortgeschrittenen Alters und seiner spärlichen englischen Sprachkenntnisse bot mein Vater den Nachbarn seine Hilfe an, angefangen bei den Leuten, die planten, ein Haus zu bauen. Er schaute ihre Baupläne an und gab ihnen Ratschläge. Sein Gebetsleben war anders als das mei-

[234] Weitere Einzelheiten siehe NGUYEN VAN CHAU, A Lifetime, S. 589-608.

ner Mutter. Ich erinnere mich, dass er viel Wert auf das Angelusgebet legte; ob er Besuch hatte oder wo immer er sich aufhielt, er blieb stehen, um zur Jungfrau Maria zu beten.

Hiep war besonders glücklich über die Wahl von Papst Johannes Paul II. Sie hatte sehr schnell die Eingebung, dass er das Gesicht der kommunistischen Welt, die er gleichsam ‚von innen her' kannte, verändern könnte. Hatte er sein Pontifikat nicht mit den Worten „Habt keine Angst" begonnen? Meine Schwester Ham Tieu, die viel reiste und Rom besucht hatte, erzählte von der Begeisterung, die diese Wahl bei vielen Vietnamesen ausgelöst hatte. Die Entscheidung von Johannes Paul II., die Märtyrer von Vietnam 1988 heiligzusprechen, wurde von der gesamten vietnamesischen-katholischen Gemeinschaft als ein starkes Signal der Hoffnung angesehen.

Besuch bei den Eltern in Australien

Thuans Freilassung wurde von meinen Eltern als Geschenk des Himmels erlebt. Sie haben niemals aufgehört, für ihn zu beten. Erst nach seiner Entlassung aus der Gefangenschaft wurde meinem Bruder bewusst, wie viele Menschen - darunter Papst Johannes Paul II. - für seine Freilassung gearbeitet und gebetet hatten. Mein Bruder war all jenen unbekannten Menschen, die ihn unterstützt hatten, immer unendlich dankbar. Als er dachte, er sei allein, vergessen in seiner Zelle, war er umgeben von dieser geheimnisvollen Gemeinschaft der Lebenden und der Toten! Von unseren entfernten Vorfahren bis hin zu Papa und Mama war diese unsichtbare Welt in seinem Gefängnis präsent.

Am hatte noch die Freude, mehrere Jahre lang Thuans Leben in Freiheit zu genießen und die Geschichte seiner langen Inhaftierung zu erzählen. Zusammen mit meiner Mutter verbrachte er die letzten Jahre seines Lebens in einem Pflegeheim, wo sie jeden Morgen an der heiligen Messe teilnehmen konnten. Der Gesundheitszustand meines Vaters wurde immer schlechter. Eines Morgens hatte er Atembeschwerden und erlag noch am selben Tag einem Herzinfarkt. Er starb 1993, ein Jahrzehnt vor meiner Mutter. Damals zeigte man zwischen Vater und Sohn selten seine Gefühle. Zum Tod unseres Vaters hielt Thuan eine sehr innige Rede, in der er zeigte, wie sehr er ihn liebte. Meine Mutter ihrerseits fand den Mut, bei der Trauermesse ihres Mannes eine Lesung vorzutragen, des Mannes, den sie seit ihrer Kindheit kannte, und der sie in Momenten der Freude und des Kummers immer mit Liebe unterstützt hatte. Sie waren immer vereint gewesen trotz aller Widrigkeiten. Selbst der Tod konnte sie nicht trennen. Meine Schwester Anne nahm unsere Mutter nach dem Tod unseres Vaters bei sich auf.

Die körperliche Verfassung meiner Mutter war sehr robust. Nachdem Thuan freigelassen worden war, konnte sie noch einige Reisen mit ihm machen. Die beiden blieben bis zu Thuans Tod in regelmäßigem Kontakt. Meine Mutter war sehr krank als er starb, vielleicht war sie sich seines Todes auch nicht wirklich bewusst. Aber Gott allein kennt die Tiefe eines Mutterherzens!

Hiep war eine von der vietnamesischen Kultur tief erfüllte Frau. In seinen Erinnerungen schrieb mein Onkel Thuc, sie sei die sanftmütigste Person in der Familie gewesen, ebenso die aufopferungsvollste und geduldigste. Sie spielte eine grundlegende Rolle bei der Persönlichkeitsbildung meiner Geschwister und prägte grundlegend unser religiöses und soziales Leben. Später wurde sie zu einer Mutter für die Nation, insbesondere nach 1963 und der Ermordung ihrer Brüder. Trotz des Leids, das sie erlitten hatte, wollte sie, dass man sich von jeglicher Rache fernhalte.[235] *Viele Vietnamesen erkennen heute die große Ungerechtigkeit, die ihren Brüdern angetan worden ist. Meine Mutter ist für sie eine Repräsentantin all derer, die von einem freien und demokratischen Vietnam träumen.*

Meine Mutter sehnte sich danach, die Würde des Volkes wiederherzustellen. An ihrer Beerdigung in Australien nahmen mehr als 5.000 Menschen teil. Viele waren aus dem Ausland gekommen, um dieser außergewöhnlichen Frau die Ehre zu erweisen, die Momente des Leidens ebenso wie Momente der Ehre und des Friedens erlebt hatte - aber immer mit demselben Glauben an Gott, mit derselben menschlichen Würde und stets an die Kraft der Vergebung und Versöhnung glaubend. Als der Text der Exerzitien, die er im Jahr 2000 im Vatikan predigte, veröffentlicht wurde, widmete mein Bruder dieses Buch unserer Mutter. Sie hatte eine große Hingabe an die heilige Theresia von Lisieux, die sie als Vorbild für die Tugenden betrachtete. In seinem Buch spricht Thuan auch von Hiep als einer „starken Frau", die habe vergeben können, als vier ihrer Brüder ermordet wurden. Sie war seine Unterstützung während seines Aufenthalts im Gefängnis. Sie sagte allen: „Betet, dass mein Sohn der Kirche treu bleibt und dass er dort bleibt, wo Gott ihn haben will."

[235] In Vietnam habe ich viele Personen getroffen, die Hiep gekannt haben und die seinerzeit nicht bemerkt haben, welch außergewöhnliche Frau sie war. Wie viele Vietnamesinnen war sie taktvoll, eine Beterin. Ihre Größe bestand vor allem in ihrer Fähigkeit, angesichts extrem belastender Situationen die Verbitterung zu überwinden.

Gemeinschaft der Heiligen

Ich möchte zwei Ereignisse erwähnen, die meine Mutter nach dem Tod meines Vaters erlebt hat und die ich unmittelbar selbst miterlebt habe. Ich betrachte sie als Wunder.

Das erste betrifft Van, diesen vietnamesischen Redemptoristen, dessen Leben und Leiden mit dem meines Bruders vergleichbar sind. Die ‚Vereinigung Marcel Van', die sich für seine Seligsprechung einsetzt und seine Schriften verbreitet, suchte nach einem Postulator. Sie wandten sich an Thuan, der in Rom tätig war, aber er zögerte, diese Aufgabe anzunehmen. Ich war zu dieser Zeit in die Lektüre der Bücher über Marcel Van vertieft.

Nach dem Tod meines Vaters besuchte mich meine Mutter in Begleitung meiner Schwester 1993 in Kanada. Meine Schwester und ich teilten uns mit Mama ein Zimmer, damit wir ihr leichter helfen konnten. Mama hatte einen anderen Lebensrhythmus als wir. Um fünf Uhr morgens mussten meine Schwester und ich mit ihr den Rosenkranz beten. So hat sie ihren Tag immer begonnen. Dann schliefen Anne und ich wieder ein, während Mama frühstückte. Eines Morgens wollte sie nicht, dass wir im Bett blieben, denn, so sagte sie: „Wir müssen diesen Jungen einladen." Nur gab es aber keinen „Jungen" im Haus und die Kinder schliefen noch. Anne und ich dachten, sie würde an Alzheimer erkranken. Aber sie bestand darauf: „Es ist der Junge, der mit uns den Rosenkranz gebetet hat." „O mein Gott", sagte Anne leise, „sie hat den Verstand verloren." Aber Mama wiederholte: „Ich möchte ohne diesen Jungen nicht mit euch frühstücken. Ihr müsst ihn einladen." Wir dachten: Sie hat vielleicht einen Jungen draußen auf der Straße oder im Garten gesehen. Aber als meine Mutter an meinem Bett vorbeikam, sah sie ein Buch, das von Marcel Van handelte, mit seinem Foto auf dem Einband. Sie rief: „Er ist es. Er spricht von der Liebe Gottes", und sie rezitierte eine ganze Seite des Buches, das auf Französisch geschrieben war, obwohl sie es nie gelesen hatte. Meine Mutter las fast ausschließlich Bücher auf Vietna-

mesisch. Wir gingen zum Frühstück in die Küche. Später rief Anne meinen Bruder an und erzählte ihm, was gerade passiert war. Thuan war sehr überrascht, besonders von der Tatsache, dass Mama eine Seite aus einem französischen Buch rezitierte hatte, die sie weder aufgeschlagen, geschweige denn gelesen hatte. Mein Bruder sah dies als Zeichen, dass er der Bitte, Postulator zu sein, folgen sollte.[236] *Mama verstand nicht, warum Marcel Van einen Seligsprechungsprozess brauche. Für sie war klar: „Das ist ein Heiliger", so sagte sie. Auf die Frage, wie sie so sicher sein könne, antwortete sie einfach: „Weil er mit den Engeln gekommen ist!" Das Ereignis hat uns tief geprägt und mein Bruder und ich haben begonnen, mit der ‚Vereinigung Marcel Van' zusammenzuarbeiten.*

Eine weitere übernatürliche Begebenheit ereignete sich im Leben meiner Mutter. 2001 besuchte ich sie in Australien. Mama war schon sehr alt und brauchte viel Pflege. Sie schlief in einem Bett, an dem ein Gitter angebracht worden war, damit sie nicht herausfiel. Neben ihrem Bett stand eine Statue der heiligen Jungfrau mit dem Kind und die kleine Schachtel, die mein Bruder bei seinem ersten Besuch in Australien als Geschenk mitgebracht hatte. Am Morgen wurde meine Mutter angezogen und wir setzten sie in einen Sessel. Eines Tages, als Anne zur heiligen Messe gegangen war, rief mich meine Cousine. Sie war ganz aufgelöst. Sie hatte Mama angezogen und in ihrem Sessel sitzend vorgefunden. Ihr Morgenmantel war gefaltet und lag neben ihrem Sitz. Wie hat sie das gemacht? Als Anne zurückkam, stellten wir fest, dass weder meine Schwester noch sonst jemand meiner Mutter aus dem Bett geholfen hatte. Auf die Fra-

[236] Während meines Besuchs in Vietnam hatte ich das Gefühl, dass Van dort wenig bekannt ist. Angesichts all des Leidens, das das vietnamesische Volk im letzten Jahrhundert erduldet hat, scheint dasjenige dieses Dieners Gottes nichts Außergewöhnliches zu sein. Einige sind auch erstaunt, dass die ‚Vereinigung Marcel Van' dessen Leben mit dem von Thuan verknüpft. Aber als er das Postulatoramt angenommen hat, scheint der Kardinal in diesem Redemptoristen mehr als eines der vielen mutigen Opfer des Totalitarismus der damaligen Zeit gesehen zu haben. Thuan erkannte die Tiefe der Botschaft Vans, die ich zu meinem großen Bedauern zu wenig kenne. Sie steht jener der heiligen Theresia von Lisieux sehr nahe: ein Aufruf, sich Gott, dem Vater aller Barmherzigkeit, zu schenken.

ge, wie sie aufstehen, sich anziehen und sich auf den Stuhl hatte setzen können, antwortete sie einfach: „Ich habe die Jungfrau angesehen und ihr gesagt: Meine Töchter lassen mich warten, ich muss aus meinem Bett heraus zum Gebet. Du trägst dein Kind, das das Universum in seinen Händen hält, du kannst auch mich tragen!"

Ich glaube, so etwas geschah, weil meine Eltern stets aus ihrem Haus ein wahres Haus des Gebets gemacht haben. Wir, die wir von den wunderbaren Dingen, die sich in ihrem Leben abspielten, erfahren haben, wurden durch ihr Beispiel und ihr Gebet unterstützt, genau wie mein Vater. Ihr gemeinsamer Glaube machte sie stark, die Kreuze zu tragen, denen sie im Laufe ihres Lebens begegnet sind.

HISTORISCHES UMFELD

Hinweis

Die Zeugnisse, die Elisabeth ihrem Bruder und ihrer Familie gewidmet hat, stehen im Mittelpunkt dieser Veröffentlichung. Der Leser kann ihre ganze Tiefe aber nur erfassen, wenn er mit der Geschichte Vietnams vertraut ist. Deswegen beschäftigt sich dieser dritte Teil mit verschiedenen zeitgenössischen Ereignissen, wobei ein besonderes Augenmerk auf den Begebenheiten liegt, die das Leben des Kardinals und seiner Familie geprägt haben.

In den Interviews ist oft die Rede von den Kaisern. Der Wohnsitz der Vorfahren des Kardinals und seiner Onkel lag im Zentrum des Landes in der Nähe des Kaiserpalastes. Mehrere Familienmitglieder hatten wichtige politische Ämter inne. Da ihr Leben oft mit dem Schicksal des Hofes verbunden war, erschien mir eine kurze Darstellung der Kaiser angebracht.

Eine Annäherung an die Geschichte der Evangelisation dieses Landes macht uns deutlich, warum Thuan die Kirche von Vietnam so sehr liebte. Das Leben des Erzbischofs während seiner Inhaftierung ist wie eine Fortsetzung der Geschichte der vietnamesischen Märtyrer.

Besonders die Schlüsselelemente des politischen Lebens des 20. Jahrhunderts haben meine Aufmerksamkeit erregt. Kürzlich sind mehrere sehr gut dokumentierte Veröffentlichungen erschienen, die diese Zeit mit einem neuen Blick betrachten.[237] Dieser historische Teil enthält genügend Informationen, um dem Leser die vielen Leiden des vietnamesischen Volkes bewusst zu machen. Schon als Thuan in das Se-

[237] In den Vereinigten Staaten sind die Archive, die sich auf die infrage kommende Epoche beziehen, für die Historiker geöffnet worden.

minar eintrat, lebte er in einem von Konflikten zerrissenen Land. Die Kriege folgten unerbittlich aufeinander. Thuan war tief berührt von der Leidenssituation seiner Landsleute. Er entschied sich, auf die Gewalt mit Friedfertigkeit, Gerechtigkeit und Hoffnung zu reagieren, als Gegengewicht zu den unerträglichen Ereignissen. Dieses Verhalten ist wahrhaft eine heroische Tugend.

Kaiserzeit: Die Dynastie der Nguyen

In seiner langen Geschichte hat das heutige Vietnam mehrere Bezeichnungen gehabt: Annam, Tonkin, Cochinchina, Indochina. Diese Benennungen betrafen verschiedene Regionen des Landes, in dem Thuan lebte.

Wie China wurde auch Vietnam von der konfuzianischen Kultur geprägt. Die Rolle des Vaters war darum ebenso zentral wie die familiären Werte. Das Streben nach dem Gemeinwohl und die moralische Integrität galten mehr als die Anhäufung von Reichtum. Ein gebildeter Mann war höher angesehen als ein Soldat. Der König oder Kaiser, dessen Macht absolut war, wurde als der Vater des Volkes angesehen: Er saß auf dem Gipfel der königlichen Welt, einem Übergang zwischen Himmel und Erde. Durch die Einführung seines eigenen Kalenders nahm der Kaiser die kosmische Ordnung in Besitz, eine Ordnung, die sich auch in der architektonischen Gestaltung des Palastes widerspiegelte. Eine Elite von Mandarinen, hohe gebildete Amtsträger, beriet den Kaiser. Die politische Moral war sehr stark von den konfuzianischen Werten geprägt ebenso vom Buddhismus, Taoismus und der Ahnenverehrung.[238]

In meinen Gesprächen mit dem Kardinal entdeckte ich, wie wichtig es ihm war, dass die zukünftigen vietnamesischen Priester während ihrer philosophischen und theologischen Ausbildung mit dieser angestammten Kultur und dieser Moral vertraut gemacht wurden. Trotz

---

[238] HUARD, Pierre et DURAND, Maurice, Connaissance du Việt Nam, S. 71-72 und 218-220.

des Endes der kaiserlichen Herrschaft und der Einführung des Marxismus - einer westlichen, atheistischen Philosophie - durchdringen diese alten Traditionen weiterhin das tägliche Leben vieler Vietnamesen.

Die Nguyen-Dynastie wurde im 19. Jahrhundert von Kaiser Gia Long gegründet. Sie war die letzte, die das Land regierte:

- Gia Long (1759–1820), regierte von 1802 bis 1820.[239] Mit der Unterstützung französischer Militärs einte er das Land und gab ihm den Namen Vietnam.
- Minh Mang (1791–1840), regierte von 1820 bis 1840. Er stellte den geheiligten Charakter des Kaisers heraus und zentralisierte die nationale Politik. Die Verwaltung wurde vom Kaiserpalast in Hue aus sehr genau überwacht. Im Gegensatz zu seinem Vater verfolgte Minh Mang eine antieuropäische und antichristliche Politik.
- Thieu Tri (1807–1847), regierte von 1841 bis 1847. Zu dieser Zeit begann der ‚Opiumkrieg', in dem die Engländer China zwangen, seine Häfen für den internationalen Handel zu öffnen.[240] Thieu Tri vermied die Hinrichtung von Missionaren aus Angst vor Repressalien der Engländer, später der Franzosen, die in der Nähe seines Landes präsent waren.
- Tu Duc (1829-1883), regierte von 1847 bis 1883. Er nahm die Verfolgung der Christen wieder auf, die der Sympathie für die europäische Präsenz in Asien verdächtigt wurden. Diese Verfolgungen waren der Vorwand für die Franzosen, ab den 1850er Jahren militärisch einzugreifen. Zunächst marschierten sie nur in den Süden des Landes (Cochinchina) ein, der zu einer fran-

239 Die Regierungsdaten der Kaiser weichen in den verschiedenen Quellen leicht voneinander ab. Hier sind sie verwendet aus: Ebd., S. 34-35 und aus DEVILLERS, Philippe, Vietnam: Histoire, in: Encyclopædia Universalis, Bd. 23, S. 571-572.

240 Tatsächlich gab es zwei ‚Opiumkriege'. Der erste wurde zwischen 1839 und 1842 von Großbritannien geführt. Während des zweiten Krieges (1856-1860) unterstützten Frankreich, die Vereinigten Staaten und Russland die Engländer. Nach diesen Kriegen verlor China viel von seinem Ansehen. Auf lange Sicht beendete der ‚Westen' 1911 Chinas letzte kaiserliche Dynastie.

zösischen Kolonie wurde. Tu Duc war gezwungen, Verträge mit der Kolonialmacht zu unterzeichnen.

- Kurze Regierungen von Duc Duc (1883), Hiep Hoa (1883) und Kien Phuc (1884). Während dessen Regentschaft eroberte Frankreich den Norden (Tonkin), der zum französischen Protektorat wurde.
- Ham Nghi (1870-1947), regierte von 1884 bis 1885. Er plante eine Verschwörung gegen die Kolonialmacht und wurde nach Algerien ins Exil geschickt.
- Dong Khanh (1862–1889), regierte von 1885 bis 1889. Die Franzosen schränkten seine Macht stark ein.
- Thanh Thai (1879–1954), Thronbesteigung 1889. Ein Kaiser, der auf sein Volk hörte. Er widersetzte sich friedlich der französischen Kolonialmacht. 1907 ins Exil geschickt, kehrte er 1946 nach Vietnam zurück und starb am 15. März 1954 in Saigon.
- Duy Tan (1899-1945), regierte von 1907 bis 1916. Von den französischen Kolonialbehörden an die Macht gebracht, wurde er dennoch wegen seines aktiven Widerstands von ihnen abgesetzt und ins Exil auf die Insel Réunion geschickt, wo er sich seinem Vater, Kaiser Thanh Thai, anschloss.
- Khai Dinh (1885-1925), regierte von 1916 bis 1925. Die Franzosen ernannten ihn zum Kaiser und ließen ihn bis zu seinem Tod auf dem Thron.
- Bao Dai (1913-1997). Einziger Sohn des Kaisers Khai Dinh. Offiziell begann seine Regierungszeit 1926, als er erst dreizehn Jahre alt war. Bao Dai verbrachte seine Schulzeit in Frankreich auf derselben Schule wie Luyen, Diems jüngerer Bruder. Bao Dai blieb sein ganzes Leben lang den Franzosen verbunden. Er übte seine Macht nur von 1932-1940 wirklich aus, eine Macht, die von den Kolonialbehörden begrenzt wurde. Er brach mit vielen Etikette-Regeln des kaiserlichen Hofes und schaffte die Polygamie ab. Er war der erste Kaiser, der eine Katholikin heiratete, Nguyen Huu Thi Lan (Marie-Thérèse, 1914-1963), die als Kaiserin Nam Phuong hieß. Während des Zweiten Weltkriegs

kollaborierte er mit der japanischen Besatzung, dankte aber am 25. August 1945 ab, als die Kommunisten den größten Teil des Landes kontrollierten. Er wurde 1949 von den Franzosen unter dem Titel ‚Staatsoberhaupt von Vietnam' wieder an die Macht gebracht. Als sich die Franzosen 1955 zurückzogen, entschied sich Präsident Ngo Dinh Diem, Thuans Onkel mütterlicherseits, für eine Republik. Bao Dai verbrachte den Rest seines Lebens im Exil und war damit der letzte vietnamesische Kaiser. 1988, wenige Jahre vor seinem Tod, ließ er sich taufen und wurde offiziell Katholik.

Evangelisation Vietnams

Die Anfänge

Der erste Missionar[241], der bedeutende Spuren in Vietnam hinterließ, war der französische Jesuit Alexandre de Rhodes (1591-1660). Er evangelisierte das Land von 1623 bis 1645. Mit Hilfe des Heiligen Stuhls und französischer Landsleute gewann Alexandre de Rhodes Missionare für diese Region, um das Evangelium außerhalb des ‚Padroado', jener ‚Schirmherrschaft', zu verkünden, die die Portugiesen in fast ganz Asien über die Missionen ausübten.[242]

Mission in Vietnam und geistliches Leben in Frankreich

De Rhodes kam mit großen geistlichen Persönlichkeiten in Kontakt, die nach dem Konzil von Trient (1545-1563) zu dieser Zeit an der spirituellen Erneuerung der französischen Kirche arbeiteten. Die erste Evangelisierung in Vietnam ist besser zu verstehen, wenn man sich mit dem religiösen Erwachen in Frankreich vertraut macht: Die Verehrung des Allerheiligsten Sakraments war stark mit Werken der Caritas, der Nächstenliebe, verbunden. Die Frauenorden, die vom heiligen Vinzenz von Paul und vom heiligen Franz von Sales gegründet

[241] Die meisten dieser Informationen sind das Ergebnis meiner Forschungen zur Geschichte der Kirche in Ostasien: LECLEIR, Stefaan, Siméon-François Berneux (1814-1866), Missionsbischof und Märtyrer in Korea. Bevor Siméon-François Berneux nach Korea ging, war er bereits in Vietnam tätig, aber nicht als erster Missionar.

[242] Im 15. Jahrhundert dehnten die Portugiesen ihre Handelsherrschaft im gesamten Indischen Ozean aus. Missionare, die nach Asien gingen, konnten dies nur mit Zustimmung des portugiesischen Königs tun (COMBY, Jean, Deux mille ans d'évangélisation: histoire de l'expansion chrétienne, S. 63-114).

wurden, bestanden aus Ordensschwestern, die nicht in einer Klausur lebten, und deren Berufung es war, die Leidenden zu trösten.

> Inkulturation ist eine erste Begegnung
> zwischen dem Evangelium und den Werten,
> die die Kultur jedes Landes vermittelt.

Die 1658 gegründete ‚Gesellschaft der ausländischen Missionen zu Paris' (Société des Missions Etrangères de Paris, MEP) spezialisierte sich auf die Gründung und Organisation von Ortskirchen in Asien, dank der Ausbildung und Unterstützung des einheimischen Klerus und unterstützt von einer großen Zahl von Katecheten.[243] Die Missionare der Gesellschaft verwendeten als Leitfaden für ihr Apostolat die ‚Anweisungen für die Missionare'[244], ein kleines Buch, in dem ihnen empfohlen wurde, sich nicht in die lokale Politik einzumischen, sich von den europäischen Mächten zu distanzieren und die Kultur und die Sprache des Missionslandes zu übernehmen.

In Vietnam gründete Bischof Pierre Lambert de la Motte, MEP (1624-1679)[245], die Schwesternkongregation von der Liebe zum Heiligen

243 Madame Acarie (= die selige Karmelitin Marie von der Menschwerdung, 1566-1618), der heilige Franz von Sales (1567-1622), Kardinal Pierre de Bérulle (1575-1629), der heilige Vinzenz von Paul (1581-1660), der heilige Johannes Eudes (1601-1680) und Jean-Jacques Olier (1608-1657) hatten Anteil an einer Erneuerungsbewegung, die als „Französische Schule der Spiritualität" oder die „Bérulle-Schule" bezeichnet wird. „Die Gesellschaft vom Heiligsten Sakrament" war Teil der Erneuerung und unterstützte aktiv die Missionare in Asien und insbesondere Alexandre de Rhodes. Siehe unter anderem: DEVILLE, Raymond, L'École française de spiritualité; TALLON, Alain, La Compagnie du Saint-Sacrement (1629-1667): Spiritualité et société; FAUCONNET-BUZELIN, Françoise, Le père inconnu de la mission moderne: Pierre Lambert de la Motte, premier vicaire apostolique de Cochinchine (1624-1679). Zur Verbindung mit Alexandre de Rhodes siehe: COMBY, J., Deux mille ans d'évangélisation, S. 65-69.

244 PALLU, François et LAMBERT DE LA MOTTE, Pierre, Monita ad Missionarios. Instructions aux Missionaires de la S. Congrégation de la Propagande, rédigées en 1665.

245 Er übte sein Amt in einem großen Teil Vietnams aus, wo die Diözesen noch nicht

Kreuz, Ordensschwestern, die, wie die neuen französischen Frauenorden, nicht in Klausur lebten. Inmitten dieser im Leben Vietnams verankerten Kirche wuchs Thuan auf. In der Grundschule hatte er Lehrerinnen, die der Schwesternkongregation von der Liebe zum Heiligen Kreuz[246] angehörten. Schwestern der Gemeinschaft haben ihn sein ganzes Leben lang im Gebet begleitet und waren an seinem Krankenbett, als er starb. Thuan kannte viele Priester der MEP. Zu seiner Familie gehörten mehrere evangelisierende Katecheten, quasi als ‚rechte Hand' der ausländischen Missionare sowie des einheimischen Klerus.

Verfolgungen

Christen sind auch heute noch eine Minderheit im Land. Von Beginn der Evangelisierung an mussten sie oft ihren Glauben im Geheimen leben: Königliche Dekrete untersagten ihnen, katholisch zu sein und liturgische Feiern zu veranstalten. Ab 1820 befahl Kaiser Minh Mang die Hinrichtung zahlreicher Christen.[247] Das Christentum, eine von Europäern eingeführte Religion, wurde als eine innere Bedrohung der etablierten Ordnung angesehen. Tatsächlich gaben die Christen, obwohl sie weiterhin an den konfuzianischen Werten festhielten, die Ahnenverehrung auf[248] und verweigerten die Teilnahme an den offi-

gegründet worden waren. Dieser Missionar wird von der Diözese Nha Trang als ihr erster Bischof angesehen. Thuan erscheint somit als sein entfernter Nachfolger.

246 Die Schwesternkongregation von der Liebe zum Heiligen Kreuz spielt auch heute noch eine große Rolle im Leben der vietnamesischen Kirche. In jeder Diözese stehen diese Schwestern, die ganz nach der Spiritualität ihres Gründers leben, im Dienst des örtlichen Bischofs, so dass sich ihre konkrete Arbeit nach dem richtet, was in der Region nötig ist, in der sie sich befinden. Eine Generaloberin ist daher in der Organisation dieser Kongregation nicht erforderlich.

247 Von den insgesamt 117 Märtyrern, die Papst Johannes Paul II. am 19. Juni 1988 heiligsprach, wurden 58 während der Regierungszeit von Minh Mang hingerichtet.

248 Die Anerkennung der Vorfahren, die Ehrung ihres Andenkens sowie des Gedenkens an sie im Gebet, sind von allen Spuren des ‚Aberglaubens' gereinigt worden, so dass die römische Kirche diese ‚Ahnenverehrung' als zutiefst christlich anerkannte.

ziellen Opfern, die von den damaligen Missionaren als Aberglaube angesehen wurden. Seit der Einführung des Christentums in Vietnam im Jahr 1644 haben Christen jedoch selten die Autorität von Königen oder Kaisern bestritten.[249]

Der vietnamesische Klerus

Seit ihrer Ankunft und trotz der Gefahr der Verfolgung haben die Missionare viel in die Ausbildung von einheimischen Ordensschwestern, Geistlichen und Katecheten investiert. Als Einheimischer konnte man sich leichter der Überwachung durch die Regierung entziehen. Die Leitung der Mission blieb jedoch mehrere Jahrhunderte lang unter der Verantwortung französischer Priester und Bischöfe.[250] Im 20. Jahrhundert haben Papst Benedikt XV. (1914-1922) und seine Nachfolger die Missionare dazu ermutigt, die Führung der jungen Kirchen Klerikern anzuvertrauen, die aus der örtlichen Bevölkerung hervorgegangen waren.[251] Minister Nguyen Huu Bai reiste sogar nach Rom,

---

249 Im Allgemeinen sind die Missionare den Anweisungen, die sie von ihren Gründern erhalten hatten, treu gewesen und hielten sich von der lokalen Politik fern. Durch die Hilfe, die er Kaiser Gia Long erwies, war Bischof Pigneau de Behaine MEP (1741-1799) die erste Ausnahme von dieser langen Tradition. Ihm folgten ab 1850 Mitglieder des MEP, die sich bei der französischen Regierung für Verträge einsetzten, die die Freiheit der vietnamesischen Kirche sichern sollten.

250 Ich habe wiederholt ältere Priester vietnamesischer Herkunft über ihre Beziehungen zu den französischen Missionaren befragt. Diejenigen Franzosen, die sich in der örtlichen Seelsorge engagierten, beherrschten die Sprache des Landes gut. In den Priesterseminaren wurde jedoch weiterhin die französische Sprache verwendet. Die Missionare nahmen lange Zeit wichtige Ämter in der vietnamesischen Ortskirche ein. Obwohl sie die Vorgesetzten der vietnamesischen Priester waren, fanden letztere diese Zuordnung ganz natürlich. Sie respektierten die französischen Priester und betrachteten sie als ihre älteren Brüder oder Väter, aber sie fühlten sich von ihnen niemals gedemütigt. Alle haben mir ihre Bewunderung für das Engagement der Missionare ausgedrückt, selbst wenn, wie überall in der Kirche, der apostolische Eifer nicht von allen in derselben Weise praktiziert worden ist!

251 Die Nummern 7 und 8 des Apostolischen Schreibens ‚Maximum illud' (30. November 1919) von Papst Benedikt XV. sind besonders deutlich: Die Ausbildung

um sich beim Papst für die Emanzipation des vietnamesischen Klerus einzusetzen. 1945 wurde das kleine Seminar erstmals von einem Rektor vietnamesischer Herkunft geleitet. 1960 zog sich Erzbischof Urrutia (MEP, 1901-1979), von seinem Amt als Erzbischof von Hue, zurück. Bischof Ngo Dinh Thuc, Thuans Onkel, trat seine Nachfolge an und wurde damit der erste vietnamesische Erzbischof von Hue.

Kardinal Thuan ist eine herausragende Frucht der Missionspolitik, die durch Papst Benedikt XV. eingeleitet worden war. Als die Kommunisten in Ländern wie China und Vietnam die Macht übernahmen, wiesen sie ausländischen Missionare aus, aber es gelang ihnen nicht, die Religion zu beseitigen, denn die örtlichen Christen waren seit langem darauf vorbereitet, die volle Verantwortung für die Ortskirchen zu übernehmen.

eines einheimischen Klerus erfordert besondere Aufmerksamkeit, damit Priester aus diesem zu Bischöfen geweiht werden können. Zum Text von ‚Maximum illud' siehe: MARMY, Émile, Les grandes encycliques missionnaires, de Benoît XV à Jean XXIII., S. 7-25. Pius XI. nahm dieselben Ideen in seinem Rundschreiben ‚Rerum Ecclesiae' (Februar 1926) auf, insbesondere in den Nummern 35-38 (Ebd., S. 26-48). Sehr aufschlussreich ist außerdem der Vortrag von Françoise Buzelin anlässlich des Missionstages (Oktober 2019): BUZELIN, F., Des Instruction aux vicaires apostoliques (1659) à l'encyclique Maximum Illud (1919): permanence et inflexions de la stratégie missionnaire du Saint-Siège.

Militärkonflikte des 19. und 20. Jahrhunderts

Einführung

Es ist hilfreich, die Geschichte in unterschiedliche Perioden einzuteilen, denn die Fakten ermöglichen es dem Leser, sich ein Bild vom Ablauf der französischen Kolonisation, des Indochinakrieges oder des Vietnamkriegs zu machen. Es sind diese historischen Ereignisse, die das Schicksal des Kardinals geprägt haben.

Es ist schwierig, die Motive zusammenzufassen, die die Franzosen veranlasst haben, Vietnam zu kolonisieren, auch wenn wirtschaftliche Gründe viel zu oft vorherrschend waren. Die ‚Rechtfertigung' wechselte mit den Epochen. Zu Beginn wurde die Verteidigung verfolgter Christen in den Vordergrund gestellt, um die französische Intervention in Vietnam zu legitimieren. Später behauptete das antiklerikale französische Regime, es wolle die ‚niederen Rassen' vom Obskurantismus befreien. Nach dem Zweiten Weltkrieg wurde der Kampf gegen den Kommunismus die Hauptmotivation für die ausländische Einmischung im Land. Selbst wenn sich die Verantwortlichen für die Gewalt gegen das vietnamesische Volk in der jüngeren Geschichte verändert haben, so hat sich das Leid der einheimischen Bevölkerung nicht verringert.

Die Kolonisation

Ab den 1850er Jahren beschlossen die Franzosen, Vietnam zu erobern.[252] Aus Furcht vor Verfolgungen, wie sie sie durch die Kaiser bereits erlebt hatten, wandten sich die Missionare an die französische Regierung, ihnen bei der Evangelisierung des Landes zu helfen. Auch wenn es kein Aufruf zur Kolonisierung von Vietnam war, widersprach dieses Ersuchen den Instruktionen des Pariser Instituts, die die Missionare im 17. Jahrhundert erhalten hatten. Daher wurde der Aufruf an Frankreich, für Religionsfreiheit zu sorgen, von verschiedenen Mitgliedern des Instituts für Auswärtige Missionen nicht unterstützt. Bischof Berneux zum Beispiel, ein ehemaliger Missionar in Vietnam und Apostolischer Vikar in Korea, kritisierte in verschiedenen Briefen diese Bitte. Er selbst weigerte sich, um die Unterstützung westlicher Mächte zu bitten, um in seinem Missionsgebiet Religionsfreiheit zu erlangen. Er war davon überzeugt, dass die französische Militärpräsenz in Vietnam der örtlichen Kirche schaden werde.[253]

In jener Zeit kolonisierten europäische Nationen viele Gebiete auf der ganzen Welt, um daraus wirtschaftlichen Nutzen zu ziehen. 1858 griffen die Franzosen den Hafen von Tourane (= Da Nang) an und besetzten ab 1859 den Süden, der zu einer ihrer Kolonien (Cochinchina) wurde. Ab den 1870er Jahren wurden große Teile Kambodschas, Laos' und Vietnams von den Franzosen kontrolliert. Das gesamte besetzte Gebiet trug zwischen 1887 und 1954 den Namen „Französisch-Indochina". Einige Gebiete des Landes waren Kolonien Frankreichs, an-

[252] Der Kampf gegen die Kolonisation, den Thuans Familie führte, wurde bereits im zweiten Teil dieses Buches thematisiert. Im Detail dargestellt in: NGUYEN VAN CHAU, A Lifetime in the eye of the Storm, S. 1-335. Der Leser kann auch heranziehen: DEVILLERS, P., Vietnam: Histoire, S. 572-575 und MOYAR, Mark, Triumph Forsaken, the Vietnam War, 1954-1965, S. 8-9. Zur kirchlichen Situation in dieser Zeit siehe: KEITH, Charles, Catholic Vietnam, a Church from Empire to Nation, S. 41-241 und RAMSEY, Jacob, Mandarins and Martyrs: the Church and the Nguyen dynasty in early nineteenth-century, S. 139-172.

[253] Siehe LECLEIR, S., Siméon-François Berneux (1814-1866), S. 347.

dere hatten den Status eines ‚Protektorats', wie die Mitte Vietnams, wo die Familie Thuans lebte. Die französischen Gouverneure übten dort tatsächlich die Macht aus, ließen den Kaiser jedoch auf rein formale Weise an der Spitze dieses Landesteils.

Die Eroberung Indochinas dauerte ungefähr 30 Jahre. Sofort bei ihrer Ankunft stießen die Franzosen nicht nur auf Widerstand der katholischen Vietnamesen, sondern auch eines großen Teils der Missionare, die in der Nähe ihrer einheimischen Glaubensgenossen lebten,[254] und die eine Verbreitung weltlicher Ideen, wie im französischen Mutterland, befürchteten. In der Gegend um Hue beispielsweise hatten die Missionare gute Beziehungen zur ansässigen Bevölkerung aufgebaut. Einheimische Katholiken und Missionare, wie Pater Eugène-Marie-Joseph Allys[255], arbeiteten bei der Verkündigung des Evangeliums eng zusammen. Seit seiner Ankunft in Vietnam wirkte dieser Pater in Hue (Kim Long) und später in Duong Son (Provinz Bac Kan). Er erlebte die Unruhen, die mit der französischen Kolonialisierung einhergingen, sowie zahlreiche Massaker. Nach seiner Rückkehr nach Hue wurde er zum Pfarrer von Phu Cam ernannt, wo einer der väterlichen Vorfahren Thuans ihm half, Tausende von Konvertiten im Glauben zu unterrichten.[256]

Trotz ihres Patriotismus wurden die Katholiken in den Köpfen eines großen Teils ihrer Landsleute mit der Kolonialmacht in Verbindung gebracht und litten während der langen Jahre der Eroberung des Lan-

---

[254] KEITH, C., Catholic Vietnam, S. 18-54.

[255] = Père Ly, 1852-1936. 1908 wurde Pater Eugène-Marie Allys zum Bischof geweiht und blieb in engem Kontakte mit Thuans Familie. (MOUSSAY, Gérard, APPAVOU, Brigitte, Répertoire des membres de la Société des Missions Étrangères (1659-2004), N°1272).

[256] Unter den Konvertiten war ein Bonze, Prinz Huung Thuyen, Enkel des Kaisers Minh-Mang. Dieses Mitglied der kaiserlichen Familie, ein Buddhist, der katholisch geworden ist, war ein guter Freund von Kha und der Taufpate von Diem und Can.

des unter der Rachsucht des eigenen Volkes.[257] Unter den vietnamesischen Nationalisten machten diejenigen, die keine Christen waren und wenig über die westliche Kultur wußten, keinen Unterschied zwischen Kolonisation und Evangelisation und töteten viele ihrer katholischen Landsleute.[258] Das Leiden der väterlichen und mütterlichen Vorfahren Thuans in dieser Zeit ist dafür ein schreckliches Beispiel. Thuans Familie hat dennoch durch ihr Vorbild deutlich gezeigt, dass Christsein vollkommen mit der Liebe zum Vaterland, dem Respekt für die örtliche Kultur und Moral sowie für andere Religionen vereinbar ist.

Der antikoloniale Kampf wurde zunächst von verschiedenen Kaisern, Intellektuellen sowie buddhistischen und katholischen Bewegungen geführt, auch wenn die Kommunisten die am besten organisierte und gewalttätigste Kraft waren. Ho Chi Minh (1890-1969) gründete 1930 die „Kommunistischen Partei Indochinas“ (KPI = Dang Cong san Dong Duong) und 1941 die „Liga für die Unabhängigkeit Vietnams“ (Vietminh), die, wie der Name schon sagt, den Kampf gegen die Kolonialbesetzung zum Ziel hatte. Sehr schnell gründete die Vietminh einen bewaffneten Zweig, die „Vietnamesische Volksarmee“, später die „Nationale Front für die Befreiung Südvietnams“ (= NFB oder Viet Cong). Nach 1954, dem Jahr der Errichtung der Republik im Süden, war der Viet Cong besonders in den Dörfern im Süden des Landes aktiv: Das ultimative Ziel war die Wiedervereinigung des Landes unter einem kommunistischen Regime.

---

[257] KEITH, C., Catholic Vietnam, S. 48-51 und RAMSEY, J., Mandarins and Martyrs, S. 156-172.

[258] RAMSEY, J., Mandarins and Martyrs, S. 151-166.

Der Zweite Weltkrieg

Die Japaner fielen 1940 in Indochina ein.[259] Während das Vichy-Regime in Europa mit Nazideutschland kollaborierte, sollte die französische Kolonialverwaltung unter dem Kommando von Generalgouverneur Jean Decoux (1884-1963) dasselbe in Vietnam mit Japan tun.[260] Propaganda für das Pétain-Regime war allgegenwärtig. Die örtliche Presse wurde zensiert.[261] Der gaullistische Widerstand gegen diese Regierung war in Vietnam sehr gering, da das Leben der Franzosen in Indochina durch den im Mutterland wütenden Krieg kaum beeinträchtigt wurde.[262] Die japanische Militärpräsenz konzentrierte sich hauptsächlich auf strategisch wichtige Orte wie etwa die Flughäfen. Bei Kriegsende war Vietnam völlig desorganisiert und geriet vorübergehend unter japanische Herrschaft. Nach der Niederlage Japans waren es vor allem die Kommunisten, die das Machtvakuum füllten.

Der Indochinakrieg (1946-1954) und der Beginn der Teilung des Landes

Das französische Expeditionskorps im Fernen Osten wurde am Ende des Zweiten Weltkriegs von den Japanern aus Indochina vertrieben. Als es begann, das Territorium zurückzuerobern, stieß es auf den Widerstand der vietnamesischen Kommunisten. Es folgte ein langer, achtjähriger Krieg, in dem die französischen Truppen den Vormarsch der Vietminh nicht aufhalten konnten. Bereits zu dieser Zeit war der Hintergrund dieses Konflikts der ‚Kalte Krieg', bei dem sich in Asien Maos

[259] NAMBA, C., Français et Japonais en Indochine (1940-1945), colonisation, propagande et rivalité culturelle.

[260] Ebd., S. 23 und 53-57.

[261] Ebd., S. 122-144.

[262] Ebd., S. 50-51 und 66-67. Namba beschreibt das französische Milieu in Indochina als eine Oase in einer Welt, die unter Krieg leidet (S. 249).

China den Alliierten der Amerikaner gegenüberstand.[263] 1954 erlitten die Franzosen in der Schlacht von Dien Bien Phu gegen die Kommunisten die schlimmste militärische Niederlage dieses Krieges, die sie veranlasste, im Juli 1954 das ‚Genfer Abkommen' zu unterzeichnen. Das Land wurde entlang des 17. Breitengrades in zwei Teile geteilt. Im Norden setzte Ho Chi Minh ein kommunistisches Regime ein, während im Süden Bao Dai an der Macht blieb - mit Diem als Premierminister.[264]

Die Situation in Südvietnam 1954 bis 1963

Mein Onkel Diem war in einer Atmosphäre aufgewachsen, in der die Achtung der Menschenwürde und die Tiefe des Glaubens mit einem friedlichen Kampf für die Befreiung unseres Landes einhergingen.[265] 1954 war Diem Benediktiner-Oblate im Kloster Saint-André in Brügge. Bao Dai, der während der Genfer Verhandlungen in Frankreich lebte[266], schlug ihm vor, sein Premierminister zu werden. Sobald Diem bei Bao Dai ankam,

[263] DEVILLERS, P., Vietnam: Histoire, S. 576-578.

[264] Siehe: MOYAR, M., Triumph Forsaken, S. 33 und SHAW, Geoffrey D.T., The Lost Mandate of Heaven, The American Betrayel of Ngo Dinh Diem, President of Vietnam, S. 41. Eine Analyse seitens eines amerikanischen Diplomaten von damals bietet: NOLTING, Frederick, From trust to tragedy, the political memoirs of Frederick Nolting, Kennedy's ambassador to Diem's Vietnam, S. 9.

[265] Aus verschiedenen Gründen bleibt dieses Buch zurückhaltend bezüglich Diems Politik. Nach seiner Freilassung sagte Bischof Thuan, es sei schwierig, ein gerechtes Urteil über die jüngste Geschichte zu fällen. Obwohl es heute mehr Quellen über diese Zeit gibt, analysieren jene, die sie veröffentlichen, die Politik der Republik Südvietnams in sehr unterschiedlicher Weise.
Um den Text nicht zu überlasten, beschränke ich mich darauf, Elisabeths Zeugnis wiederzugeben. Einige historische Präzisierungen sind in den Fußnoten enthalten.
Diems Reden, die er während seiner Amtszeit als Präsident hielt, werden selten zitiert. Trotzdem hat er darin explizit erklärt, dass die für sein Land gewünschte Freiheit und Demokratie die Dankbarkeit für den Beistand der westlichen Länder nicht auslöschen. Seine Politik ist nicht von Fremdenfeindlichkeit geprägt (NGO-DINH-DIEM, Quelques discours politiques importants du président, Sài Gòn (Présidence de la République du Viêt-Nam, Service de Presse, 1956).

[266] Der ehemalige Kaiser, der in Frankreich studiert hatte, wohnte oft dort und starb auch dort.

führte er ihn in einen Empfangsraum seines Hauses vor ein Kreuz und ließ ihm Zeit für ein stilles Gebet. Bao Dai habe gesagt: „Vor diesem Kreuz können Sie das Opfer, das Gott von Ihnen für das Land verlangt, nicht ablehnen." Diem war bewegt und willigte schließlich ein, nach Vietnam zurückzukehren, wo er Premierminister und dann 1955 Präsident wurde.

Die Situation, mit der mein Onkel konfrontiert wurde, war ausgesprochen chaotisch.[267] *Diem entging auf wundersame Weise zahlreichen Attentaten. Umgeben von guten Mitarbeitern gelang es ihm, eine Politik zur Korruptionsbekämpfung in Gang zu setzen. Dank der Hilfe aus dem Ausland konnte das Land fast eine Million Flüchtlinge aufnehmen, die vor dem kommunistischen Regime im Norden flohen. Diem verstand das Leid all dieser Menschen und vertraute auf die Hilfe und das Licht des Herrn.*

Bestrebt, die ihr von Kha anvertraute Mission zu erfüllen, hielt Hiep, oft telefonisch, intensiven Kontakt zu ihrem Bruder, dem Präsidenten und ermutigte ihn. Thuan wusste, dass Diem ärmlich lebte und dass er ein zutiefst ehrlicher Mann war, darauf bedacht, seinem Land zu dienen. Wenn man vor meinem Bruder ein abwertendes Bild unseres Onkels zeichnete, der angesichts internationaler Anforderungen als kompromissloser Mann galt, schwieg er normalerweise. Man hatte aber das Gefühl, dass man ihm von jemand anderem erzählte als von dem ihm

[267] Es genügt, einige Beispiele zu nennen:
- Edward Lansdale (1908-1987), amerikanischer Oberst, vereitelte im Oktober 1954 den von Nguyen Van Hinh (1915 - 2004) verübten Putschversuch, um Diem zu stürzen.
- Die buddhistische Cao Dai-Bewegung, die im Nordosten des Mekong an der Macht war, verfügte über 20.000 Soldaten, während der Hoa Hao-Buddhismus die Gegend südöstlich von Saigon mit Hilfe von Tausenden von Soldaten kontrollierte.
- Dreißig Stämme besetzten die Berge, die im Zentrum des Gebiets lagen. In Saigon selbst regierte eine kriminelle Vereinigung, die ‚Binh Xuyen-Gruppe', deren Einkünfte hauptsächlich aus dem Opiumhandel und der Prostitution stammten.
- Eine Intellektuellen-Bewegung, die ‚Caravellisten', stellte sich dem neuen Premierminister friedlich entgegen: (JACOBS, Seth, Cold War Mandarin, Ngo Dinh Diem and the Origins of America's war in Vietnam, 1950 – 1963, S. 61-62 ; MOYAR, M., Triumph Forsaken, S. 32-59 und S. 105-107 und BOOT, Max, The road not taken, Edward Lansdale and the American Tragedy in Vietnam).

vertrauten Diem. Auch wenn letzterer oft ein angespanntes Verhältnis zu den Gesandten der Vereinigten Staaten hatte, empfand er dennoch keine Feindseligkeit gegenüber dem amerikanischen Volk, sondern er kämpfte dafür, dass das vietnamesische Volk Herr über sein eigenes Schicksal sein durfte. Diem war sein ganzes Leben lang ein Mann des Gebets: Jeden Tag ging er zur heiligen Messe und betete den Rosenkranz. Er blieb während seiner gesamten politischen Karriere wie in seinem Privatleben ein Oblate und wurde manchmal mit einem Mönch verglichen.[268]

Diem war mit großen Schwierigkeiten konfrontiert,[269] *oft sogar mit Ver-*

---

[268] Obwohl er gewissenhaft arbeitete und vor den Diplomaten, seinen Mitarbeitern oder vor dem Volk als Präsident auftrat, lebte Diem im Präsidentenpalast anspruchslos. Er bewohnte ein einfaches Zimmer und sein Bett war von Büchern umgeben. Er hatte einen mehr oder weniger klösterlichen Lebensstil beibehalten. Er schrieb am 17. Dezember 1957 an seine ehemaligen Brüder im Kloster in Brügge: „Betet für mein Land und für mich, liebe Brüder, wir brauchen den lieben Gott so sehr."

[269] Eine der vom Vietcong angewandten Taktiken war die Einrichtung geheimer Stützpunkte in jedem Dorf im Süden. Sie begannen damit, Tausende von örtlichen Verantwortlichen, Lehrern und Beschäftigten im Gesundheitswesen zu massakrieren. Geoffrey Shaw nennt die Zahl von 12.000 Opfern zwischen 1960 und 1961. Die Republik des Südens verlor so die Unterstützung eines großen Teils der Bauern, unter denen der Vietcong zahlreiche Kämpfer rekrutierte. Ab 1960 verstärkte er seine Aktionen, unterstützt von Soldaten aus dem Norden, die den berühmten ‚Ho Chi Minh-Pfad' durch Laos nahmen. Ein Amerikaner fasste die Situation in wenigen lakonischen Worten zusammen: „Wir haben gebaut; der Vietcong zerstört". Sofort zu Beginn seiner Amtszeit beschloss John F. Kennedy, US-Präsident von 1961 bis 1963, die amerikanische Militärpräsenz in Süd-Vietnam zu verstärken: Die Demokratische Republik Südvietnam wurde als strategischer Posten im Kampf gegen den Kommunismus in Asien angesehen. Der amerikanische Botschafter Nolting (1911-1989), der von 1961 bis 1963 in Vietnam eingesetzt war, bemühte sich, Diems Strategie in dieser schwierigen Periode zu verstehen, denn für diesen war es notwendig, jeglichen bewaffneten Kontakt zwischen den Kommunisten im Norden und denen des Südens zu verhindern. Leider konnten weder die Republik noch die Amerikaner die Infiltration von Waffen und Soldaten von Norden nach Süden stoppen. Siehe spezieller: DEVILLERS, P., Vietnam: Histoire, S. 579; JONES, Howard, Death of a generation. How the assassination of Diem and JFK prolonged the Vietnam war, S. 1-12 und 377; MOYAR, M., Triumph Forsaken, S. 87-105; NEWMAN, John M., JFK and Vietnam. Deception, intrigue, and the struggle for power, S. 4 und S. 9-29; NOLTING, F., From trust to tragedy, S. 9; SHAW, G., The Lost Mandate of Heaven, S.41-45, S. 84 und S. 178.

leumdungen,[270] *die darauf abzielten, ihn aus seiner Machtposition zu entfernen.*[271] *1963 stieß mein Onkel auf starken Widerstand von Buddhisten. Ein Teil der Buddhisten geriet heftig mit der Polizei aneinander. Sie hatten das Gefühl, Opfer einer von einem katholischen Präsidenten auferlegten parteiischen Politik zu sein. Im Juli 1963 zündete sich der buddhistische Mönch Thich Quang Duc (1897-1963), ein bekannter Prediger, mitten auf der Straße an, nachdem er sich mit Benzin übergossen hatte. Die Fotos dieses Selbstmordes verbreiteten sich auf der ganzen Welt und lösten ein beträchtliches Echo in der internationalen öffentlichen Meinung aus. Es ist leicht zu verstehen, wie empört die westliche Welt war, als die Presse über systematische Morde an Buddhisten oder das Anzünden von Pagoden berichtete. Aber die Zeitungen machten den Fehler, Diem zu beschuldigten, der Anstifter solcher Gewalttaten gegen die Buddhisten zu sein.*[272]

Während seiner achtjährigen Amtszeit nahm die Anzahl der Pagoden sogar zu. Diejenigen, die wir in unserer Kindheit besucht hatten, wa-

---

270 Neuere Veröffentlichungen bestätigen, dass Diem das Opfer dessen war, was Elisabeth als „Verleumdung" bezeichnet. NGUYEN THI VIET, Viet Nam, Histoire d'une nation, S. 478 drückt es wie folgt aus: „Un proverbe français dit: «Qui veut tuer son chien l'accuse de la rage». Ngô Đình Diệm est victime de cette injustice. Les communistes et leurs sympathisants s'ingénient à dénigrer tout le programme de son gouvernement afin de l'anéantir et de s'emparer de Sud Việt Nam." (Ein französisches Sprichwort sagt: „Wer seinen Hund töten will, beschuldigt ihn der Tollwut." Ngo Dinh Diem ist ein Opfer solcher Ungerechtigkeit. Die Kommunisten und ihre Sympathisanten versuchen, das gesamte Programm seiner Regierung zu verunglimpfen, um ihn zu vernichten und Südvietnam zu erobern.).

271 Mehr Details unter MILLER, Edward, Misalliance: Ngo Dinh Diem, The United States, and the Fate of South Vietnam, S. 271f.

272 Paul Rignac sieht Diems Schuldlosigkeit in dieser Beziehung. Er erwähnt, dass unter Diems Präsidentschaft zwischen 1954 und 1962 mehr als 4.000 Pagoden gebaut wurden, was einer Steigerung von 200 Prozent entspricht. Noch wichtiger ist, so Rignac, dass die verschiedenen buddhistischen Kulte in völliger Freiheit ausgeübt werden konnten. Er liefert auch genaue Zahlen zu den politischen Verantwortlichkeiten der Buddhisten, deren Vertretung in der Regierung größer war als die der Katholiken. Er spricht von einer ‚Legende', die sich in der ganzen Welt verbreitet habe, wonach Diem die Buddhisten ausgegrenzt habe (RIGNAC, Paul, Ngo Dinh Diem, S. 226-229).

ren alt und sehr arm, aber Diem setzte sich für ihre Restaurierung ein. Während seiner Amtszeit als Präsident waren mehr als die Hälfte der Minister und des Regierungsapparates Buddhisten oder Konfuzianer.

Da US-Botschafter Nolting während dieser buddhistischen Unruhen im Urlaub war, konnte er keine objektiven Informationen liefern, und die US-Regierung zog vorschnell den Schluss, dass Diem für die schwerwiegende religiöse Diskriminierung verantwortlich sei. Dieser war bestrebt, die Situation vor der internationalen Gemeinschaft zu klären. Deshalb freute er sich, 1963 eine Untersuchungskommission der Vereinten Nationen zu einem Besuch in Vietnam begrüßen zu können. Die Ergebnisse waren eindeutig: Es gab keine Diskriminierung von Buddhisten in Südvietnam. Es ist erstaunlich, dass dieser Bericht dem amerikanischen Senat erst mehrere Monate nach der Ermordung meines Onkels vorgelegt wurde.[273]

In selben Jahr ernannte Kennedy anstelle von Nolting den in der Pressewelt gut bekannten Republikaner Henry Cabot Lodge Jr. (1902-1985) zum Botschafter.[274] *Kurz nach seiner Ankunft in Vietnam war Lodge davon überzeugt, dass ein Putsch gegen den Präsidenten für die Stabilität des Landes und die Wahrung der amerikanischen Interessen notwendig sei.*[275] *Der westliche Pragmatismus konnte sich kaum vorstellen, dass Diem vor der Gefahr nicht fliehen und dass seine heldenhafte Haltung zu seinem Tod führen würde.*[276]

---

[273] Nur wenige Autoren widmen diesem Bericht der Kommission, die 1963 von den Vereinten Nationen nach Südvietnam geschickt worden war, ihre Aufmerksamkeit. Auf Einladung von Diem kam sie nach einer Untersuchung zu dem Schluss, dass sie keine Spur einer Verletzung der Rechte der Buddhisten gefunden hatte: ‚Es gab keine religiöse Diskriminierung oder Verfolgung, keinen Eingriff in die Religionsfreiheit (…) Es ist eine politische Frage, keine religiöse.' (United Nations, «The violation of human rights in South Vietnam», document A/5630, in: SHAW, G., The Lost Mandate of Heaven, S. 231-232). Shaw wird bestätigt durch: RIGNAC, P., Ngo Dinh Diem, S. 236.

[274] BLAIR, Anne E., Lodge in Vietnam, a patriot abroad, S. 14-15.

[275] Ebd., S. 37-47.

[276] SHAW, G., The Lost Mandate of Heaven, S. 257-258; MOYAR, M., Triumph Forsaken, S. 276; BLAIR, A. E., Lodge in Vietnam, S. 69 und JONES, H., Death of a

Am 1. November 1963 traten die Putschisten in Aktion. Am 2. November, sehr früh am Morgen, flüchteten Diem und Nhu in eine Kirche im chinesischen Viertel Saigons. Nhu wäre lieber ins Ausland gegangen - eine von den Amerikanern angebotene Lösung -, aber Diem war überzeugt, dass er durch seine Präsenz im Land und durch den Dialog die Krise lösen könne. Nhu bewies außergewöhnliche Solidarität: Sehr klarsichtig wie er war, wusste er, dass ihrer beider Leben in Gefahr war, aber er unterstützte seinen Bruder bis zum Ende. Beide beichteten und besuchten die heilige Messe. Diem rief dann die Putschisten an, um sich mit ihnen zu treffen. Ein Fahrzeug kam, um sie abzuholen.[277] *Es ist ungewiss, ob die beiden Brüder bei ihrer Ankunft im Militärquartier getötet wurden oder bereits im Auto, wie einige Autoren behaupten.*[278] *Auf jeden Fall genoss Diem in bestimmten Bevölkerungsgruppen zu viel Unterstützung, als dass die Aufständischen ihn am Leben hätten lassen können.*[279]

---

generation, S. 9. Diese Autoren schreiben, dass die Amerikaner dem vietnamesischen Präsidenten die Möglichkeit zur Flucht geboten haben. Es ging darum, einen Mann auszuschalten, der ihrer Politik hinderlich war. Auch eine große Anzahl vietnamesischer Militärverantwortlicher, die ebenfalls Diem ausschalten wollten, hatten seine Ermordung gleichfalls nicht in Betracht gezogen. Jones meint, dass die Amerikaner wie die Vietnamesen, die an dem Putsch beteiligt waren, hätten wissen müssen, dass ihr Umsturz den Tod der beiden Brüder zur Folge haben konnte (JONES H., Death of a generation, S. 416 und 455).

277 Ein Detail: Am 1. November hatten die Putschisten den Präsidentenpalast umstellt, aber die beiden Brüder konnten entkommen und in ein anderes Regierungsgebäude flüchten, von wo aus sie in eine Kirche im chinesischen Viertel gelangten. An der Stelle des vollständig zerstörten Palastes wurde ein prestigeträchtiges Gebäude errichtet, das heute Museum und Konferenzzentrum ist.

278 Die Patres Guimet und Lajeune (MEP), Priester an der Kirche, in der die beiden Brüder Zuflucht gesucht hatten, schrieben einen nüchternen Bericht über die letzten Stunden des Präsidenten und seines Bruders. Dieser Text, eine maschinengeschriebene Seite, wurde mir von einem vietnamesischen Priester gegeben, der anonym bleiben möchte. Die beiden Priester sagen ausdrücklich, dass sie Diem und Nhu lebend im Auto haben abfahren sehen. Sie sind also nicht an dieser Stelle ermordet worden.

279 Tran Van Houng, der spätere Premierminister, wird hinterher sagen, dass die Spitzenmilitärs, die beschlossen hatten, Präsident Diem zu ermorden, sehr genau wussten, dass sie, weil ihnen Talent, moralische Tugend und jegliche Unterstüt-

Da sich Nhus Ehefrau mit ihrer ältesten Tochter im Ausland befand, informierten die Soldaten meine Cousine Nguyen Thi Hoang Anh, damit sie komme, um die beiden Leichen abzuholen. Anh rief meine Schwester Bernadette (= Niem) an, die ebenfalls in Saigon lebte, um sie zu bitten, sie zu begleiten. In einem heißen Land (und dies war zu dieser Jahreszeit der Fall) verwesen Körper sehr schnell. Deswegen waren Niem und Anh nicht in der Lage, die Verstorbenen zu identifizieren, da ihre Zersetzung bereits fortgeschritten war.

Bernadette fragte sich, ob es wirklich die Überreste von Diem und Nhu waren. „Vielleicht konnten sie fliehen?", hoffte sie. Bernadette rief meine Mutter an, um sie um Rat zu fragen. Mama machte ihr diesen Vorschlag: „Schau in die Taschen der Kleidung. Wenn du dort einen weißen, durchscheinenden Rosenkranz findest, dann handelt es sich um Diems Körper, weil er diesen Rosenkranz immer mitnimmt. Und wenn du in einer anderen Tasche ein Gebet auf Französisch zum Heiligen Kreuz findest, dann ist es Nhu. Er betete es immer, um sich auf den Tod vorzubereiten. Niemand sonst trägt dieses Gebet auf Französisch mit sich." Meine Schwester fand den Rosenkranz und das Gebet, die wir aufbewahrt haben, und bereitete das Begräbnis unserer Onkel vor.

Diese beiden Todesfälle waren ein schrecklicher Schock für die Familie. Thuan äußerte sich nicht öffentlich zu Diems Politik, aber mein Bruder konnte das Wesentliche in wenigen Worten ausdrücken. Zwölf Jahre später, als er von den Kommunisten verhaftet wurde - es war der 15. August 1975 -, bezeichnete man Diem als ‚Handlanger' der Vereinigten Staaten. In diesem Augenblick fasste Thuan das Leben meines Onkels in einem Satz zusammen: „Diem war ein Patriot, der starb, weil er sich geweigert hatte, wem auch immer zu dienen".

zung durch das Volk fehlte, ein spektakuläres Comeback des Präsidenten und seines Bruders nicht verhindern konnten, wenn diese am Leben blieben. (vgl. dazu: MOYAR, M., Triumph Forsaken, S. 273).

Mein Bruder litt sehr unter der Situation, nicht nur wegen der Ermordung seiner Onkel. Er war zutiefst traurig über die chaotische Situation, in der sich unser geliebtes Land befand. Selbst wenn Thuan niemals offiziell eine politische Position einnahm, hat er doch stets den Gläubigen die Augen dafür öffnen wollen, welche Auswirkungen die Spannungen in unserem Land auf ihr persönliches Leben und auf das der Kirche haben könnten. Angesichts einer solchen Welle der Gewalt hätte Thuan ein verbitterter Mann werden können. Das war nicht der Fall. Thuan wartete nicht bis zu seiner Gefangenschaft, um seine Feinde zu lieben, sondern er konnte bereits Brücken bauen, als er mit Diems ehemaligen Gegnern konfrontiert wurde. 1966, wenige Jahre nach der buddhistischen Krise und der Beseitigung von Diem, wurde Ton That Dinh (1926 - 2013), ein südvietnamesischer General, in den zentralen Teil von Vietnam geschickt. In der Region von Hue stellten sich verschiedene Gruppen - darunter politisierte Buddhisten - gegen das Militär, die patriotischen Parteien und die Katholiken. Während sich Südvietnam bereits im Krieg mit den Kommunisten im Norden befand, drohte im Innern des Landes ein Bürgerkrieg auszubrechen. Mehrere Kirchen wurden angegriffen. Als Opportunist hatte General Dinh zuerst die Diem-Regierung unterstützt, sich dann von den Putschisten verführen lassen und sich aktiv am Staatsstreich von 1963 und der Ermordung von Thuans Onkeln beteiligt.[280] *Es ist überraschend, dass er drei Jahre später mit Thuan in Kontakt trat. Die Katholiken begannen sich zusammenzuschließen, um ihre Kirchen zu verteidigen. Ein gewaltsamer Zusammenstoß zwischen Buddhisten und Katholiken drohte in Hue auszubrechen. Weil es Dinh nicht gelang, die Ordnung in dieser Region des Landes wiederherzustellen, bat er Thuan um Hilfe. Dank einer Vereinbarung zwischen Thuan und*

[280] Dieser General hatte ursprünglich Thuans Familie nahegestanden (NICHOLS, Michael R., „Tôn Thất Đính", in: TUCKER, S. C., Encyclopedia of the Vietnam War, S. 404). Dinh, der bis 1975 im Süden eine politische Rolle spielte, ging im selben Jahr in die USA ins Exil. Er soll sein Bedauern darüber zum Ausdruck gebracht haben, am Sturz von Diem beteiligt gewesen zu sein.

dem Bonzen Thich Tri Quang Gia,[281] *einem weiteren ehemaligen Gegner Diems, wurden die Feindseligkeiten eingestellt. Thuan beherbergte sogar General Dinh im Kleinen Seminar, um ihn vor einem Angriff der Kommunisten zu schützen.*

Eine Lektion, die Thuan für den Rest seines Lebens gelernt hatte, war, dass menschliche Hilflosigkeit und Schwäche niemanden davon abhalten sollten, sich den Mächtigeren zu stellen. Integrität ist eine innere Kraft, die diejenigen verwirrt, die versuchen, ihren Nächsten zu beherrschen. Diem hat gezeigt, dass man ein Apostel in der Politik sein kann. Als Christ kann man sich in der Politik für mehr Gerechtigkeit gegenüber seinen Mitbürgern einsetzen. Wir müssen jedoch Opfer und Verfolgung in dieser Welt annehmen. So wird unser Leben ein Leben ‚in den Fußspuren Jesu'. Man muss sein Kreuz annehmen. Wenn man ein ‚Apostel' in der Politik sein will, muss man dafür immer einen Preis zahlen!

Vietnam zwischen 1963 und 1965

Unter der Führung von General Duong Van Minh (1916-2001) zielte der Putsch auf die Ausschaltung der Gegner und damit auf die Ermordung von Diem und Nhu.[282] Das von den Militärmachthabern aufgestellte politische Programm wies kaum soziales Engagement auf. Es bot dem Vietcong die günstige Gelegenheit, das Elend der Bauern auszunutzen, damit er seine Macht in den Dörfern festigen konnte. Die Korruption, gegen die Diem gekämpft hatte, trat wieder in den

[281] Der 1922 geborene Mönch, Gründer der „Demokratischen Buddhistischen Bewegung", hatte gegen Diem opponiert. Im Gegensatz zu diesem gingen die Amerikaner härter gegen diesen politisierten Mönch vor und sperrten ihn in ein Krankenhaus in Saigon (POWER, Charlotte A., Thích Trí Quang, in: TUCKER, S. C., Encyclopedia of the Vietnam War, S. 401).

[282] Dieses Kapitel enthält nur einige Schlüsselelemente, um zu erklären, wie das Land nach Diems Sturz in den schrecklichsten Krieg seiner Geschichte verwickelt wurde.

Vordergrund.[283] Die buddhistischen Mönche drückten weiterhin ihre Unzufriedenheit aus.[284]

Ende Januar 1964 kam es erneut zum Putsch: General Nguyen Khanh (1927-2013) stürzte die Regierung von Minh. Khanh tolerierte mehr politische Freiheit, hatte aber leider kaum kompetente Mitarbeiter.[285] Bei Demonstrationen gegen sein Regime wurden Katholiken die Hauptopfer der Unruhen: Häuser, Schulen, Kirchen, Unternehmen und Pressebüros wurden angegriffen, geplündert und verbrannt. In einem Krankenhaus wurden sogar Patienten massakriert.[286] Unter dem Druck der internationalen öffentlichen Meinung intervenierte Botschafter Lodge, um das Leben von Ngo Dinh Can zu retten, der verhaftet und zum Tode verurteilt worden war.[287] Vergebens: Er wurde im Mai 1964 gnadenlos hingerichtet.

Mit Unterstützung der Amerikaner hielt sich Khanh einige Zeit an der Macht.[288] Südvietnam war dabei, ein Satellitenland der Vereinigten Staaten zu werden.[289] Viele amerikanische Senatoren und Berater

---

283 BLAIR, A. E., Lodge in Vietnam, a patriot abroad, S. 129: „The general's regime was more corrupt but more liberal. Everyone exploited his position as the Americans poured more money into Vietnam." Siehe auch: MOYAR, M., Triumph Forsaken, 1954-1965, S. 273.

284 MOYAR, M., Triumph Forsaken, S. 276-287.

285 MOYAR, M., Triumph Forsaken, S. 295 und BLAIR, A. E., Lodge in Vietnam, S. 133.

286 MOYAR, M., Triumph Forsaken, 1954-1965, S. 316.

287 BLAIR, A. E., Lodge in Vietnam, S. 136f. Papst Paul VI. hatte weltweit Kontakt zu verschiedenen einflussreichen Personen aufgenommen, um zu versuchen, Cans Leben zu retten.

288 Ebd., Lodge in Vietnam, S. 318 und S. 326f.

289 Anne Blair schreibt, dass sich die Vereinigten Staaten auf einen Bericht Lodges stützten. Die Amerikaner betrachteten die Republik als ‚den Grundstein für ganz Südostasien', das heißt Thailand, Kambodscha, Laos, Birma und Indonesien. Im Falle eines Sieges, der dann auch wirklich eintrat, standen die Kommunisten vor den Toren Australiens und der Philippinen. (BLAIR, A. E., Lodge in Vietnam, S. 134-135).

forderten harte militärische Maßnahmen. Auf John F. Kennedy, der am 22. November 1963 ermordet wurde, folgte der bisherige Vizepräsident Lyndon B. Johnson (1908-1973). Letzterer stimmte der von seinen Militärberatern verteidigten Strategie zu und wollte eine starke Präsenz amerikanischer Truppen in Vietnam aufrechterhalten. Johnson zog es jedoch vor, das Ergebnis der für November 1964 geplanten Präsidentschaftswahlen in den USA und seine Bestätigung im Amt abzuwarten, bevor er eine militärische Intervention ins Auge fasste.[290] Ebenfalls 1964 trat ein neuer Führer an die Spitze der Sowjetunion, Leonid Breschnew[291], der die strategische Hilfe für die Kommunisten im Norden verstärkte.

Nachdem er als Präsident im Amt bestätigt worden war, stellte Johnson fest, dass das Regime in Hanoi über Laos seine militärische Durchdringung des Südens intensivierte.[292] Sofort zu Beginn des Jahres 1965 hatte Johnson entschieden, die Kommunisten des Nordens nach jedem Angriff des Vietcong mit Luftangriffen zu ‚bestrafen'.[293] Militärisches Denken hatte die Oberhand gewonnen: Waffen und Truppen wurden nach Vietnam verlegt. Die Option des Krieges wurde bevorzugt. Daher kam es für die Amerikaner nicht in Frage, mit den chinesischen oder russischen Kommunisten zu verhandeln[294] oder sich an die Vereinten Nationen zu wenden. Später, während des Konflikts, ignorierten die Amerikaner das engagierte Eintreten Frankreichs für einen Waffenstillstand, das bittere Erfahrungen mit der Entschlossenheit und Grausamkeit der Kommunisten gemacht hatte. Die Amerikaner wollten die Kontrolle über Asien behalten, selbst auf Kosten des Opfers von Millionen Zivilisten und Soldaten. Bereits während der Präsidentschaft von Diem hatten die Vereinigten Staaten die Bemü-

---

290 MOYAR, M., Triumph Forsaken, S. 305, S. 309 und S. 319-325.

291 Präsident der UdSSR von 1964 bis 1982.

292 MOYAR, M., Triumph Forsaken, S. 332f.

293 Ebd., S. 352f.

294 Lodge zufolge hätte das eine Anerkennung der chinesischen Regierung bedeutet (BLAIR A. E., Lodge in Vietnam, S. 146).

hungen um eine friedliche Lösung des Konflikts nicht unterstützt.[295] Diems Tod leitete eine Periode politischer Instabilität in der Republik des Südens ein und war der Auftakt zu einem Krieg, der von vielen menschlichen und materiellen Verlusten gekennzeichnet war.[296]

Der Vietnamkrieg (1965-1973)

Im Juni 1965 übernahm General Nguyen Van Thieu (1923-2001) die Kontrolle über die Streitkräfte und wurde Präsident von Südvietnam.[297] Das vietnamesische Volk sollte den schlimmsten Albtraum seiner Geschichte erleben. Man nimmt an, dass die amerikanischen Bombenangriffe im Sommer 1965 den Beginn dessen markieren, was allgemein als ‚Vietnamkrieg' bezeichnet wird.[298] Der Konflikt eskalierte schnell. Die Kommunisten profitierten von der Hilfe Chinas und der Sowjetunion, während die Amerikaner von Südkorea und Australien unterstützt wurden, gefolgt von anderen Ländern wie Spanien, Neuseeland, Taiwan und Thailand. Amerikaner wie Kommunisten haben gleichermaßen Kriegsverbrechen begangen. Wenn die Amerikaner sich der Massaker an der Zivilbevölkerung oder Vergewaltigungen schuldig machten, standen auch die Kommunisten (Vietcong) nicht zurück und haben zum Beispiel in Hue etwa dreitausend Landsleute (1968) hingerichtet, darunter eine große Anzahl von Intellektuellen. Das berühmte Foto eines nackten Mädchens, das von der Explosion einer Napalmbombe verbrannt wurde, symbolisiert den Schrecken

[295] In den 1960er Jahren hatte Diem die diplomatischen Kontakte mit anderen Ländern intensiviert, um die nationale Politik den Händen der Vereinigten Staaten zu entziehen, die den westlichen Einfluss in Asien für sich monopolisierten. Er versuchte sogar, Kontakt mit dem Vietcong aufzunehmen (SHAW, G., The Lost Mandate of Heaven, S. 238-240).

[296] MOYAR, M., Triumph Forsaken, S. 275-391.

[297] Er blieb Präsident bis 1975. Zur Beschreibung des Wechsels der verschiedenen Regierungen siehe: BLAIR, A. E., Lodge in Vietnam, S. 133f.

[298] DEVILLERS, P., Vietnam: Histoire, S. 579-581.

dieses mörderischen Konflikts.[299] Der Verlust der Amerikaner an Menschen und die exorbitanten Kosten dieses fernen Krieges wurden in den Vereinigten Staaten und in der westlichen Welt immer heftiger kritisiert. In der amerikanischen und der internationalen Presse füllten diese Themen oft die Titelseiten. Trotz aller Bemühungen, die Medien zu beschwichtigen, wurde der Krieg in der amerikanischen öffentlichen Meinung zunehmend unpopulär. Sehr viele Veteranen kehrten lebenslang traumatisiert in die Heimat zurück, gezeichnet von der Grausamkeit dieses Krieges.

Die intensiven Kämpfe, die einen großen Teil Vietnams und Kambodschas verwüsteten, wurden bis zu dem im Januar 1973 abgeschlossenen ‚Pariser Friedensabkommen' fortgesetzt. Die amerikanischen Truppen verließen 1975 endgültig das Land, was es den Kommunisten ermöglichte, den Süden zu besetzen. Der Fall Saigons (seit 1976 Ho-Chi-Minh-Stadt) markierte den endgültigen Sieg der Vietminh und das Ende des Vietnamkrieges.

Das kommunistische Regime nach 1975

Der Totalitarismus des kommunistischen Regimes, der sich nach 1975[300] im ganzen Land etablierte, zeigte sich sehr schnell durch die gewaltsame Ausschaltung jeglicher Form des Widerstands und zwar durch Zensur, völlige Kontrolle des Bildungungswesens, Konzentrationslager[301], Zwangsarbeit, Deportationen, Hinrichtungen, absolute Ablehnung jeglicher Form von Opposition gegen das Regime, Ein-

[299] Sie überlebte und erzählt ihre Geschichte in: KIM PHUC PHAN THI, Fire Road: The Napalm Girl's Journey through the Horrors of War to Faith, Forgiveness, and Peace, Tyndale House Publishers, Illinois, 2017.

[300] NGUYEN VAN CAHN, Vietnam under communism (1975-1982).

[301] Details zu den Lagern siehe NGUYEN VAN CAHN, Vietnam under communism, S. 188-225. Cahn listet mehr als 100 neue Gefängnisse und Umerziehungslager auf, die über alle Provinzen verteilt sind (S. 202-203).

schränkung der Freiheit und Unterdrückung aller Religionen[302]. Die marxistischen Prinzipien wurden strikt angewendet: Abschaffung des Privathandels, Verstaatlichung der Industrie, Kollektivierung der Landwirtschaft und Beschlagnahme von Privateigentum. Gegner, die nicht geflohen oder der Hinrichtung entkommen waren, sollten nach der kommunistischen Terminologie ‚umerzogen' werden. Thuan war nur eines der vielen Opfer dieser Politik.

Der wohlhabende Süden, der eine größere politische Freiheit genossen hatte, wurde nun vom diktatorischen Regime Hanois beherrscht. Die amerikanischen Bombenangriffe hatten die Infrastruktur des Nordens schwer beschädigt. Die Wirtschaft des Landes lag in Trümmern. Es war notwendig, in großem Umfang Lebensmittel aus der UdSSR und China zu importieren.[303] Die Massenflucht der ‚Boat-People' gibt eine Vorstellung von der ausweglosen Situation, in der sich die nichtkommunistischen Vietnamesen befanden. Besonders von 1978 an, versuchten ein bis zwei Millionen von ihnen, das Land zu verlassen.[304] Dieser ‚Exodus' war eines der größten menschlichen Dramen der zeitgenössischen Geschichte.[305]

Mitte der 1980er Jahre leitete Vietnam, wie andere kommunistische Staaten, eine Wirtschaftsreform (= Doi Moi) ein. Die bleierne Last, die das Land gewissermaßen überdeckte, wurde schrittweise gelockert, um wieder diplomatische Kontakte zu demokratischen Ländern aufnehmen zu können. Gegenwärtig scheinen die Beziehungen zwischen Kommunisten und Katholiken entspannter zu sein als zu

302 Ebd., S. 164 187. Die Hauptopfer waren Buddhisten und Christen.

303 Ebd., S. 124.

304 Das damals herrschende Chaos macht es fast unmöglich, die Zahl der Flüchtlinge zu schätzen. Außerdem starb ein großer Teil der ‚Boat-People' auf der Flucht, ertrank oder wurde Opfer von Piraten (Ebd., S. 128-136).

305 Vo bezeichnet diesen Exodus als ‚die größte Flucht des 20. Jahrhunderts'. Er vergleicht ihn mit dem Zustrom von Flüchtlingen aus dem Norden im Jahr 1954 (VO, N. The Vietnamese Boat People, 1954 und 1975-1992, S. 2 und 193).

Lebzeiten von Bischof Thuan, auch wenn es im Ausland einfacher ist, die großartige Persönlichkeit des Kardinals vorzustellen als in seinem eigenen Land.

NACHBEMERKUNG

Epilog

Bei mehreren Gelegenheiten hatte ich die große Freude, Kardinal Thuan zu treffen und mit ihm zu sprechen. Die Lektüre seiner Schriften und die zahlreichen Begegnungen mit seiner Schwester Elisabeth ermöglichten es mir, ihn besser kennenzulernen. Vor meinem letzten Besuch in Vietnam hatte ich bereits begonnen, diesen Text in Zusammenarbeit mit Elisabeth zu schreiben. Das Kennenlernen des Heimatlandes des Kardinals, der Orte, an denen er lebte, und die Begegnungen mit Personen, die ihn kannten, haben mich veranlasst, dieses Buch zu veröffentlichen.

Wenn ich in der westlichen Welt über den Kardinal berichte, fragen mich viele Menschen nach Kirche und Gesellschaft in Vietnam. Während meiner Reise habe ich mich besonders für den Einfluss des Kardinals auf die Ortskirche interessiert. Ich erkannte, dass es in einem kommunistischen Land nach wie vor schwierig ist, offen über sein soziales Engagement zu sprechen.

Diejenigen, die den Kardinal gekannt haben, sprechen von ihm mit großer Verehrung. Nach seinem Vorbild geben Ordensschwestern ebenso wie seine Gründung, die ‚Gemeinschaft der Hoffnung' (Cong doan Hy-Vong), den Armen Hoffnung und widmeten sich voller Freude den pastoralen Aufgaben. Bischof Thuan hat diesem Säkularinstitut immer besondere Aufmerksamkeit gewidmet, an das er scheinbar beim Abfassen seiner Hauptwerke vorrangig gedacht hat. Die Mitglieder stellen sich einfach in den Dienst aller, speziell der Leidenden. Was diese Männer und Frauen beseelt, ist apostolischer und missionarischer Eifer, verbunden mit einem Leben im Gebet. Als ‚Sauerteig' handeln sie innerhalb der zivilen Gesellschaft, ohne sich in die Politik einzumischen, aber stets daran arbeitend, die Lebensbedingungen ihrer Mitbürger zu verbessern.

In Vietnam ist die Religionsfreiheit eingeschränkt. Die Ernennung eines Bischofs erfolgt oft mit Zustimmung der Zivilbehörden. Katholiken dürfen weder Schulen noch Krankenhäuser eröffnen. Dennoch beteiligen sich junge Menschen stärker am christlichen Leben als in der westlichen Welt. Die konkreten Zeugnisse der Nächstenliebe gegenüber Kranken und Armen sind in Vietnam stärker sichtbar als in unserer säkularisierten Gesellschaft.

Obwohl dieses Buch von seiner Inhaftierung erzählt, liegt der Schwerpunkt nicht vordergründig auf Thuans Leiden, sondern eher auf seiner Fähigkeit, den Feinden zu verzeihen. Das weitere Augenmerk liegt auf der Botschaft, die in seinen außergewöhnlichen Schriften enthalten ist, die im Gefängnis verfasst und herausgeschmuggelt wurden. Die langen Zeiten der Isolation führten Thuan dazu, sich ganz und gar auf den Herrn einzulassen.

Die Nächstenliebe ist der rote Faden in seinem Leben. Nach 1 Kor 13 hat es nur dann wirklich Sinn, sein Leben hinzugeben, wenn es aus der Liebe geschieht. Die in diesem Buch gesammelten Zeugnisse beschreiben auch die politischen Verwicklungen seiner Familie. Ich wollte die Familiengeschichte nicht stillschweigend übergehen, sondern den menschlichen Aspekt zeigen, der sich hinter bestimmten kontroversen Ereignissen verbirgt. Der Kardinal hat immer herzliche Beziehungen zu seinen Verwandten gepflegt und sich niemals von einem seiner politisch engagierten Familienmitglieder distanziert. Sein Kampf für mehr Gerechtigkeit, sein soziales Engagement für die Flüchtlinge und seine Bemühungen, Analphabeten zu fördern, haben jedoch nichts mit irgendeinem ideologischen Kampf zu tun. Seine Ablehnung des marxistischen Denkens hat ihn niemals daran gehindert, in seinen kommunistischen Landsleuten Kinder Gottes zu sehen und ihnen die Hand zu reichen.

Elisabeth hat mir oft erzählt, dass ihr Bruder sein ganzes Leben lang ein wahrer Hirte war, der seine Schafe nie im Stich gelassen und sein

Land nie vergessen hat. Sein ganzes dahingeschenktes Leben und seine Botschaft sind für die Weltkirche bestimmt, aber sie sind vor allem an seine Kirche in Vietnam gerichtet, eine lebendige, innige, frohe Kirche, die aus dem Blut der Märtyrer geboren wurde.

Thuans Wahlspruch ‚Freude und Hoffnung' bleibt eine Quelle der Inspiration. Sein Sinn für Humor, seine Weisheit, seine Geduld und die Klarheit seines Denkens machen ihn zu einer äußerst warmherzigen Persönlichkeit. Die Entscheidung der römischen Kurie, die „heroischen Tugenden" des Kardinals anzuerkennen, betraf sein ganzes Leben.

Herzlichen Dank an Elisabeth Thi Thu Hong und an so viele Vietnamesen, die mich lehrten, den Kardinal noch intensiver zu lieben.

Stefaan Lecleir

Mein Bruder selbst würde sagen: Ich habe gewirkt und geschrieben, um meinem Volk, insbesondere den jungen Menschen, Hoffnung zu geben, damit sie Jesus begegnen können. Die Schönheit des Herrn und sein Antlitz stehen unendlich weit jenseits unseres Begreifens.

Große geistliche Persönlichkeiten offenbaren immer einen Aspekt Gottes. Der eine spricht von seiner Majestät, der andere von seiner Zärtlichkeit. Das Leben meines Bruders zeigt uns, dass Gott die maßgebliche Hoffnung unserer Existenz ist. Unser größtes Glück ist es, unserem Nächsten vergeben und ihn lieben zu können. Thuan lädt uns zu der Freude ein, zu erkennen, dass wir arm sind, und Stärke in der Schwäche zu finden.

Es ist mein Wunsch, dass jeder Leser auf seine Weise diesen Jesus entdecke, den Thuan innerlich kannte und tief liebte.

Elisabeth Nguyen Thi Thu Hong

ANHÄNGE

Anhang 1

Ergänzende Informationen zur Familie

Die Vorfahren Thuans väterlicherseits

Nguyen Van Vong ∞ Tong Thi Lai
Thuans Urgroßeltern

Nguyen Van Dieu ∞ Nguyen Thi My
Thuans Großeltern

Nguyen Van Am ∞ Ngo Dinh Thi Hiep
Thuans Eltern

Meine Vorfahren väterlicherseits, fromme und engagierte Katholiken seit dem 17. Jahrhundert, stammen aus einem kleinen Dorf, Co Vuu (heute Nha Tho Tri Buu) nördlich von Hue, in dem etwa 140 Katholiken lebten. Dieses Dorf liegt in der Nähe von La Vang, dem Erscheinungsort der Heiligen Jungfrau. Seit dem Beginn der Evangelisation erforderte es viel Mut, Christ zu sein: Die Verkündigung Christi und die liturgischen Feiern mussten im Verborgenen stattfinden. Deswegen schlossen sich Christen in kleinen Dörfern zusammen.[306] *Die Christen wurden in der Zeit vor der französischen Kolonialisierung (1858) besonders stark verfolgt. Im 19. Jahrhundert, unter der Herrschaft von Kaiser Minh Mang, zog die Familie aus Sicherheitsgründen nach Phu Cam in der Nähe von Hue, was sie aber leider nicht vor den Verfolgungen schützte.*

[306] Heute leben die Christen im Allgemeinen mehr zerstreut. Es gibt auf dem Land jedoch immer noch vollständig katholische Dörfer. In Städten werden bestimmte Bezirke manchmal fast ausschließlich von Christen bewohnt.

Kaiser Tu Duc war misstrauisch gegenüber den französischen Truppen, die in das Land eindringen wollten. Er sah aber auch die Katholiken fälschlicherweise als ein großes Risiko für Vietnam: Er fragte sich, ob ihre gemeinsame Religion sie nicht dazu verleite, einen Pakt mit dem westlichen Eindringling zu schließen. 1860 erließ der Kaiser das ,Trennungungsgesetz' (phan sap = trennen und integrieren): Katholische Familien wurden getrennt und jeder Gläubige musste in einer Umgebung mit mindestens fünf Nichtchristen leben. Ihr Land wurde beschlagnahmt und das Wort Ta Dao (,falscher Weg', ,schlechte Religion') wurde auf ihren Wangen eingebrannt, um zu verhindern, dass sie flohen.

- ***Nguyen Van Danh**, einer unserer Vorfahren, wurde Opfer dieser repressiven Politik: Er wurde ins Gefängnis geworfen und die Mitglieder seiner Familie wurden voneinander getrennt.*
- ***Nguyen Van Vong**, sein Sohn, war 1860 15 Jahre alt. Er wurde auf einen Bauernhof gebracht, wo er ziemlich gut behandelt wurde. Der Bauer, ein frommer Buddhist, erlaubte ihm, seinem Vater Essen ins Gefängnis zu bringen. Vong bewies großen Mut: Er stand um drei Uhr morgens auf und ging jeden Tag 20 Kilometer bis zu dem Ort, an dem sein Vater inhaftiert war.*
  1862 zwangen die französischen Kolonialherren dem Kaiser Verträge auf, die für die Christen günstig waren. Danh wurde freigelassen und die Mitglieder der Familie Nguyen konnten zurückkehren, um in Phu Cam zu leben. Vong und seine Kinder knüpften engen Kontakt zu Pater Allys. Fünfzehn Jahre lang missionierte Vong Nichtchristen südlich der Hauptstadt. Zurück in Phu Cam wurde er Vorsitzender des Pfarreirates. Mein Bruder hatte noch das Glück, diesen mutigen Großvater kennenzulernen, der ihm die Geschichte unserer Familie erzählte. Vongs Frau Tong Thi Lai gehörte zur Familie des heiligen Tong Viet Buong (Paul).
- ***Nguyen Van Dieu**, Vongs Sohn, hatte nur ein Kind: Nguyen Van Am (Thaddäus, 1900-1993), unseren Vater. Lac, eine Schwester von Dieu, hatte Ung De, ein Mitglied der kaiserlichen Familie,*

geheiratet.[307] Mehrere ihrer Kinder traten in den geistlichen Stand ein. Am heiratete Ngo Dinh Thi Hiep (Elisabeth).

Es ist mir unmöglich, alle Mitglieder unserer väterlichen Familie zu nennen, die Thuan nahestanden, insbesondere die Nachkommen unserer Großonkel, der Brüder Dieus, unseres Großvaters.

Thuans Onkel und Tanten mütterlicherseits

Da Thuans Vater ein Einzelkind war, waren die Ngo seine einzigen Onkel und Tanten:

- **Ngo Dinh Khoi** (Paul, 1890-1945). Er heiratete 1912 Nguyen Thi Hoa, die älteste Tochter von Nguyen Huu Bai, des Innenministers und Freundes von Kha. Khoi war Gouverneur der Provinz Quang Nam, in der Küstenregion gelegen. Als die Kommunisten am Ende des Zweiten Weltkriegs die Macht übernahmen, wurde er mit seinem Sohn Ngo Dinh Huan am 31. August 1945 hingerichtet.[308]
- **Ngo Dinh Thi Giao** (Elisabeth, 1894-1944). Sie war eine fest im Gebet verankerte und zutiefst wohltätige Frau und Mutter von vier Ordensfrauen[309]. Sie litt wie ihr Ehemann Truong Dinh Tung an Tuberkulose und wurde oft von Thuan besucht, wenn er den Priester begleitete, der ihr die Kommunion brachte.
- **Ngo Dinh Thuc** (Pierre-Martin, 1897-1984). Er wurde 1925 zum Priester geweiht und studierte in Rom, wo er Kommilitone des späteren Papstes Paul VI. war, und in Paris an der Sorbonne, wo er einen Abschluss für französische Literatur erwarb. Zurück in Vietnam war er Lehrer am Priesterseminar in Hue. 1938 wurde er

[307] Durch seinen Vater, Prinz Huong Thuyen, stammte De von Kaiser Minh Mang ab. Sieben Söhne von Ung De waren Katecheten, zwei seiner Töchter wurden Ordensfrauen.

[308] NGÔ NGOC TRUNG, « Ngô Đình Khôi », in: TUCKER, S. C., Encyclopedia of the Vietnam War, S. 291.

[309] Erinnerungen von Ngo Dinh Thuc, das Manuskript stammt von Elisabeth, S. 18.

zum Bischof von Vinh Long, südlich von Saigon, ernannt und am 12. April 1961 schließlich zum Erzbischof von Hue. In dieser Zeit baute er die Verehrung Unserer Lieben Frau von La Vang aus. Er brachte seinen Bruder Diem in Kontakt mit Kardinal Francis Spellman (1889-1967), der der Familie Kennedy nahestand. Thuc nahm am Zweiten Vatikanischen Konzil teil und verbrachte dann den Rest seines Lebens im Exil. Nach dem Konzil weihte er, in das Aufbegehren der Traditionalisten verwickelt, einige Bischöfe ohne Einverständnis des Heiligen Stuhls.[310] Die herzliche Aufnahme, die er immer im Schoß seiner Familie in Australien fand, half ihm am Ende seines Lebens, eine Versöhnung mit Papst Johannes Paul II. einzuleiten, den er zutiefst bewunderte.

- **Ngo Dinh Diem** (Johann Baptist, 1901-1963).[311] 1933 folgte er Nguyen Huu Bai als Innenminister unter der Regentschaft von Kaiser Bao Dai nach. Er wurde aber sehr schnell - weil er von der Kolonialmacht unabhängig sein wollte - von der politischen Bühne verdrängt und lebte dann in Phu Cam, in der Nähe seiner Familie. Diem verließ das Land 1950 und besuchte Japan, Italien (Rom), die Vereinigten Staaten, Frankreich und Belgien. 1954 wurde er Premierminister, dann Präsident der Republik Südvietnam, schließlich 1963 ermordet. Diem ist bei den Vietnamesen, Franzosen und Amerikanern, aber auch in ganz Asien wegen seiner politischen Rolle sehr bekannt, die eng mit der jüngsten Geschichte von Vietnam verbunden ist.[312]
- **Ngo Dinh Thi Hiep** (Elisabeth,[313] 1903-27. Jan. 2005), Thuans Mutter.

---

310 NGÔ NGOC TRUNG, Ngô Đình Thục, in: TUCKER, S. C., Encyclopedia of the Vietnam War, S. 293.

311 Zwischen Thuc und Diem wurde ein Junge geboren, der im Kindesalter starb.

312 HEAD, William, Ngô Đình Diệm, und CURREY, C.B., Ngô Đình Diệm, Overthrow of, S. 289-291.

313 Es ist nicht verwunderlich, dass mehrere Kinder denselben Taufnamen hatten: Im Alltag wurde nur der vietnamesische Vorname verwendet. In der Familie sagte man zum Beispiel Hiep, nicht Elisabeth.

- **Ngo Dinh Thi Hoang** (Anne, 1904-1959). Verheiratet mit Nguyen Van Le (François-Xavier), Thuans Pate. Hoang stand ihrer Schwester Hiep und ihrem Bruder Diem sehr nahe. Sie unterstützte ihn finanziell während seiner geheimen politischen Aktivitäten zwischen 1933 und 1950.
- **Ngo Dinh Nhu** (Jakob, 1907-1963). Er studierte in Frankreich und war politischer Berater von Diem. Er heiratete Tran Le Xuan (1924-2011), bekannt als ‚Madame Nhu'[314]. Er wurde gemeinsam mit Diem ermordet.[315]
- **Ngo Dinh Can** (Jean-Baptiste, 1910-1964). Er stand dem Volk und besonders den Buddhisten nahe. Während der Präsidentschaft Diems war Can einer seiner engsten Mitarbeiter, der hauptsächlich in seiner Heimatregion tätig war.[316] Er wurde am 8. Mai 1964 von den Putschisten hingerichtet.
- **Ngo Dinh Luyen** (Michael, 1914-1990). Als Jugendlicher nach Frankreich geschickt, war er das am stärksten ‚verwestlichste' Kind Khas. Als er nach Vietnam zurückkehrte, heiratete er Nguyen Thi Danh (Lucie), die aus dem Süden stammte und mit der er fünf Kinder hatte. Nach ihrem Tod heiratete er Nguyen Phuc Hanh (Marie), die ihm acht Kinder schenkte. Er arbeitete in Saigon und wurde dann als Botschafter in verschiedenen Orten, unter anderem in London, eingesetzt.[317] Er lebte nach der Ermordung seiner Brüder im Exil.

---

314 FRAME, Arthur T., Ngô Đình Nhu, Madame (Trần Lệ Xuân), in: TUCKER, S. C., Encyclopedia of the Vietnam War, S. 293.

315 FRAME, Arthur T., Ngô Đình Nhu, in: TUCKER, S. C., Encyclopedia of the Vietnam War, S. 292.

316 CURREY, Cecil B., Ngô Đình Cẩn, in: TUCKER, S. C., Encyclopedia of the Vietnam War, S. 288-289.

317 NGÔ NGOC TRUNG, Ngô Đình Luyện, in: TUCKER, S. C., Encyclopedia of the Vietnam War, S. 292.

Thuans Geschwister

- ***Nguyen Van Xuan*** *(Jean-Baptiste, 1926-1927). Er fiel mit zwei Jahren der Cholera zum Opfer, einige Monate vor Thuans Geburt.*
- ***Nguyen Thi Niem*** *(Bernadette, 1930-1997). Unsere älteste Schwester verbrachte einige Jahre im Karmel von Hue,*[318] *zu der Zeit, als Thuan nicht weit davon entfernt im Priesterseminar studierte. Sie musste das Kloster aus gesundheitlichen Gründen verlassen. Nach dem Studium wurde sie Sekretärin am britischen Konsulat in Saigon und heiratete 1962 Brian Smith, einen Engländer, der in demselben Konsulat arbeitete. Das Paar hatte zwei Kinder. Sie stand meinem Bruder sehr nahe und dieser reiste sogar nach England, um Bernadette und ihren Mann zu beerdigen.*
- ***Nguyen Linh Tuyen*** *(Joseph, 1932-2002). Auch er stand Thuan sehr nahe. Er wollte seinem Land in der Armee dienen und besuchte die Militärakademie in Frankreich. Später wurde er zum Oberst in der Armee Südvietnams ernannt und war als Militärattaché in der vietnamesischen Botschaft in Seoul (Korea) tätig. 1975 flüchtete er mit seiner Frau und seinen drei Kindern in die USA. Er vertrat dort unsere Familie während der Gedenkfeiern anlässlich der Ermordung Diems. Tuyen veröffentlichte verschiedene Artikel für ein freies Vietnam. Die gesamte Familie versammelte sich zu seiner Beerdigung im Februar 2002, mit Ausnahme von Thuan, der bereits schwer krank war.*
- ***Nguyen Van Truyen*** *(Paul), bei der Geburt verstorben.*
- ***Nguyen Van Thanh*** *(Michel, 1935-2009). Er war sowohl literarisch als auch poetisch begabt und arbeitete als Detektiv. Aus seiner ersten Ehe hatte er ein Kind und zwei weitere aus seiner zweiten. 1975*

---

318 Sie nahm den Namen Bernadette im Carmel an und wurde seitdem so gerufen. Ihr Taufname war Anna (Pfarrarchiv von Phu Cam). Diejenigen, die das Archiv von Phu Cam besuchen, finden Informationen, die geringfügig von meiner Liste abweichen, in der die ‚christlichen Namen' stehen, wie sie in der Familie in ihrer westlichen Form verwendet werden. Aber Joseph wird mit dem Vornamen Guise angegeben, Michel als Micae und Elisabeth als Isave.

in kommunistische Umerziehungslager eingesperrt, kam er kurz vor Thuan wieder frei. In Begleitung seiner Familie besuchte er Thuan im Bach Mai-Krankenhaus. Thanh war für sehr lange Zeit der Kirche fern. Er litt am Ende seines Lebens an Leberkrebs und wurde von einer Ordensfrau gepflegt, die Thuan gut kannte. Unter diesen schmerzhaften Umständen kehrte er zum Glauben seiner Kindheit zurück und war bei seinem Tod von vietnamesischen Katholiken umgeben. Leider konnten wir nicht nach Vietnam zurückkehren, um an seiner Beerdigung teilzunehmen.

- ***Nguyen Thi Ham Tieu*** *(Anne-Cécile, 1938-2005). Eine meiner älteren Schwestern. Sie spielte eine von der Vorsehung bestimmte Rolle im Leben unserer Familie, sowohl in dem meiner Eltern als auch in dem einiger meiner Schwestern. Während ihrer Tätigkeit in der vietnamesischen Botschaft in Australien kam es 1963 zum Staatsstreich, gefolgt von einem Regierungswechsel im Land. Anne wurde ihres Amtes enthoben. Sie beantragte und erhielt daraufhin die australische Staatsbürgerschaft.*

Dieser Verlust des Arbeitsplatzes war letztendlich ein Segen. Meine Schwester erzählte uns, dass mein Bruder ihr in demselben Jahr schrieb: „Meine liebe Schwester, bleib dort! Eines Tages wirst du berufen sein, der ganzen Familie zu dienen." Tatsächlich setzte sie sich viele Jahre für Thuans Freilassung ein und wandte sich an Amnesty International, die australischen Bischöfe und Minister ebenso wie an Freunde und Familienmitglieder. Anne sagte: „Ich erinnere mich, dass Thuan immer Priester werden wollte. Schon in jungen Jahren baute er kleine Altäre. Er war für seine Geschwister vor allem ein Vorbild der Nächstenliebe. Er war ein guter Mensch und ich wollte alles für ihn tun, um ihn zu retten. Ich habe viele Länder besucht und tausende Briefe aus der ganzen Welt wurden an die kommunistische Regierung gerichtet, um seine Freilassung zu fordern. Ich wurde sogar von Papst Johannes Paul II. empfangen, den ich bat, für meinen Bruder zu beten und sich für seine Freilassung einzusetzen."

Anne veröffentlichte die englische Übersetzung von Thuans erstem Buch aus der Gefangenschaft und blieb bei ihm in Rom, als er krank war, bis zu seinem Tod im Jahr 2002. Sie kümmerte sich auch um unseren Vater und unsere Mutter bis zu deren Lebensende. Als sie 2004 selbst erkrankte, reiste ich zu ihr nach Australien und blieb bei ihr sowie bei unserer alten Mutter. Anne starb im Januar 2005, sieben Tage vor unserer Mutter.

- **Nguyen Thi Anh Tuyet** *(Agnes, 1941). 1962 trat sie für ein Jahr in den Karmel ein. Sie hat sich stets eine große Verehrung für die Jungfrau Maria und die heilige Theresia von Lisieux bewahrt. Sie und ihre Familie haben viele Prüfungen erlebt und ihre Leiden für uns alle aufgeopfert.*
- **Nguyen Thi Thuy Tien** *(Anne-Thérèse, 1945-2015). Als Frau mit vielen Talenten verfügte sie unter anderem über große Kenntnisse der vietnamesischen Kochkunst. Sie galt als die hübscheste Tochter der Familie. Mit ihrem Mann, einem Mathematiklehrer und ihrer Tochter lebte sie ab 1975 in Australien. Nach dem Studium wurde sie Dolmetscherin. Als sozial engagierte Frau setzte sie sich sehr zugunsten vietnamesischer Flüchtlinge ein. Wie viele meiner Brüder und Schwestern starb sie an Krebs.*
- **Nguyen Thi Thu Hong** *(Elisabeth, 1949),* Mitautorin dieses Buches.

Anhang 2

Das Gedenken an den Kardinal in Köln

Die verschiedenen Orte, die Bischof Thuans Leben geprägt haben, sind zu Stätten der Erinnerung geworden. Es gibt sie in Vietnam, aber auch in Rom. Hier insbesondere das Heiligtum, wo der Kardinal begraben liegt: die Kirche Santa Maria della Scala, mitten im beliebten Viertel ‚Trastevere', ganz in der Nähe der Büros, wo er gearbeitet hat. Alle diese Orte werden zum wichtigen Zentrum für die Verbreitung seiner Botschaft. Aber wie kommt es, dass man auch in Deutschland - genauer in Köln - des Kardinals gedenkt?

In den Jahren 1957 und 1958 lernte der junge vietnamesische Priester in den Ferien, die er bei den Cellitinnen zur hl. Maria in der Erzdiözese Köln verbrachte, die deutsche Sprache und vertrat den Hausgeistlichen in ihrem provisorischen Mutterhaus in Hürth-Fischenich. Zu Hause in Vietnam schrieb er den Schwestern regelmäßig. Nachdem er Bischof geworden war, besuchte er sie 1973 und 1974 anlässlich seiner Aufenthalte in Rom und Belgien. Während seiner Gefangenschaft erhielten die Cellitinnen von ihm einige Lebenszeichen und er bat sie, für ihn zu beten. Es gelang den Schwestern, ihm Medikamente zu schicken.

In den 1960er Jahren zu Besuch im Mutterhaus der Cellitinnen zur hl. Maria mit der späteren Generaloberin Mutter M. Julitta

Nach seiner Freilassung im Jahr 1988 nahm er telefonisch Kontakt zu den Schwestern auf. Die Generaloberin, Mutter M. Julitta, besuchte ihn im April 1989 in Rom. Sowohl vor als auch nach seinem endgültigen Exil 1991 hielt er sich regelmäßig, manchmal mehrmals im Jahr, in ihrem Mutterhaus in Köln-Longerich auf (1990, zwischen 1992 und 2001).

In Köln konnte Bischof Thuan leicht Kontakt zu den Vietnamesen, die ihr Heimatland verlassen hatten, aufnehmen. Für das vietnamesische kommunistische Regime war es schwierig, ihn in Deutschland ausfindig zu machen, und er selbst konnte von dort überallhin auf der Welt kostenlos telefonieren. Mehrfach begegnete ich ihm während seiner ‚Ferien' in Köln und traf ihn bei meinen Forschungen zur Geschichte der Kirche in Ostasien, die ich von 1997 bis 1999 durchführte. Ich erinnere mich, dass er allem, was mit verfolgten Christen zu tun hatte, sehr große Aufmerksamkeit entgegenbrachte.

Beim ersten Europaaufenthalt nach der Haftentlassung trifft Bischof Thuan Generaloberin Mutter M. Julitta in Rom.

Sein letzter Anruf bei Mutter M. Julitta war am 10. August 2002. Er lag im Sterben und hatte große Schwierigkeiten zu sprechen, aber er wollte sich unbedingt für die Hilfe bedanken, die die Schwestern ihm hatten zuteilwerden lassen: Er hatte beträchtliche Mittel zur Unterstützung seiner Werke der Nächstenliebe erhalten. In Köln entstanden auch die deutschen Ausgaben seiner Schriften. Die Erinnerung an Kardinal Thuan lebendig zu erhalten, ist ein großer Beitrag, den die Cellitinnen für die Verbreitung seiner Spiritualität leisten: ein kleiner Same, der im Laufe der Zeit weltweite Dimensionen annehmen wird, weil sich viele Christen aus aller Welt als Erben seiner Botschaft fühlen.

Als *Kardinal zu Gast im Mutterhaus. Bei diesem Besuch im Juni 2001 bezeichnet er sich selbst im Gästebuch humorvoll als ‚Cellitinnen-Kardinal'.*

Im Archiv der Schwestern befindet sich unter anderem die Korrespondenz, die er mit ihnen geführt hat, ein detaillierter Bericht über ihre gegenseitigen Kontakte und ein Zeugnis, das Mutter M. Julitta für seine Seligsprechung verfasst hat.[319] Elisabeth reist regelmäßig nach Köln und hat der Kongregation eine große Anzahl von Erinnerungsstücken an ihren Bruder geschenkt, unter anderem Messgewänder und - ein noch kostbareres Geschenk - das Brustkreuz, das er als Gefangener angefertigt hat, sowie die Phiolen, die ihm als ‚Kelch' dienten.

[319] Deutsches Manuskript unter dem Titel Erinnerungen an Se. Eminenz Kardinal F. X. Nguyen Van Thuan (1957-2002). Mutter M. Julitta und die derzeitige Generaloberin, Schwester M. Bernharda, ermutigten uns, Elisabeth und mich, nachdrücklich, dieses Zeugnisbuch zu schreiben.

Elisabeth mit Familienangehörigen zu Besuch im Mutterhaus (2013)

Ein schönes kleines Museum, die ,Begegnungsstätte Kardinal Van Thuan', am Eingang zum Kloster gelegen (50737 Köln-Longerich, Graseggerstraße 105), wurde am 26. Oktober 2013 von Joachim Kardinal Meisner eingeweiht.[320]

Begegnungsstätte Kardinal Van Thuan im Mutterhaus der Cellitinnen in Köln-Longerich

320 Die Homepage des Museums ist im Internet unter: www.kardinal-van-thuan.de

Seit den 1950er Jahren verbindet die Cellitinnen zur hl. Maria diese tiefempfundene Freundschaft mit dem vietnamesischen Geistlichen. Um seine Spiritualität und seine Persönlichkeit im deutschsprachigen Raum im Bewusstsein zu halten beziehungsweise noch bekannter zu machen, fand vom 13. bis 15. September 2019 in Köln das Erste Kölner Kardinal Van Thuan-Forum statt. Zwei Vorträge von Dinh Anh Nhue Nguyen OFMConv, Professor und Dekan der Päpstlichen Theologischen Fakultät ‚St. Bonaventura', und Dr. Hubertus Blaumeiser, katholischer Theologe, Mitarbeiter des Weltzentrums der Fokolar-Bewegung, bildeten den Rahmen für Austausch und Begegnung. Unter der Schirmherrschaft der Stiftung der Cellitinnen zur hl. Maria soll diese Veranstaltung regelmäßig im September, anlässlich des Jahrgedächtnisses für den Kardinal, stattfinden. Der Stiftung ist es, ebenso wie den Schwestern, ein tiefempfundenes Anliegen, die Erinnerung an Kardinal Thuan zu fördern. Davon konnte sich auch Kardinal Turkson bei seinem Besuch in der Begegnungsstätte am 17. Oktober 2017 überzeugen.

Eröffnungsgottesdienst zum 1. Kölner Kardinal Van Thuan-Forum im September 2019.

Anhang 3

Papstzitate

Es ist unbestritten, dass die Päpste unserer Zeit das Zeugnis von Kardinal Thuan schätzen, der mittlerweile als venerabilis (ehrwürdig) erklärt wurde. Papst Johannes Paul II. hatte ihn im Jahr 2000 eingeladen, die Exerzitien für die römische Kurie zu halten.[321] Kardinal Ratzinger, der spätere Papst Benedikt XVI. begegnete ihm sehr oft im Rahmen ihrer jeweiligen Ämter im Dienste des Heiligen Stuhls. In seiner Enzyklika über die christliche Hoffnung (Spe Salvi, 2007)[322] hat Papst Benedikt XVI. Kardinal Thuan als einen Zeugen der Hoffnung für die ganze Welt dargestellt. Auch Papst Franziskus zitiert ihn mehrfach.

Enzyklika ‚SPE SALVI' von Papst Benedikt XVI. an die Bischöfe, an die Priester und Diakone, an die gottgeweihten Personen und an alle Christgläubigen über die christliche Hoffnung:

32. „Ein erster wesentlicher Lernort der Hoffnung ist das Gebet. Wenn niemand mehr mir zuhört, hört Gott mir immer noch zu. Wenn ich zu niemand mehr reden, niemanden mehr anrufen kann – zu Gott kann ich immer reden. (…) Wenn ich in eine letzte Einsamkeit verstoßen bin: Der Betende ist nie ganz allein. Aus dreizehn Gefängnisjahren, davon neun in der Isolierhaft verbracht, hat uns der unvergeßliche Kardinal Nguyen Van Thuan ein kostbares kleines Buch hinterlas-

[321] Veröffentlicht als: NGUYEN VAN THUAN, François Xavier, Hoffnung, die uns trägt. Die Exerzitien des Papstes.

[322] Sie finden alle im Folgenden zitierten päpstlichen Texte auf der Homepage des Vatikans unter www.vatican.va

sen: Gebete der Hoffnung. Dreizehn Jahre in Haft, in einer Situation scheinbar totaler Hoffnungslosigkeit, ist ihm das Zuhören Gottes, das Redenkönnen mit ihm zu einer wachsenden Kraft der Hoffnung geworden, die ihn nach seiner Freilassung beflügelt hat, den Menschen in aller Welt Zeuge der Hoffnung zu werden – der großen Hoffnung, die auch in den Nächten der Einsamkeit nicht untergeht."

34.(...) „Kardinal Nguyen Van Thuan hat in seinem Exerzitienbuch erzählt, wie es lange Momente der Gebetsunfähigkeit in seinem Leben gab und wie er sich an den Gebetsworten der Kirche festgehalten hat: am Vaterunser, am Ave Maria, an den Gebeten der Liturgie. Im Beten muß es immer dieses Ineinander von gemeinschaftlichem und persönlichem Gebet geben. So können wir mit Gott reden, so redet Gott zu uns. So geschehen an uns die Reinigungen, durch die wir gottfähig werden und die uns befähigen, den Menschen zu dienen. So werden wir der großen Hoffnung fähig, und so werden wir Diener der Hoffnung für die anderen: Hoffnung im christlichen Sinn ist immer auch Hoffnung für die anderen. Und sie ist aktive Hoffnung, in der wir darum ringen, daß die Dinge nicht „das verkehrte Ende" nehmen. Sie ist aktive Hoffnung gerade auch in dem Sinn, daß wir die Welt für Gott offenhalten. Nur so bleibt sie auch wahrhaft menschlich."

Unter dem Pontifikat von Papst Franziskus wurde der heroische Tugendgrad Kardinal Thuans anerkannt. Seine Tugenden können dem Volk Gottes als Vorbild vorgestellt werden. In drei Dokumenten des Papstes wird der Kardinal ausdrücklich erwähnt:

Apostolisches Schreiben 'Gaudete et exsultate' des Heiligen Vaters Papst Franziskus über den Ruf zur Heiligkeit in der Welt von heute (2018)

17. „Manchmal stellt einen das Leben vor größere Herausforderungen und durch sie lädt uns der Herr zu neuen Veränderungen ein, die es ermöglichen, dass seine Gnade in unserer Existenz deutlicher

offenbar wird, »damit wir Anteil an seiner Heiligkeit gewinnen« (Hebr 12,10). Ein anderes Mal geht es nur darum, etwas, das wir bereits tun, auf eine vollkommenere Art und Weise zu tun: »Es gibt Eingebungen, die nur auf eine außergewöhnliche Vollkommenheit gewöhnlicher Übungen des christlichen Lebens hinzielen.« Als Kardinal François-Xavier Nguyên Van Thuân im Gefängnis saß, verzichtete er darauf, sich in Erwartung seiner Freilassung aufzureiben. Er entschied: »Ich lebe in diesem Augenblick und werde ihn mit Liebe füllen«; und die Art und Weise, in der dies konkret wird, ist folgende: »Nütze jeden Tag die Gelegenheit, um kleine Dinge in großartiger Weise zu erledigen.«."

Botschaft Seiner Heiligkeit Papst Franziskus zur Feier des Weltfriedenstages (1. Januar 2019)

In dieser Botschaft spricht der Papst vom politischen Leben, das im Dienste der Menschenrechte und des Friedens stehen muss. Bevor Papst Franziskus die „Seligpreisungen für das politische Leben" zitiert, die 2002 von Kardinal Thuan in Padua verkündet wurden, ist es wichtig, dass er hervorhebt, dass das Engagement für das Gemeinwohl für „alle Politiker unabhängig von ihrer kulturellen oder religiösen Zugehörigkeit" gilt. Er fährt mit diesen Worten fort:

„In diesem Zusammenhang verdienen es die ‚Seligpreisungen des Politikers', in Erinnerung gerufen zu werden, die vom 2002 verstorbenen vietnamesischen Kardinal François-Xavier Nguyễn Văn Thuận stammen, der ein treuer Zeuge des Evangeliums war:
Selig der Politiker, der ein seiner Rolle entsprechendes Bewusstsein und Gewissen hat.
Selig der Politiker, der als Person glaubwürdig ist.
Selig der Politiker, der für das Gemeinwohl arbeitet und nicht für seine eigenen Interessen.
Selig der Politiker, der kohärent bleibt.
Selig der Politiker, der Einheit schafft.

Selig der Politiker, der sich für die Verwirklichung radikalen Wandels einsetzt.
Selig der Politiker, der zuhören kann.
Selig der Politiker, der keine Angst hat."

Nachsynodales apostolisches Schreiben ‚Christus vivit' von Papst Franziskus an die jungen Menschen und an das ganze Volk Gottes (25. März 2019)

Im dritten Teil der Exhortation, in Nummer 148, spricht der Papst davon, wie wichtig es ist, die Gegenwart ganz zu leben. „Jeder Tag hat genug an seiner eigenen Plage" (Mt 6,34), schreibt er mit dem Evangelisten: Jede kleine Freude kann als Geschenk der Liebe Gottes erlebt werden. Er veranschaulicht seine Worte durch die Art und Weise, wie der Kardinal diese Worte des Herrn während seiner Inhaftierung gelebt hat:

148. „In diesem Sinn möchte ich an Kardinal François Xavier Nguyên Van Thuân erinnern: Als man ihn in ein Konzentrationslager einsperrte, wollte er seine Tage nicht nur mit Warten und Hoffen verbringen. Er entschied: »Ich lebe in diesem Augenblick und werde ihn mit Liebe füllen«, und die Art und Weise, in der dies konkret wird, ist folgende: »Nütze jeden Tag die Gelegenheit, um kleine Dinge in großartiger Weise zu erledigen«. Während du dafür kämpfst, deine Träume zu realisieren, dann lebe das Heute in Fülle, schenke es ganz hin und erfülle jeden Augenblick mit Liebe. Denn es stimmt, dass dieser Tag deiner Jugend der letzte sein könnte, und deshalb lohnt es sich, ihn mit der größtmöglichen Sehnsucht und Tiefe zu leben."

Anhang 4

Gestern und heute

1642 besuchte Alexandre de Rhodes Dai-Phong und taufte dort 300 Menschen, darunter vielleicht die mütterlichen Vorfahren des Kardinals. Seine väterlichen Vorfahren haben 1798 den Erscheinungen der Heiligen Jungfrau in La Vang beigewohnt. Die verschiedenen Verfolgungen führten dazu, dass diese Familien nach Phu-Cam flüchteten. Ihr tiefer Glaube nährte die Spiritualität des Kardinals und verbreitet sich weiter durch diejenigen, die das soziale Werk von Bischof Thuan fortsetzen.

Im Januar 2019 konnte ich während meines Aufenthalts in Vietnam verschiedene gemeinnützige Initiativen kennenlernen. Vermittelt hatte dies Dr. Vinh Thua (Tom). Nach seinem Medizinstudium in Belgien zog dieser Verwandte des Kardinals in die USA, wo er als Kinderarzt in der von ihm gegründeten Klinik arbeitete. Er vergaß nie sein Herkunftsland und widmete dort einen Großteil seiner Freizeit der Armutsbekämpfung. Als entfernter Verwandter von Kaiser Minh Mang, dem Christenverfolger, war Tom der Sohn von Buu Te, dem Mitarbeiter von Bischof Thuan bei der Unterstützung von Flüchtlingen. Der Vater von Vinh Thua war, ebenso wie der Kardinal, ein Gefangener des kommunistischen Regimes. Als großer Bewunderer von Bischof Thuan unterstützte Tom die Wiederherstellung dessen Vaterhauses. Er war beim Schreiben dieses Buches von unschätzbarem Wert. Dr. Vinh Thua starb im September 2020, nachdem er sich bei der Behandlung von Covid-Patienten mit dem Virus infiziert hatte. Er hinterlässt eine große Lücke in seiner Familie und bei seinen Freunden.

Dr. Vinh Thua † (Tom) unterstützte ethnische Minderheiten vor Ort in Vietnam.

Während meiner Reise konnte ich eine arme Pfarrgemeinde besuchen, in der der Pfarrer und hundert freiwillige Helfer Witwen und behinderten Menschen helfen, ein würdigeres Lebensumfeld zu erhalten. Die Pfarrgemeinde hat eine ‚Lebensmittelhilfe' eingerichtet. Mithilfe von Spenden werden Materialien gekauft und jeder beteiligt sich am Bau kleiner Häuser, in denen man menschenwürdig leben kann. Die Bestattungen der Armen werden vollständig von der Pfarrei übernommen, so dass im Todesfall jede Familie ihre Verstorbenen nach vietnamesischer Art und Weise ehren kann.

Bischof Thuan war überzeugt, dass das Pfadfindertum eine großartige Schule für das Leben und die Ausbildung junger Menschen sei. Ich hatte die Freude, an Aktivitäten der vom Kardinal gegründeten Pfadfindergruppen teilzunehmen, die bis heute sehr lebendig sind.

Als Thuan Bischof von Nha Trang war, unterstützte er die Minderheit der Raglai, die in der Provinz Khanh Hoa lebt. Dr. Vinh Thua stellte mir ein wunderschönes Projekt vor, das in Suoi Dau von franziskanischen Schwestern und Brüdern bei dieser ethnischen Gruppe durchgeführt wird. Armut, Flucht in den Alkohol, fast völliges Fehlen medizinischer Infrastruktur und mangelnde Berufsausbildung sind das tägliche Los der Bewohner dieser abgelegenen Dörfer. Seit 2008 hat sich die franziskanische Familie entschlossen, mit der örtlichen Schule zusammenzuarbeiten. Die Übernahme der Schulgebühren und die Eröffnung von zwei Häusern, in denen Mädchen oder Jungen während der Schulausbildung untergebracht werden können, sind Früchte dieser Arbeit. Auch wenn sie aus Analphabetenfamilien stammen, stellen diese jungen Menschen fest, dass sie in der Lage sind, erfolgreich zu lernen. Einige, die ihre Ausbildung zum Arzt oder Lehrer fortsetzen möchten, werden finanziell unterstützt.

Die Schwestern achten besonders auf die Verbesserung der Lebensumstände von Frauen. Ich konnte mit Bewunderung feststellen, wie sehr junge Mädchen in dieser Atmosphäre aufblühen, in der ihre Würde mit Freundschaft und Respekt geachtet wird. Es unterscheidet sich so sehr von dem, was sie zuvor oft erlebt haben, dass sie es anfangs nicht glauben können. Aber die Entdeckung eines intensiven kirchlichen Lebens, in dem Gesang und Tanz eine große Rolle spielen, bringt sie immer mehr dazu, sich als Christinnen für jene einzusetzen, die nicht das Glück hatten, von einem so günstigen Umfeld zu profitieren. Diese jungen Menschen teilen die Freude und die Hoffnung, die ihnen selbst zuteilwurde, mit anderen.

Die Ordensfrauen haben mich erkennen lassen, wie sehr das Glück aus den kleinen Dingen des Lebens besteht. Jedes Kind wird in seiner Entwicklung respektiert. Die jungen Leute bilden ein geeintes Team; viele besuchen täglich die heilige Messe, beichten und nehmen an Pfarraktivitäten teil. Sie haben versucht, mich in den Chor zu integrieren, aber sie haben schnell wieder darauf verzichtet! Doch glaube ich, dass ich ein eifriger Schüler in ihrem Kochkurs war!!!

Eine Ordensschwester, die Ärztin ist, hat mich auf ihrer Tour mitgenommen. Sie ist mit dem Motorrad unterwegs und hält in den Dörfern an, um die Kinder zu behandeln und den Familien zu helfen. Ihre Anwesenheit, ihre Wärme, all ihre kleinen Gesten der Aufmerksamkeit anderen gegenüber, bringen diese vernachlässigten und verachteten Minderheiten zum Lächeln.

Ich war als Historiker nach Vietnam gereist, um meine Quellen zu überprüfen und in der Nachschau einige Episoden im Leben des Kardinals zu vertiefen. Ich verstand genau, wer Bischof Thuan wirklich war, nicht durch das Durchforsten der Archive, sondern durch den Besuch der Orte, wo die Nächstenliebe alltäglich gelebt wird. Freude und Hoffnung, das war sein Motto. Das Evangelium, seit Jahrhunderten verkündet und von Bischof Thuan mutig gelebt, war für ihn selbst in der Dunkelheit des Gefängnisses eine Quelle der Freude. Es ist jetzt eine Quelle der Freude für die Leidenden, aber besonders für die Menschen, die ihnen beistehen.[323] „Geben ist seliger als nehmen“ (Apg 20,35). Dies ist die Wirklichkeit, die diese vietnamesischen Männer und Frauen leben, die tief von der Spiritualität von Bischof Thuan durchdrungen sind. Diese Männer und Frauen sind bestrebt, die Spiritualität des Kardinals im Alltag umzusetzen. So schenken sie der Welt das Gesicht der Hoffnung. Zu sehen wie sie leben, hat mich begreifen lassen, warum Dr. Vinh Thua sie mit solcher Hingabe unterstützt hat. Ich habe bei ihnen die glücklichsten Tage meines Aufenthalts in Vietnam verbracht.

---

[323] In Köln hat die Stiftung einen Platz für diese Werke in der dem Kardinal gewidmeten Ausstellung reserviert und unterstützt sie finanziell, ebenso wie die vielen vietnamesischen Flüchtlinge in Nordamerika, wo Dr. Vinh Thua lebte, es tun.

Wichtige Daten im Leben des Kardinals

Kindheit und Ausbildung[324]

17. April 1928	Geburt in Phu Cam, Taufe am 19. April.
8. Dezember 1935	Erstkommunion.
21. Dezember 1937	Firmung.
1941	Eintritt in das Kleine Seminar.
2. September 1945	Ho Chi Minh erklärt die Unabhängigkeit Vietnams.
1946-1954	Indochinakrieg.
1947	Eintritt in das Priesterseminar.

Priesterliches Leben

11. Juni 1953	Priesterweihe in Hue.
1953	Kaplan in der Pfarrei Tam Toa in der Stadt Dong Hoi Dezember: An Tuberkulose erkrankt. April 1954: Im Krankenhaus in Saigon. Heilung und Genesung.
1954-1955	Seelsorgetätigkeiten in Hue.
1954	Teilung des Landes. Diem wird Präsident des Südens.
1956 (Okt.) - 1959 (Jun.)	Studium in Rom. Promotion im Kirchenrecht. Besuche in Irland, Frankreich (Lourdes), Portugal (Fatima), Kanada, Deutschland, Belgien und den Vereinigten Staaten.
1959-1967	Lehrer und Rektor am Kleinen Seminar in Hue.
1963	Ermordung Diems.
1964-1967	Generalvikar in Hue.
1965-1975	‚Vietnamkrieg'. Thuans Familie ist gezwungen, in Saigon zu leben.

324 Verschiedene Veröffentlichungen scheinen hinsichtlich der Daten ungenau zu sein. Hier sind die wahrscheinlichsten aufgelistet.

Bischof

1967-1975	Bischof von Nha Trang; Bischofsweihe am 24. Juni 1967.
April 1975	Erzbischof-Koadjutor von Saigon.
30. April 1975	Die Kommunisten dringen in Saigon ein.

Gefangener: 15. August 1975 - 21. (23). November 1988

	‚Hausarrest' in Cay Vong (Nha Trang). Er verfasst die ‚Hoffnungswege'.
19. März 1976[325]	Gefangener in Phu Khanh (Nha Trang). Einzelhaft.
29. November 1976	Überstellung in das Thu Duc-Gefängnis (nördlich von Saigon) und Schiffstransfer mit 1.500 anderen Häftlingen in den Norden (1. Dezember).
Dezember 1976	Gefangener im Umerziehungslager Vinh Quang (200 km nördlich von Hanoi).
5. Februar 1977	Gefangener in Thanh Liet (Hanoi).
13. Mai 1978	Gefangener in der Pfarrei Giang Xa, nordwestlich von Hanoi; Abfassung verschiedener Bücher.
Ab 5. November 1982	Beginn einer langen Zeit der Isolation, überwacht von Sicherheitsbeamten in Hanoi; Abfassung eines Deutsch-Englisch-Französisch-Vietnamesischen Wörterbuchs.
1988	Heiligsprechung der vietnamesischen Märtyrer.

Während dieser dreizehnjährigen Haftzeit war er neun Jahre in Einzelhaft.

[325] Manchmal wird der 18. März angegeben, der Vigiltag des St. Josefs-Festes.

Freilassung

21. (23.) November 1988	Freilassung; Wohnen beim Erzbischof von Hanoi.[326]
1989	Erlaubnis, seine Familie und Papst Johannes Paul II. zu besuchen.
Dezember 1989	Operation in Hanoi.
Oktober 1990	Zweite Operation in Rom; Audienz bei Papst Johannes Paul II.
März 1991	Rückkehr nach Hanoi.
Dezember 1991	Erneute Reisen, unter anderem nach Rom; Beginn des Exils.

Exil

1991-1994	Wohnung in einem Kloster der „Kreuzliebenden Schwestern", dem Phat Diem-Haus in Rom; er hält Einkehrtage und hilft vietnamesischen Flüchtlingen.
1992	Mitglied der Internationalen Katholischen Migrationskommission (ICMC).
1993	Konsultor der Päpstlichen Kongregation für die Evangelisierung der Völker.

Mitglied der Römischen Kurie

15. November 1994	Vizepräsident des Päpstlichen Rates für Gerechtigkeit und Frieden ‚Justitia et Pax'.
Bis zu seinem Tod	Teilnahme an verschiedenen Kongressen und Leitung von Einkehrtagen.
August 1995, 1996 und 2000	Teilnahme am (vietnamesischen) marianischen Kongress in Missouri (USA).
Mai 1996	Verleihung der Ehrendoktorwürde (Louisiana-USA).

[326] Es scheint, dass er nach der Bekanntgabe seiner Freilassung am 21. November das Gefängnis tatsächlich erst einige Tage später verlassen hat.

1997	Verfassen von „Fünf Brote und zwei Fische“, ein Buch, das sich an die Jugend richtet.
24. Juni 1998	Präsident des Päpstlichen Rates für Gerechtigkeit und Frieden.
22. August 1998	Gründung der ‚Gemeinschaft Unserer Lieben Frau von La Vang‘.
12.-18. März 2000	Er hält die Fastenexerzitien für die römische Kurie im Vatikan.
21. Februar 2001	Zum Kardinal kreiert.
März 2002	Reise nach Sydney anlässlich des 100. Geburtstages seiner Mutter.
8. Mai und 22. Juli 2002	Operationen in Rom.

Tod und Seligsprechungsprozess

16. September 2002	Tod in Rom.
20. September 2002	Exequien, die von Papst Johannes Paul II. geleitet werden.
2007	Einleitung des Seligsprechungsprozesses.
2010	Feierliche Eröffnung des Prozesses.
Juni 2012	Überführung seiner sterblichen Überreste in die Kirche ‚Santa Maria della Scala‘ (Trastevere - Rom), die seine Titelkirche war, wenige hundert Meter entfernt vom Sitz des Päpstlichen Rats für Gerechtigkeit und Frieden.
Juli 2013	Schließung des Seligsprechungsprozesses.
4. Mai 2017	Papst Franziskus erkennt den heroischen Tugendgrad des Kardinals an; er trägt nun den Titel ‚ehrwürdig‘.[327]

[327] Vor der Heiligsprechung sind drei Schritte erforderlich: Der Titel eines ‚Diener Gottes‘ wird zuerst vergeben, dann der des ‚Ehrwürdigen‘ (lat.: venerabilis) und schließlich der eines ‚Seligen‘.

Quellen- und Literaturverzeichnis

Dieses Buch enthält Interviews mit Elisabeth Nguyen, die ab 2014 für Radio Maria (NL) geführt wurden, ergänzt um Interviews, die ich mit ihr während meines zweiwöchigen Aufenthalts in Kanada geführt habe. Ebenso konnte ich in dieser Zeit viele unveröffentlichte Dokumente einsehen. Während der jährlichen Besuche von Elisabeth in Europa machte ich mir ebenfalls Notizen über unsere Gespräche. Sie hielt einen langen Vortrag im Kloster Onze Lieve Vrouw Van Het Fiat, der Schwestern von Bethlehem, der Himmelfahrt der Jungfrau und des Heiligen Bruno (Opgrimbie, Belgien, 2015), der aufgezeichnet wurde.

Elizabeth gab mir die Texte von zwei ihrer Vorträge:

- Internationaler Eucharistischer Kongress vom 15. bis 22. Juni 2008 in Quebec City. Elisabeth hielt ihren Vortrag am 17. Juni 2008.
- Nationaler Eucharistischer Kongress vom 5. bis 9. Juni 2013 in Köln.

Schriften des Kardinals

Um die Spiritualität des Kardinals zu verstehen, ist es hilfreich, den Kontext sowie den Inhalt seiner Werke kurz zu erläutern.

NGUYEN VAN THUAN, Franz Xaver, Hoffnungswege. Botschaft der Freude aus dem Gefängnis. Vallendar, Patris Verlag, 2. erw. Aufl. 2008.

Dies ist sein bekanntestes Werk, geschrieben in der Gefangenschaft in Cây Vông (1975-1976). Andere Veröffentlichungen des Kardinals enthalten ebenso das Wort „Hoffnung“ im Titel.

NGUYEN VAN THUAN, François-Xavier, Les pèlerins du chemin de l'espérance, Paris, Le Sarment - Fayard (coll. Des Chrétiens, Série Des Chrétiens/Vérité), 1993.

Dieses Buch ist bisher nicht in deutscher Sprache erschienen. 1979 verfasst, ist das Buch eine Fortsetzung der ersten Schrift in der Gefangenschaft (1975). Die Kapitel und Themen sind in der gleichen Reihenfolge wie im Werk zuvor angeordnet.

NGUYEN VAN THUAN, François-Xavier, Le Chemin de l'espérance. À la Lumière de la Parole de Dieu et du Concile, Paris, Le Sarment - Fayard (coll. Des Chrétiens, Série Des Chrétiens/Vérité), 1994.

Das Buch wurde 1980 geschrieben, als der Kardinal noch in Gefangenschaft war. Es greift die gleichen Themen auf wie die beiden Werke zuvor, ergänzt um Texte des Zweiten Vatikanischen Konzils. Dieses Buch bildet mit den beiden vorherigen Veröffentlichungen eine Trilogie. Es ist bisher nicht in deutscher Sprache erschienen.

NGUYEN VAN THUAN, François-Xavier, Gebete der Hoffnung. 13 Jahre im Gefängnis. Köln 2004

NGUYEN VAN THUAN, François-Xavier, J'ai suivi Jésus… un évêque témoigne, Paris, Médiaspaul, 1997.

In diesem Werk, das ursprünglich in italienischer Sprache unter dem Titel „Cinque pani e due pesci" veröffentlicht wurde, richtet sich Bischof Thuan speziell an junge Menschen. In deutscher Sprache ist es unter dem Titel „Fünf Brote und zwei Fische" den ‚Hoffnungswegen' (s.o.) vorangestellt.

NGUYEN VAN THUAN, François-Xavier, Hoffnung, die uns trägt. Die Exerzitien des Papstes, Herder, Freiburg – Basel – Wien, 2012.

Dies ist der Text der Exerzitien, die er im Jahr 2000 im Vatikan predigte. Eine der wichtigsten Veröffentlichungen, um mehr über sein Leben und seine Spiritualität zu erfahren.

NGUYEN VAN THUAN, François-Xavier, Lettere Pastorali sulle orme del Concilio Vaticano II, Città del Vaticano, Libreria Editrice Vaticana, 2013.

Diese Veröffentlichung enthält die Hirtenbriefe, die er als Bischof von Nha Trang schrieb, sowie eine detaillierte Liste des Lebens und Werkes des Kardinals und Beiträge verschiedener Autoren zu seiner Person, seiner Spiritualität und seiner Soziallehre.

NGUYEN VAN THUAN, François-Xavier, La Gioia di vivere la Fede, Città del Vaticano, Libreria Editrice Vaticana, 2014, 2. Aufl.

Es ist eine Sammlung von Zeugnissen sowie von spirituellen und pastoralen Überlegungen.

NGUYEN VAN THUAN, François-Xavier, Scoprite la gioia della speranza. Gli ultime esercizi spirituali predicati dal Cardinale, Roma, Éd. Art, 2006, 2. Aufl.

Darüber hinaus gibt es noch eine Vielzahl von unveröffentlichten Manuskripten des Kardinals. Die Kommission, die die Seligsprechung vorbereitet, hat unveröffentlichte Schriften, beispielsweise einige kleine Werke, die er während seiner Lehrtätigkeit am Kleinen Seminar schrieb. Seine Doktorarbeit trägt den Titel: „Studium Comparativum de Organizatione Capellanorum Militum in Mundo (1959)". Im Diözesanarchiv von Hanoi sind viele in Gefangenschaft verfasste Schriften erhalten: Grammatiken und Wörterbücher, Überlegungen zum Jugenddienst, eine Präsentation zur Befreiungstheologie, praktische Ratschläge für die Predigt von Exerzitien usw.. Briefe sind ebenfalls aufgelistet. Elisabeth gab mir Kopien anderer, in Gefangenschaft entstandener Werke, einschließlich einer Übersetzung einer Botschaft von Pater Maximilian Kolbe sowie Postkarten. Sehr viele Schriften wurden vor und nach seiner Freilassung verfasst: Predigten, Konferenzen und Exerzitien. Es sind Texte, auf die sich dieses Buch besonders bezieht. Zwei unveröffentlichte Manuskripte des Kardinals, die ich in dieser Veröffentlichung verwendet habe, seien explizit genannt:

- Jesus Christ the saviour and the mission of love and service of the church in Asia. A reflection in view of the synod of Bishops for Asia. Document manuscript.
- The Church and social justice into the next millenium: new directions and the pope's call. Document manuscript (Embassy of the Philippines to the Holy See, 21. April 1999).

Weitere Literatur

BERNET, Anne, Monseigneur Thuan. Un évêque face au communisme, Paris, Tallandier, 2018.

BLAIR, Anne E., Lodge in Vietnam: A Patriot Abroad, New Haven - London, Yale University Press, 1995.

BOOT, Max, The Road Not Taken, Edward Lansdale and the American Tragedy in Vietnam, New York - London, Liveright, 2018.

BOUCHER, Antonie, Bruder Marcel Van. Eine kurze Lebensbeschreibung, Vorwort von Kardinal Nguyen Van Thuan, Hauteville, Parvis, 2002.

BUZELIN, Françoise, Des Instruction aux vicaires apostoliques (1659) à l'encyclique Maximum Illud (1919): permanence et inflexions de la stratégie missionnaire du Saint-Siège. Paris, Missions Étrangères, 2019.

COMBY, Jean, Deux mille ans d'évangélisation. Histoire de l'expansion chrétienne, Paris, Desclée (coll. Bibliothèque d'histoire du christianisme, n° 29), 1992.

DEVILLE, Raymond, L'École française de spiritualité, Paris, Desclée (coll. Bibliothèque d'histoire du christianisme, n° 11), 1987.

DEVILLERS, Philippe, Vietnam: Histoire, in Encyclopædia Universalis, Paris, 1996, Vol. 23, S. 569-586.

FAUCONNET-BUZELIN, Françoise, Le père inconnu de la Mission moderne, Pierre Lambert de la Motte, premier vicaire apostolique de Cochinchine, 1624-1679, Paris, Archives des Missions étrangères, 2006.

GUTIÉRREZ DE CABIEDES, Teresa, Van Thuan, Libre derrière les barreaux, Bruyères-le-Châtel, Nouvelle Cité, 2018.

HUARD, Pierre, DURAND, Maurice, Connaissance du Việt-Nam, Paris, École française d'Extrême-Orient, 2010 (Réimpressions, n° 12).

JACOBS, Seth, Cold War Mandarin, Ngo Dinh Diem and the Origins of America's War in Vietnam, 1950-1963, Lanham - Boulder – New York – Toronto - Oxford, Rowman & Littlefield Publishers, 2006.

JONES, Howard, Death of a Generation. How the Assassinations of Diem and JFK Prolonged the Vietnam War, Oxford – New York, Oxford University Press, 2003.

KEITH, Charles, Catholic Vietnam. A Church from Empire to Nation, Berkeley - Los Angeles - London, University of California Press, 2012.

LECLEIR, Stefaan, Siméon-François Berneux (1814-1866), Missionsbischof und Märtyrer in Korea, Köln, Böhlau, 2000.

MARMY, Émile, Les grandes encycliques missionnaires, de Benoît XV à Jean XXIII, Fribourg - Paris, Saint-Paul, 1964.

MILLER, Edward, Misalliance: Ngo Dinh Diem, the United States, and the Fate of South Vietnam, Cambridge - London, Harvard University Press, 2013.

MOUSSAY, Gérard, APPAVOU, Brigitte, Répertoire des membres de la Société des Missions Étrangères (1659-2004), ordre alphabétique suivi de l'ordre chronologique, Paris, Archives des Missions Étrangères, 2004.

MOYAR, Mark, Triumph Forsaken: The Vietnam War, 1954-1965, Cambridge – New York, Cambridge University Press, 2010.

NAMBA, Chizuru, Français et Japonais en Indochine (1940-1945). Colonisation, propagande et rivalité culturelle, Paris, Éd. Karthala, 2012.

NEWMAN, John. M., JFK and Vietnam. Deception, Intrigue, and the Struggle for Power, CreateSpace Independent Publishing Platform; 2. Edition 2017.

NGO-DINH-DIEM, Quelques discours politiques importants du président, Sài Gòn Présidence de la République du Viêt-Nam, Service de Presse, 1956

NGUYEN, Elizabeth, La famille asiatique dépassée ou prophétique? Versailles, Amis de Van Éditions, 2014 (Collection Une mission extraordinaire, N° 18).

NGUYEN-THI-THU-HONG, Élisabeth, DE ROULHAC, Olivier, Deux vies, un message. Regards croisés sur le cardinal François-Xavier Nguyễn-Vân-Thuận et le frère Marcel Nguyễn-Tân-Văn, Versailles, Amis de Van, 2017.

NGUYEN THI VIET, Viet Nam, Histoire d'une nation, Montrouge, Éd. du Jubilé, 2017

NGUYEN VAN CAHN, COOPER, Earle, Vietnam under Communism (1975-1982), Stanford, California, Hoover Institution Press Publication n° 285, 1985.

NGUYEN VAN CHAU, André, A Lifetime in the eye of the Storm, Ngo Dinh Thi Hiep, a younger sister of late president Ngo Dinh Diem, Canyon Lake, Texas, Erin Go Bragh Publishing, 2015, 2. Aufl.

NGUYEN VAN CHAU, André, François Xavier Nguyen Van Thuan. Nach 13 Jahren Haft in Vietnam als Kardinal im Vatikan. Ein Lebensbild, Verlag Neue Stadt, München – Zürich – Wien 2008.

NOLTING, Frederick, From Trust to Tragedy. The Political Memoirs of Frederick Nolting, Kennedy's Ambassador to Diem's Vietnam, New York - London, Praeger Publishers, 1988.

PÄPSTLICHER RAT FÜR GERECHTIGKEIT UND FRIEDEN (Hrsg.),

Kompendium der Soziallehre der Kirche, Freiburg – Basel – Wien, Herder 2004.

PALLU, François, LAMBERT DE LA MOTTE, Pierre, Monita ad Missionarios, Instructions aux Missionaires de la S. Congrégation de la Propagande, rédigées en 1665, Paris, Archives des Missions Étrangères, 2000.

Pastoralkonstitution ‚Gaudium et Spes' über die Kirche in der Welt von heute vom 7. Dezember 1965. Deutsche Übersetzung in: http://www.vatican.va/archive/hist_councils/ii_vatican_council/documents/vat-ii_const_19651207_gaudium-et-spes_ge.html.

RAMSAY, Jacob, Mandarins and Martyrs. The Church and the Nguyen Dynasty in Early Nineteenth-Century Vietnam, Stanford, Stanford University Press, 2008.

RIGNAC, Paul, Ngo Dinh Diem. Une tragédie vietnamienne, La Chaussée d'Yvry, Atelier Fol'fer, 2018.

SHAW, Geoffrey. D.T., The Lost Mandate of Heaven. The American Betrayel of Ngo Dinh Diem, President of Vietnam, San Francisco, Ignatius Press, 2015.

TALLON, Alain, La Compagnie du Saint-Sacrement (1629-1667): Spiritualité et société, Paris, Éd. du Cerf, 1990.

TUCKER, Spencer C. (Ed.), The Encyclopedia of the Vietnam War. A Political, Social, and Military History, Oxford - New-York, Oxford University Press, 2001:

- CURREY, Cecil B., Ngô Đình Cẩn, S. 288f.
- Ders., Ngô Đình Diệm, Overthrow of, S. 291.
- Ders., Vô Nguyên Giáp, S. 475f.
- FRAME, Arthur T., Ngô Đình Nhu, S. 292.
- Ders., Ngô Đình Nhu, Madame (Trần Lệ Xuân), S. 293.

- HEAD, William, Ngô Đình Diệm, S. 289-291.
- NICHOLS, Michael R., Pham Van Đông, S. 325f.
- Ders., Tôn Thất Đính, S. 404.
- NGÔ N. TRUNG, Ngô Đình Khôi, S. 291.
- Ders., Ngô Đình Luyện, S. 292.
- Ders., Ngô Đình Thục, S. 293.
- PHAM CAO DUONG, Cuong Đê, S. 88.
- Ders., Duy Tân, S. 111.
- Ders., Huỳnh Phú Sổ, S. 185.
- POWER, Charlotte A., Thích Trí Quang, S. 401.
- ROSS, Rodney J., Hòa Hao, S. 177f.
- Ders., Phan Bôi Châu, S. 326.

VO, NGHIA M., The Vietnamese Boat People, 1954 and 1975-1992, Jefferson, McFarland Publishers, 2006.

Das Institut der Missions Étrangères de Paris (128, Rue du Bac, F-75007 Paris) verfügt über ein umfassendes historisches Erbe hinsichtlich der Arbeit seiner Missionare in Asien: www.missionsetrangeres.com. Das L'Institut de recherche France-Asie (IRFA) 28, Rue de Babylone 28, F-75007 Paris vereint die Archive des MEP, eine asiatische Bibliothek sowie eine Medien- und eine Kartensammlung: www.irfa.paris/fr.

Index

Co Vuu	Dorf nördlich von Hue. Herkunftsort von Thuans Vorfahren väterlicherseits
Cressonnier, Marie-Georges (MEP, 1908-1968)	Missionar in Hue (1966). Opfer der Tet-Offensive in Phu Cam (Februar 1968)
Cua Tung	Küstendorf in der Provinz Quang Trị, im nördlichen Teil der Zentralregion, hier befand sich das Kleine Seminar von An Ninh
Cuong De (1882-1951)	Exilierter Prinz

D

Da Lat	Stadt im Hochland von Zentral-Südvietnam
Da Nang	Siehe: Tourane
Dại Phong	Christliches Dorf in der Provinz Quang Trị. Aus der Umgebung stammen Thuans Vorfahren mütterlicherseits
Decoux, Jean (1894-1963)	Generalgouverneur von Indochina (1940-1945)
Dien Bien Phu	Ort einer Schlacht (März-Mai 1954), in der die französische Armee besiegt wurde; Auftakt zum Ende des Indochinakrieges.
Dong Hoi	Stadt in Zentralvietnam
Dong Khanh	Kaiser von 1885 bis 1889
Dục Duc	Kaiser im Jahr 1883
Duong Son	Dorf, wo Pater Allys wirkte
Duong Van Minh (1916-2001)	General der Republik Südvietnam
Duy Tan	Kaiser von 1907 bis 1916

F

Föderation Asiatischer Bischofskonferenzen (FABC)	
Front, nationale für die Befreiung Südvietnams	Siehe: NFB

G

Gaudium et Spes	Freude und Hoffnung, Pastoralkonstitution über die Kirche in der Welt von heute, verkündet am 7. Dezember 1965 anlässlich des Zweiten Vatikanischen Konzils

Genfer Abkommen	Abgeschlossen am 21.Juli 1954; es beendet den Indochinakrieg
Gesellschaft der ausländischen Missionen zu Paris	Katholische Gesellschaft apostolischen Lebens mit Sitz in Paris, mit starker Präsenz in Zentralvietnam
Gia Long	Kaiser von 1802 bis 1820
Giang Xa	Dorf in der Nähe von Hanoi, im Distrikt Hoai Duc. Ort, in dem Bischof Thuận von 1978-1982 unter Hausarrest stand. Dieses Haus ist heute eine Gedenkstätte

H

Hai Lang	Präfektur in der Provinz Quang Trị. Ngo Dinh Diem war dort verantwortlich
Hai Phong	Hafenstadt im Norden Vietnams
Ham Nghi	Kaiser von 1884 bis 1885
Hanoi	Hauptstadt Nord-Vietnams zwischen 1945 bis 1975, ab dann des ganzen Landes
Hiep Hoa	Kaiser im Jahr 1883
Ho Chi Minh	Präsident Nordvietnams von 1945 bis 1969
Ho Chi Minh-Pfad	Straßennetz im Dschungel von Laos und Kambodscha, das es den Kommunisten aus dem Norden ermöglichte, heimlich in den Süden Vietnams vorzudringen.
Ho Chi Minh-Stadt	Ehemals Saigon; ehemalige Hauptstadt Südvietnams
Hoa Hao	Zweig des vietnamesischen Buddhismus, gegründet zu Beginn des 20. Jahrhunderts
Hoa Nguyen Van Hien (Simon, 1906-1973)	
Hoan Thien	Neues Kleines Seminar in Hue, Dong Da Straße 11
Hue	Ehemalige kaiserliche Hauptstadt
Huong Thuy	Bezirk in der Provinz Thua Thien-Hue, erster Tätigkeitsort Ngo Dinh Diems
Huynh Phu So (1920-1947)	Gründer des Hoa Hao (s.o.)
Hy-Vọng	Siehe: Cong doan Hy-Vọng

I

Indochina	Französische Kolonie, die die Länder Kambodscha, Laos und Vietnam umfasst

Indochinakrieg	Nach dem Zweiten Weltkrieg versuchten die Franzosen, ihre ehemalige asiatische Kolonie wiederherzustellen, was einen langen militärischen Konflikt auslöste.

J

Johannes XXIII (Hl.)	Papst von 1958 bis1963
Johannes-Paul II (Hl.)	Papst von 1978 bis 2005
Johnson, Lyndon B.	Präsident der Vereinigten Staaten von Amerika von 1963 bis 1969

K

Kennedy, John F.	Präsident der Vereinigten Staaten von Amerika von 1961 bis 1963
Khai Dịnh	Kaiser von 1916 bis 1925
Khanh Hoa	Provinz in Südvietnam mit der Provinzhauptstadt Nha Trang
Kien Phuc	Kaiser im Jahr 1884
Kim Long	Bezirk im historischen Zentrum von Hue, wo sich das Priesterseminar befindet
Kreuzliebende Schwestern	Siehe: Schwesternkongregation von der Liebe zum Heiligen Kreuz

L

La Vang	Erscheinungsort der Jungfrau Maria im Jahre 1798 in der Provinz Quang Tri, nationaler Marienwallfahrtsort.
Lambert de la Motte, Pierre (1624-1679)	Erster Apostolischer Vikar von Cochinchina, Mitbegründer der Mission Étrangères de Paris (MEP)
Landsdale, Edward (1908-1987)	Militärangehöriger und amerikanischer Diplomat in Vietnam
Le Huu Tuu	Bischof der Diözese Phat Diem
Lemaître, Henry (1921-2003)	Apostolischer Nuntius in Vietnam
Lodge, Henry Cabot Jr. (1902-1985)	Botschafter der Vereinigten Staaten von Amerika in Vietnam 1963 bis 1964

M

Mai Chi Thọ (= Phan Dinh Dong, 1922-2007)	Innenminister

Mekong	Strom in Asien, der verschiedene Länder durchquert. Mündung in der Nähe von Saigon
Migrationskommission, Internationale Katholische	Siehe: ICMC
Minh Mang	Kaiser von 1820 bis 1840
Missions Étrangères de Paris (MEP)	Auch: Société des Missions Etrangères de Paris, MEP) Siehe: Gesellschaft der ausländischen Missionen zu Paris

N

NFB	Nationale Front für die Befreiung Südvietnams (= Vietcong)
Ngo Dinh Can (Jean-Baptiste)	Thuans Onkel, Berater von Ngo Dinh Diem
Ngo Dinh Diem (Jean-Baptiste)	Thuans Onkel, Präsident
Ngo Dinh Kha	Thuans Großvater, Kaiserlicher Minister
Ngo Dinh Khoi (Paul)	Thuans Onkel, Gouverneur
Ngo Dinh Luyen (Michael)	Thuans Onkel, Botschafter
Ngo Dinh Nhu (Jakob)	Thuans Onkel, enger Berater Ngo Dinh Diems
Ngo Dinh Thị Giao (Elisabeth)	Thuans Tante
Ngo Dinh Thị Hiep (Elisabeth)	Thuans Mutter
Ngo Dinh Thi Hoang	Thuans Tante
Ngo Dinh (Pierre-Martin)	Thuc Thuans Onkel, Erzbischof
Nguyen Ca	Thuans ehemaliger Schüler, Zeuge
Nguyen Hoai Duc (Paul)	Ehemaliges Mitglied der Geheimpolizei, Zeuge der Gefangenschaft von Bischof Thuan in Hanoi
Nguyen Hong Lam	Oberst während der Gefangenschaft von Bischof Thuan in Hanoi
Nguyen Huu Bai	Kaiserlicher Minister, katholisch
Nguyen Huu Thị Lan (Marie-Therese, 1914-1963)	Ehefrau von Bao Dai, letzte Kaiserin unter dem Namen Nam Phuong
Nguyen Khanh (1927-2013)	General und Präsident von Südvietnam (1964)
Nguyen Kim Dien	Erzbischof von Hue, Bischof Thuan war sein Generalvikar

Nguyen Linh Tuyen (Joseph, 1932-2002)	Thuans Bruder
Nguyen Ngọc Dien	Helfer von Bischof Thuan in Giang Xa
Nguyen Thanh Giau	Hoa Hao Buddhist; zur gleichen Zeit wie Bischof Thuan inhaftiert
Nguyen Thị Anh Tuyet (Agnes, 1941)	Thuans Schwester
Nguyen Thị Danh (Lucie)	Erste Ehefrau von Ngo Dinh Luyen
Nguyen Thị Ham Tieu (Anne-Cécile, 1938-2005)	Thuans Schwester
Nguyen Thị Hoa	Tochter Nguyen Huu Bais und Ehefrau von Ngo Dinh Khoi
Nguyen Thị My	Thuans Großmutter väterlicherseits
Nguyen Thị Niem (Bernadette, 1930-1997)	Thuans Schwester
Nguyen Thị Thu Hong (Elisabeth)	Thuans Schwester, Mitautorin des Buches
Nguyen Thị Thuy Tien (Anne-Thérèse, 1945-2015)	Thuans Schwester
Nguyen Van Am (Thaddäus), 1901-1993)	Thuans Vater
Nguyen Van Binh (Paul, 1910-1995)	Erzbischof von Saigon
Nguyen Van Danh	Vorfahre Thuans väterlicherseits
Nguyen Van Dieu	Thuans Großvater väterlicherseits
Nguyen Van Le (Franz-Xaver)	Thuans Pate
Nguyen Van Tam (Simon)	Priester der Pfarrei Tam Toa
Nguyen Van Thanh (Michel, 1935-2009)	Thuans Bruder
Nguyen Van Thich (Joseph-Maria, 1891-1978)	Lehrer am Kleinen Seminar
Nguyen Van Thieu (1923-2001)	General, Präsident der Republik Südvietnam 1965
Nguyen Van Truyen (Paul)	Thuans Bruder, bei der Geburt verstorben
Nguyen Van Vọng	Thuans Vorfahre väterlicherseits
Nguyen Van Xuan (Johannes-Baptist, 1926-1927)	Thuans älterer Bruder

Nha Trang	Stadt im Süden des Landes, Bischof Thuan war dort von 1967 bis 1975 im Amt
Ninh Thuan	Provinz im Süden, Ngo Dinh Diem war dort von 1927 bis 1930 Gouverneur
Nolting, Frederick (1911-1989)	Botschafter der Vereinigten Staaten von Amerika in Saigon

P

Päpstlicher Rat für Gerechtigkeit und Frieden (Iustitia et Pax)	Dikasterium der Römischen Kurie, das Bischof Thuan leitete. Dieser Rat ist zum 1. Januar 2017 im Dikasterium für den Dienst zugunsten der ganzheitlichen Entwicklung des Menschen aufgegangen.
Palast, kaiserlicher	
Pallu, François (1626-1648)	Bischof, Missionar in Asien, Mitbegründer der Missions Étrangères de Paris.
Parfümfluss	
Partei, kommunistische Indochinas	Von Ho Chi Minh 1930 gegründet (KPI = Dang Cong san Dong Duong), heute: Kommunistische Partei Vietnams (KPV = Dang Cong san Vietnam)
Paul VI (Hl.)	Papst von 1963 bis 1978
Pellerin-Schule	Weiterführende Schule in Phu Cam
Pfarrei St. Antonius	In Hanoi, Bischof Thuan wohnte dort in der Ham Long Straße 21.
Pfarrei St. Franz-Xavier	
Phạm Thị Than (Lucia, 1871-1964)	Ehefrau von Ngo Dinh Kha. Thuans Großmutter mütterlicherseits
Phạm Van Cong	Thuans Wachmann in Hanoi
Pham Van Dong (1906 - 2000)	Kommunistischer Führer
Phan Boi Chau (1867-1940)	Dichter, Gründer einer nationalistischen Partei
Phan Chau Trinh (1872-1926)	Monarchiegegner
Phu Cam	Stadtviertel in Hue, Thuans Geburtsort
Phu Khanh	Viertel im Zentrum von Nha Trang. Ort der Inhaftierung
Phu Xuan	Stadtviertel von Hue

Phung Van Nhu	Priester in Cay Vong
Piquet, Raymond (MEP, 1888 - 1966)	Erster Bischof von Nha Trang
Plei Ku	Stadt in der Provinz Gia Lai (Bergregion des Südens)

Q

Quang Nam	Provinz in Zentralvietnam. Ngo Dinh Khoi war dort Gouverneur.
Quang Tri	Provinz in Zentralvietnam
Quoc Hoc	Bedeutende, patriotische Schule in Hue

R

Raglai	Ethnische Bevölkerungsminderheit im Süden des Landes
Rhodes de, Alexandre (1591-1660)	Jesuit, der erste Missionar in Vietnam
Richard, Pierre (MEP, 1910-1993)	Missionar in Vietnam

S

Saigon	Seit 1976, Hô Chi Minh-Stadt. Hauptstadt der Republik Südvietnam
Schwesternkongregation von der Liebe zum Heiligen Kreuz	Erste, im Jahre 1670 von Pierre Lambert de la Motte in Vietnam gegründete Schwesternkongregation (Ordenskürzel: LHC), franz.: Amantes de la Croix, auch dt. kurz: Kreuzliebende Schwestern
St. Theresien-Schule	Dorfschule in Phu Cam
Suoi Dau	Region in der Diözese Nha Trang

T

Tam Toa	Pfarrei im Dorf Dong Hoi
Tan Cang (= Neuer Hafen)	Militärhafen, der Saigon mit dem Meer verbindet
Tet-Offensive (Tet Mau Than)	
Thai Ha Ap	Redemptoristenkonvent in Hanoi, Ngo Dinh Diems Zufluchtsort
Thanh Liet	Viertel im Süden Hanois, Gefängnisort (1977)
Thanh Thai	Kaiser von 1889 bis 1907
Thich Quang Duc	Buddhistischer Mönch

Thich Tri Quang Giạ	Buddhistischer Mönch
Thien An	Benediktinerkloster in der Diözese Hue
Thieu Trị	Kaiser von 1841 bis 1847
Thu Duc	Seit 1975: Durchgangslager für Gefangene des kommunistischen Regimes
Thua Thien-Hue	Provinz in Zentralvietnam, die Hauptstadt war der Wohnsitz der Kaiser
Tien	Ngo Dinh Khas Schwester, Thuans Großtante
Ton That Dinh	Südvietnamesischer General
Tong Thi Lai	Thuans Urgroßmutter väterlicherseits
Tourane	Während der französischen Kolonialherrschaft Bezeichnung für eine Stadt an der zentralen Küste von Südvietnam, heute: Da Nang
Tran Huu Thanh	Redemptoristenpater
Tran Le Xuan (1924-2011)	Ehefrau von Ngo Dinh Nhu
Tran Van Hoi (Philipp)	Thuans Kommilitone und Freund
Tran Van Thien (Thomas)	Seminarist und Märtyrer
Trịnh Van Can (Joseph-Marie, 1921 – 1990)	Erzbischof von Hanoi, Kardinal
Truong Dinh Tung.	Thuans angeheirateter Onkel
Tu Duc	Kaiser von 1847 bis 1883

U

Ung De	Familienmitglied väterlicherseits
Urrutia, Jean-Baptiste (MEP, 1901-1979)	

V

Van, Nguyen Tan (Marcel 1928-1959)	Redemptoristenbruder, Diener Gottes
Venerabilis	Titel, der einer tugendhaften Person im Verlauf ihres Seligsprechungsprozesses verliehen wird
Vietcong	Nationale Front für die Befreiung Südvietnams (NFB)
Viet-Minh	Liga für die Unabhängigkeit Vietnams
Vinh Long	Bistum im Süden, 1938 Ngo Dinh Thục anvertraut
Vinh Quang	Gefangenenlager, Thuan war dort 1976.
Vinh Thua (Tom †2020)	Familienangehöriger Thuans
Vo Nguyen Giap	Kommunistischer Militärchef von 1945 bis 1973

Volksarmee, vietnamesische	Siehe: APVN
Vy Da	Kleines Dorf in der Vorstadt von Hue